HANDBUCH DER ORIENTALISTIK

ERSTE ABTEILUNG

ERGÄNZUNGSBAND V, 1. ABSCHNITT, 2. TEIL

HANDBUCH DER ORIENTALISTIK

Herausgegeben von B. Spuler
unter Mitarbeit von
H. Franke, J. Gonda, H. Hammitzsch, W. Helck, B. Hrouda,
H. Kähler, J. E. van Lohuizen-de Leeuw und F. Vos

ERSTE ABTEILUNG

DER NAHE UND DER MITTLERE OSTEN

HERAUSGEGEBEN VON B. SPULER

ERGÄNZUNGSBAND FÜNF

KEILSCHRIFTURKUNDEN

ERSTER ABSCHNITT
EINLEITUNG IN DIE ASSYRISCHEN
KÖNIGSINSCHRIFTEN

ZWEITER TEIL
934–722 V. CHR.

LEIDEN/KÖLN
E. J. BRILL
1973

EINLEITUNG IN DIE ASSYRISCHEN KÖNIGSINSCHRIFTEN

ZWEITER TEIL

934 – 722 V. CHR.

VON

WOLFGANG SCHRAMM

LEIDEN/KÖLN
E. J. BRILL
1973

D 7
Göttinger philosophische Dissertation

ISBN 90 04 03783 7

PRINTED IN THE NETHERLANDS

INHALT

VORWORT

Die vorliegende Arbeit ist die Fortsetzung der Einleitung in die assyrischen Königsinschriften von R. Borger, in der die assyrischen Königsinschriften von den Anfängen bis 935 v. Chr. gesammelt, geordnet und untersucht wurden. Der zweite Teil umfaßt nunmehr den Zeitraum von 934-722 v. Chr. Die letzte Periode der assyrischen Geschichte von 721-612 v. Chr. wird in einem dritten Teil zu behandeln sein.

Die Anlage des ersten Bandes wurde mit nur geringen Änderungen beibehalten, da sie sich als zweckmäßig erwiesen hat. Mittlerweile ist eine Untersuchung über die Königsepitheta erschienen (J.-M. Seux, *Les épithètes royales akkadiennes et sumériennes*, Paris 1967), weshalb die betreffenden Abschnitte im vorliegenden Band relativ knapp gehalten werden konnten.

Die Abkürzungen richten sich nach R. Borger, *Handbuch der Keilschriftliteratur I*, Berlin 1967. Der zweite Band wird Hinweise auf die hier gegebenen Beiträge zum Textverständnis enthalten, so daß sich ein entsprechender Index im vorliegenden Buch erübrigt.

Die Arbeit ist in dieser Form die leicht gekürzte und durchgehend überarbeitete Form meiner Göttinger Dissertation von 1971, die unter der Betreuung meines Lehrers, Prof. R. Borger, entstanden ist. Ihm sei für die Bereitwilligkeit, mit der er mir die Bearbeitung dieses Teils der „Einleitung" überließ, sowie für seine ständige Hilfsbereitschaft aufrichtig gedankt.

Göttingen, Dezember 1972 — W. Schramm

KAPITEL I

VON AŠŠUR-DĀN II. BIS TUKULTI-NINURTA II.

a Mit Aššur-dān II. (934-912) beginnt ein neuer Aufschwung Assyriens, mit dem das Wiederaufleben der literarischen Produktion Hand in Hand geht. Nach rund hundert Jahren „dunklem Zeitalter" findet eine allmähliche Restauration des assyrischen Reiches statt, die in den Quellen wenigstens umrißhaft zu verfolgen ist.

b An Inschriften besitzen wir vor allem die Annalen aus Assur, veröffentlicht von Weidner, AfO 3, 151-161. Einen Paralleltext (VAT 8890), der mit dem Haupttext nicht immer wörtlich übereinstimmt, hat Weidner, AfO 21, 76 f. in Kopie publiziert. Wahrscheinlich gehört dieser Text einer anderen Annalenrezension an.

Einige Bemerkungen zur Edition Weidners: Z. 6: zu *ša* „nachdem" vgl. Borger, *Asarhaddon* S. 8 und EAK I S. 56. — Zu Z. 6f. vgl. die Diskussion unten, Kap. V c zu Saba'a-Stele Z. 11. — Z. 8: lies [*ana e-m*]*u-uq*. — Z. 9: die Form *ú-bi-ul* ist grammatikalisch nicht möglich. Vielmehr dürften die Zeichen]-*nu-ú-bi-ul* zu einem Länder- oder Ortsnamen gehören. — Z. 10: am Ende vielleicht É.GAL *pi-i* ÍD[.MEŠ] zu ergänzen, cf. Gilg. XI 195 f. usw. — Z. 14: besser [... DAM.M]EŠ-*šu-nu* nach KAH II 84 Z. 58. — Z. 19: cf. Verf., BiOr 27, 158 zu TN. II. Vs. 17. — Z. 25 Ende: E[RÍN.ḪI.A.MEŠ(*-ja*)] nach KAH II 84: 51. 81 f., 83: 10 u. ö. — Z. 29: s. Unger, MAOG 6/I-II S. 25. — Rs. 3: s. zu Anp. II., Ann. II 25. — Rs. 4: [... *a-n*]*a ra-ma-ni-ja*. — Rs. 14: s. Verf., BiOr 27, 158 zu TN. II. Vs. 23. — Rs. 15-18 ist nach Anp. Ann. II 7 f. und 10 wie folgt zu rekonstruieren: [*nišē*] KUR *Aš-šur an-ḫa-*[*te ša ištu pān*] *su-un-qi bu-bu-te ḫu-šaḫ-ḫe* (16) [URU.MEŠ-*ni-šu-nu* É.MEŠ-*šu-nu*] *ú-še-ru-ú-ni a-na* KUR.KUR.MEŠ *ša-n*[*i-a-te*] (17) [... *e-li-ú-n*]*i ú-te-ra-šu-nu* URU.MEŠ-*ni-šu-nu* É.[MEŠ-*šu-nu*] (18) [*na-ṭu-te ú-ša-aṣ-bit*]-*su-nu šub-tu né-eḫ-tu us-bu*. *anḫāte* ist von AHw S. 51b (*anḫūtu*) nach S. 51a (*anḫu*) zu übertragen. Bei Anp. findet sich (II 7) *an-šá-te* mit der Variante des Mon. *an-na-te*, die gewiß mit Peiser, KB I S. 72 Anm. 5 zu *an-ḫa!-te* zu verbessern sein wird. Für *anšu* s. CAD A/II 145b. — Rs. 19-22: vgl. für diesen Passus die in EAK I S. 129 genannten Parallelstellen. — In Rs. 22 ist VAT 9562 (AfO 3, 154) abweichend vom Haupttext zu ergänzen: Rs. 3' [... *ana emūq* KUR-*j*]*a* U[GU *ša pāna ušātir arkuš*]. Dieser Passus findet sich wörtlich auch bei Adn. II., KAH II 84: 121.

Für den Jagdbericht Rs. 23-27 sind die Parallelstellen gesammelt in EAK I S. 129. — Rs 23: lies *ú-šat-li-mu-ni-m*[*a*] nach KAH II 84: 122; *Iraq* 14, pl. X Z. 85; TN. II. Rs. 52 usw. — Rs. 24: cf. CAD B 366a, AHw 145b (*bu''uru*). — Rs. 25: Borger, AfO 18, 416f., vgl. aber auch *Iraq* 14, pl. X Z. 88. — Rs. 27: s. Grayson, *Fs. A. L. Oppenheim* S. 90 ff.

In Rs. 28-36 folgt der Baubericht. Zum „Neuen Palast" in Assur vgl. Weidner, AfO 3, 160 Anm. 8.

In Rs. 36-41 folgen die Fluchformeln. — Rs. 40: lies *li-ik-kal-m*[*u-šu* ...] nach den Stellen in AHw 775b. — Zur Ergänzung von Rs. 41 bieten sich auch die Stellen King, AKA S. 108 VIII 85 (Tiglp. I.) und AKA S. 252 V 94 (Anp. II.) an.

c Kleinere Inschriften (Tonknäufe und Ziegellegenden):

1) Eine Inschrift auf Tonknäufen behandelt die Wiederherstellung des

Tabira-Tores in Assur. Bearbeitung: Andrae, FwA S. 166 (mit Kopie), Photos auf Tf. XCV. Übers.: Luckenbill, ARAB I § 351-353. Außer den von Andrae verwerteten Exemplaren sind noch die folgenden zu nennen: an Ass. 10331 scheint Ass. 10345 (unpubliziert) anzuschließen, s. MDOG 32, 18; Andrae, FwA S. 36 und Schott, *Vorarbeiten* S. 19 Nr. 3C. Ferner: Ass. 10219 + 10306, Photo Andrae, FwA Tf. XCV (entspricht Z. 15-21 des Haupttextes). Vgl. auch MDOG 32, 15 und 18 sowie Andrae, FwA S. 35. Unpubliziert sind Ass. 10178 (s. MDOG 32, 18), Ass. 10524 (s. MDOG 32, 24) und Ass. 10561 (ibid.).

Einige Bemerkungen zum Text: Für das Tabira-Tor (Z. 5) s. Weidner, AfO 3, 151 Anm. 3; AfO 10, 23; AfO 13, 158; AfO 17, 146 Anm. 11 und ITn S. 5. — Z. 7: am Ende lies *iššakki*(SANGA) <*Aš-šur*>*-ma*. — Z. 10: Ass. 10583 bietet hier (Z. 8') [... *ú-m*]*a-si* statt *ú-me-si*. — Z. 13: zu *qumaštu* s. Weidner, AfO 17, 146. — Z. 14: Andraes Lesung *ú-si-me* scheint dem Sinne nach nicht zu passen. Luckenbill, AJSL 43, 222 schlägt *ú-ša-šib* vor. Wie ist zu lesen? — Z. 18: Die ungewöhnliche Schreibung von *u* „und" mit Ú ist noch an folgenden Stellen nachweisbar: AKA S. 201, IV 23 (Anp.); AAA 19, pl. LXXII Nr. 97-98, Z. 5 (Anp.) und I R 31 IV 25 (Š.-A. V.). — Z. 21: cf. Weidner, AfO 13, 123 Anm. 32; v. Soden-Röllig, *Syll.*^{2} S. 54 Nr. 276.

2) Ein weiterer, fragmentarischer Tonknauf aus Assur (Ass. 3127) ist Messerschmidt, KAH I 20. Übers.: Luckenbill, ARAB I § 354. Duplikat dazu ist möglicherweise Ass. 19698, erwähnt von Weidner, AfO 3, 151 Anm. 2; vgl. auch Schott, *Vorarbeiten* S. 19 Nr. 4B.

3) Eine vierzeilige Ziegelinschrift aus Assur findet sich bei Schroeder, KAH II 82. Duplikat: Ass. 9891, s. Weidner, AfO 3, 151 Anm. 1. Umschrift: Andrae, MDOG 32, 19; Übers.: Luckenbill, ARAB I § 349f.

4) Aus Kalzu, modern *Qaṣr Šemāmok*, stammt die zweizeilige Inschrift auf einem „oggetto di argilla", die von Furlani, RANL VI/9 (1933) S. 685 ff. publiziert wurde.

5) Bei dem von Weidner, AfO 3, 151 Anm. 4 fragend unserem König zugewiesenen Fragment BM 115021 handelt es sich um das von Winckler, ZA 2, Tf. III Nr. 5 und S. 312 f. veröffentlichte Basaltbruchstück, das, wie Winckler gesehen hat, Adn. II. zugeschrieben werden muß.

6) Eine Votivstatuette „für das Leben des Aššur-dān" ist in EAK I S. 100 behandelt. Für eine Zuweisung an Aššur-dān II. hat sich neuerdings Parrot, *Assur* S. 119 (mit Photo) ausgesprochen. Vgl. noch Winckler, ZA 6, 326 f. Am Ende von Z. 2 ist wohl *b*[*ēlat*] (N[IN]) zu ergänzen. Für die „Herrin von Arba'ilu" s. Tallqvist, AGE S. 57.

d Außer der Inschrift Furlani (s. o.) und der Votivstatuette stammen alle Inschriften dieses Königs aus Assur.

e ADAD-NĒRĀRĪ II. (911-891)

Die einundzwanzigjährige Regierungszeit Adn. II. ist wie die seines Vorgängers durch das Bemühen gekennzeichnet, den Staat zu konsolidieren und gleichzeitig zu erweitern. Soweit wir aus den Inschriften schließen können, war Adn. II. mit dieser Politik erfolgreich. Es gelang ihm, im Norden und Westen Terrain zu gewinnen, wobei die Expansion mehrmals damit gerechtfertigt wird, daß die betreffenden Gebiete früher in assyrischem Besitz gewesen seien. Man kann hierauf mit Recht den Begriff „Restaurationspolitik" anwenden.

f 1) Die längste Inschrift dieses Königs ist der Annalentext Schroeder, KAH II 84 aus Assur, bearbeitet von Seidmann, MAOG 9/III. Übers.: Luckenbill, ARAB I § 355-377. Einzelbemerkungen zum Text veröffentlichte Luckenbill in AJSL 43, 222-225.

Die Fundnummer des Hauptexemplares (A) ist nach Seidmann, MAOG 9/III S. 5 Ass. 18497. Für Exemplar C gibt Seidmann als Museumsnummer VAT 11318, Schott, *Vorarbeiten* S. 20 hingegen VAT 9782 + 11318, was sicherlich falsch ist, da VAT 9782 als KAH II 88 separat publiziert ist und ich keine Möglichkeit sehe, diesen Text in den Annalen Adn. II. unterzubringen.

Der Text beginnt mit einer Anrufung der Götter, wie sie ähnlich bereits bei Tiglp. I. vorkommt (AKA S. 27 ff. I 1-15). Von Z. 1 ist in B [...] *bēl*(EN) *nam-ri-ri* [...] erhalten, ein Epitheton des Mondgottes Sîn (AHw 728b). Da in dieser Art Einleitung Šamaš (Z. 2) stets nach Sîn genannt wird, dürfen die Spuren in A und B am Ende der Zeile kombiniert werden zu [...] ^{d}[*Sîn*] *bēl*(EN) *nam-ri-ri* [...]. Dennoch macht die Ergänzung von vier Göttern mit ihren Epitheta in Z. 1 Schwierigkeiten, da der Raum hierfür zu knapp zu sein scheint, vgl. auch Schroeder, KAH II S. 50 Anm. 1.

Der folgende Abschnitt (Z. 5b-9) bringt eine ausführliche Legitimation des Königs, die sich auf seine Berufung durch die großen Götter stützt.

Z. 6: cf. CAD B 318a (*ši-kín*). Vgl. auch Borger, *Asarhaddon* S. 88 und unten, m, KAH II 90 Vs. 7 und KAH II 91 Vs. 10. — Z. 7: es ist nach *išpuk* (für *išpukū*) zu trennen und zu übersetzen: (6) „... meine äußere Gestalt vollendeten sie richtig und (7) meinen herrscherlichen Körper formten sie. Nachdem die großen Götter (so) das Geschick bestimmt hatten ...", vgl. auch CAD Z 157b. Für *tašīmtu* in der Bedeutung „Geschick" s. Ebeling, ArOr 17/I, 182 zu Z. 7. Diese Bedeutung wird hier durch die figura etymologica nahegelegt.

In Z. 10-12 folgt die Filiation, an die sich (Z. 13) der göttliche Auftrag anschließt, die Länder zu plündern.

Mit Z. 14 beginnt eine ausführliche Selbstprädikation (vgl. Borger,

Asarhaddon S. 98 und KAH II 90 Vs. 16 ff.), die sich in Z. 18-22 in ausführlichen Epitheta fortsetzt.

Z. 15: cf. Luckenbill, AJSL 43, 222, zu verbessern nach Seux, ERAS S. 147, s. auch ibid. S. 354 mit Anm. 5 und AHw 526a. — Z. 17: cf. Schott, ZA 44, 177. Am Ende der Zeile lese ich: *mu-la-iṭ áš-ṭu-te-šú ḫi-it-muṭ rag-gi ù ṣe-ni ana-ku* „der die ihm Widerspenstigen bezwingt, der entbrannt ist gegen die Schlechten und Bösen, ich ...". Diese Lesung ergibt sich durch Kombination der Lesungen von Ebeling bei Seidmann, MAOG 9/III S. 12 Anm. 3 (liest *ūmu*(UD) statt *-šú*) und Luckenbill, AJSL 43, 223 (*-šú*, sonst zu verbessern). v. Soden, AHw 316b liest *ana* statt *-šú*. Mit der Übersetzung folge ich CAD Ḫ 65a. — Z. 19: für das rätselhafte *ki-ma ku-bu-ri da-pi-na-ku* möchte ich die freilich gewagte Emendation *ki-ma* UR(!).MAḪ(!) (*nēši*) *da-pi-na-ku* vorschlagen, vgl. ZA 16, 170 I 36 (Lamaštu). Hier wäre Kollation erforderlich. — Z. 20 Ende: cf. AHw 751b s. v. *nasāḫu* D 4 b, also sinngemäß etwa [Feinde (o. ä.)] merze ich (AHw Praet.) aus [wie die Haare (?)] der Haut. — Z. 22: s. AHw 491b s. v. *kiška/ittû(m)* und CAD Ṣ 59a, ferner Borger, *Asarhaddon* S. 57.

Z. 23-25 zählt die Eroberungen des Königs in summarischer Form auf (Übersicht der eroberten Gebiete).

Z. 24: zu Qumanî vgl. jetzt Mirjo Salvini, *Nairi e Ur(u)aṭri*, Incunabula Graeca Vol. XVI, Roma 1967, S. 44 Anm. 7. Auf dieses Buch sei hier generell für die Geographie der nördlichen Randgebiete Assyriens verwiesen.

Z. 26-29 berichtet kurz über die Eroberungen in Babylonien und leitet somit über zu dem Annalenbericht, der mit dem vierten Feldzug gegen die Nairi-Länder (Z. 30-33) und einem Unternehmen gegen das Land Šubria (Z. 34 f.) einsetzt.

Z. 26 Ende: lies in Anlehnung an Ebeling bei Seidmann, MAOG 9/III S. 15 Anm. 12 *ana paṭ gim-ri-šá dáb-da-šu* [*šá*] (27) ^{md}*Šá-maš-mu-*SIG$_5$ ..., vgl. für diesen Passus Brinkman, PHPKB S. 177ff. — Z. 28: zu *Ugar-sallu* cf. Cameron, HEI S. 115; Gelb, HaS S. 103 und Parpola, NAT S. 21f. (Lemma entsprechend zu berichtigen). — Z. 30: lies ^{URU}*Na-ḫu-*<*ur*> ^{URU}*Áš-na-ku*, Borger, ZA 62, 136. Für diese beiden Städte vgl. Kupper, *Nomades* S. 8 Anm. 2; Weidner, AfO 13, 118; AfO 17, 145ff.; M. Falkner, AfO 18, 6 und 20; Goetze, JCS 7, 67 und Lewy, OrNS 21, 280ff. — Z. 33 und 35: vgl. zu den Infinitiven v. Soden, GAG § 150 l; Aro, StOr 26, S. 73 und Solá-Solé, *L'infinitif sémitique*, BÉHÉ 350, Paris 1961, S. 176f. — Z. 34: cf. Weidner, ITn S. 59. — Z. 35: zu *kisittu* vgl. Borger, *Asarhaddon* S. 99 Z. 45f., wonach hier etwa „Ableger" zu übersetzen ist.

Die Zeilen 36-38 berichten von der Wiederbesiedlung der Stadt Apqu (vgl. RLA I 119b; JCS 7, 73 f.; AfO 18, 4 f.; Weidner, ITn S. 60; Parpola, NAT S. 21 und S. 407), eine Maßnahme, die zur Sicherung der zurückgewonnenen Gebiete beitragen sollte. — Z. 37: cf. Schott, *Vorarbeiten* S. 132.

Mit Z. 39 beginnt die Schilderung der Unternehmungen gegen Ḫanigalbat vom Jahre 901 an. Weitere Feldzüge folgen Jahr für Jahr (bis 896), insgesamt sechs oder sieben: die Angabe „zum fünften Mal" in Z. 98 ist bestimmt nicht richtig, man wird vielmehr die Zahl zu „7" verbessern müssen, wie Seidmann, MAOG 9/III S. 68 gesehen hat.

Z. 40f.: lies ^{URU}*Pa-'u-zi* und vgl. Kupper, *Nomades* S. 122f. — Z. 41: für *ṣē'u* cf. v. Soden, ZA 50, 178 Anm. 1 und OLZ 59, 35 sowie Landsberger, BBEA S. 54 Anm. 96;

Deller, OrNS 26, 155; Lambert-Millard, *Atra-ḫasīs* S. 172. — Z. 42: <^{URU}>*Na-ṣi-pa-ni*. — Z. 46: cf. E. Reiner, AfO 23, 89 ff. — Z. 48: Affen wurden den assyrischen Königen häufig als Geschenk von westlichen Ländern dargebracht, vgl. die Stellen AHw 809b, *pagû* 1 a und EAK I S. 129. — Z. 50: lies *ig-ra-ni* zu *gerû* „anfeinden", „Kampf beginnen". Vgl. auch Bauer, *IAsb.* S. 87 Z. 27 f. und Borger, AfO 17, 346. — Z. 51: In der Wendung *narkabāte ummānātēja adke* ist das Suffix auf beide Nomina zu beziehen: „meine Streitwagen und Truppen bot ich auf", s. Delitzsch, AG^2 § 163 und Borger, BAL S. 114 unten. Vgl. auch unten, Kap. II g zu V 29. — Z. 52: lies wohl besser *i-qa-bi-ú-šu-ni* (Ú und ŠU vom Schreiber vertauscht). — Z. 55: *addi* „ich gründete" mit CAD B 169a gegen CAD Ḫ 202a. Vgl. weiter E. Reiner, AfO 23, 89 ff. — Z. 56: Á.MEŠ-*ja* lies *emūqī-ja* nach Z. 102. — Z. 57: cf. CAD A/II 218a. — Z. 59: zu *rapāqu* s. außer Seidmann, MAOG 9/III S. 22 Anm. 2 noch Luckenbill, AJSL 43, 224; Landsberger, MSL I S. 186 f. und Weidner, ITn S. 27. — Z. 63: die Variante (s. Seidmann, MAOG 9/III S. 23 Anm. 8) lies *ša li-mi-*[*tu-šu*], vgl. AHw 558b, *liwītu* 6 a. — Z. 64-66: cf. E. Reiner, AfO 23, 89 ff. — Z. 67: lies *ri-ig-mu šèr-ri* „(die Feinde) stoßen gegen ihn (scil. den Turtan?) das Geschrei von Kindern aus", d. h., sie schrieen vor Angst wie Kinder. — Z. 68: Seidmanns Lesung *ú-ṣa-ma-šu* scheint nicht richtig zu sein. Wie ist zu lesen? — Z. 69 f.: *ṣi-im!-da-at* (70) [*nirī-šu* x x (x)]-*ri-ja*. — Z. 71: [*nematte ša tam-li*]-*ti* nach Anp. Ann. III 68 und 74 f. Lies ferner *uṣ!-ṣi*^{MEŠ} „Pfeile" mit AHw 578a. — Z. 72: [*am-ḫur-šu* xxx(x)]x(-)*zi*^{MEŠ}, vgl. Anp. Ann. III 68, für das Folgende Anp. Ann. III 66 f. und 75 f.; Salm. III. Mon. II 75 und Sargon, TCL 3 Z. 371 und 376, Streck, *Asb.* S. 42, A II 42.

Die Zeilen 73-79 sind ihrem Sinn nach nicht recht verständlich, möglicherweise würde Kollation weiterhelfen. Unter diesem Vorbehalt einige Bemerkungen:

Z. 73 Ende: *it-ta-šab*(PA+UR), derselbe Fehler auch Z. 119, zweites Zeichen. — Z. 74: vielleicht *lìb-bi* x ⌜*ú*⌝-*šal*-[*li-i*]*m*(?); KAŠ.MAḪ lies mit AHw 462b *kašmāḫa*. Ende: *ú-šèr-di* mit Schott, *Vorarbeiten* S. 132. — Z. 75: *iš-ku-na* x-(x?)-*tu*. — Z. 76: *uš-ta-riḫ!* „erhob sich stolz über alle Länder", ferner KUR.MEŠ *i-šub-bu* „die Berge wanken", vgl. Z. 22. — Z. 78: cf. Schott, *Vorarbeiten* S. 132. — Z. 80: cf. Borger, BiOr 17, 165b zu S. 92a und unten, Kap. II d zu I 69. *ša* ist hier mit „nachdem" zu übersetzen, cf. Borger, *Asarhaddon* S. 8 und EAK I S. 56. — Z. 81: wegen *ana* besser *ú-še-*<*ri-*>*ba-šu*. — Z. 82 ff.: vgl. Abk., Ann. (Weidner, AfO 6, 82) Z. 28 f. (dazu v. Soden, WO 5, 134). Ähnliche Passagen finden sich seit Tukulti-Ninurta I., vgl. Weidner, ITn S. 2 III 8 f., S. 12 Z. 33 f., S. 27 Z. 40 ff.; bei Tiglp. I., vgl. King, AKA S. 45 Z. 69ff.: bei Anp., AKA S. 230 Z. 11 ff., Ann. I 45 f. und 49, auch bei TN. II., Ann. Vs. 37 ff. — Z. 84-86: cf. Weidner, ITn S. 43.

Zwischen die Berichte über die Feldzüge gegen Ḫanigalbat sind zwei Abschnitte eingeschoben (Z. 91-93 und 94-96), in denen wir von Hilfsexpeditionen zum Entsatz der Stadt Kumme erfahren (vgl. Salvini, *Nairi e Ur(u)aṭri* S. 84 ff.).

Z. 91: UD.15.<KÁM>. — Z. 94: der Name des Eponymen ist nach STT I 47 I 17 *Ša*[*maš-ab*]*ūja* (^{md}U[TU-A]D-*ja*) zu lesen. — Z. 98: s. oben zu Z. 39 ff. — Z. 100: die Wendung *pâ ištēn šakānu*/*šuškunu* findet sich in den Königsinschriften seit Tukulti-Ninurta I., vgl. Weidner, ITn S. 3 Z. 36 f., S. 5 Z. 36 f., S. 8 Z. 35 f.; Tiglp. I., King, AKA S. 83 VI 46; Anp., AKA S. 219 Z. 14, auch AKA S. 196 Z. 15 f., Ann. II 47, AAA 19, 108 Z. 7; Rost, *Tiglp.* III. S. 4 Z. 18; Winckler, *Sargon* S. 94 Z. 88; Lyon, *Sargon* Cyl. Z. 73, Stier Z. 95. Für die folgenden Zeilen vgl. M. Falkner, AfO, 31 ff. (dazu auch Güterbock, OIP 79, S. 87 f.) und ganz allgemein TN. II., Ann. Vs. 41ff. sowie Anp., Ann. III 1 ff. — Z. 101: cf. Borger, OLZ 63, 33. — Z. 106: cf. Verf., BiOr 27, 160 zu TN. II., Ann. Rs. 32. — Z. 111 f.: den ansprechendsten Vorschlag zur Lesung von KUR(–)E(–)BU-*ú-ṣi* bietet meiner Ansicht nach v. Soden, AHw 143a s. v. *būṣu*, also „Hyänenberge". Vgl. immerhin CAD B 349b, Weidner, ITn S. 9 und S. 27 f. sowie AfO 21, 45 Anm. 30. — Z. 114: ^{URU}*Aš*-x-*ú-ri-iḫ šá* ^{m}*Ba-ra-a-ta-ra* usw. — Z. 115 f.: cf. Verf., BiOr 27, 159 f. zu TN. II., Ann. Rs. 3 und 6. — Z. 119: s. oben zu Z. 73.

Hiermit enden die Kriegsberichte. Die folgenden beiden Zeilen (120-121) beschreiben die Fürsorge des Königs für sein Land. Für Parallelstellen s. EAK I S. 129.

Z. 121: cf. Weidner, AfO 3, 159 Anm. 18 und v. Soden, OLZ 55, 488.

Zum Jagdbericht (Z. 122-127) vgl. EAK I S. 129.

Z. 122: cf. Luckenbill, AJSL 43, 225. — Z. 123: cf. Borger, AfO 18, 416 f. und oben, b zu Rs. 25. — Z. 124: zu *pašḫu* s. AHw 844b. — Z. 125: cf. Borger, EAK I S. 137 und hier Z. 8. Vgl. ferner Grayson, *Fs. A. L. Oppenheim* S. 90 ff. — Z. 127: cf. Nougayrol, JCS 2, 203 ff.

Der Baubericht (Z. 128-131) beschäftigt sich mit der Restaurierung des Tempels der Gula (vgl. Unger, RLA I S. 186; Frankena, *Tākultu* S. 90).

Z. 128 f.: cf. Weidner, ITn S. 44. — Z. 130: cf. Schott, *Vorarbeiten* S. 132.

Es folgt noch die Anrede an den späteren Fürsten sowie die Segens- und Fluchformel (Z. 131-133).

Der Text schließt mit einer Datierung und stammt demnach aus dem Jahre 893 (Z. 134).

2) Ein Annalenfragment aus Ninive, BM 121044, wurde veröffentlicht von Millard, *Iraq* 32, 170 f. und pl. XXXVI. Vs. 1'-8' ist Duplikat zu KAH II 84 Z. 23-25 und der abweichenden Fortsetzung in VAT 9630 (Seidmann, MAOG 9/III S. 15 Anm. 11). Es ist wahrscheinlich, daß sowohl VAT 9630 als auch BM 121044 Vertreter einer von KAH II 84 abweichenden Annalenrezension sind. Zu den weiteren Abschnitten dieses Textes vgl. Millard, *Iraq* 32, 170 f.

g Ein weiterer, leider nur teilweise erhaltener Annalentext dieses Königs ist Schroeder, KAH II 83. Photo: Andrae, FwA Tf. XCVI. Zur Fundnummer s. Baumgartner, ZA 36, 129 Anm. 3, sowie MDOG 32, 20 Anm. Die Museumsnummer (VAT 9640) gibt Schott, *Vorarbeiten* S. 19 unrichtig als VAT 4690. Für Duplikate vgl. Seidmann, MAOG 9/III S. 5, wobei Ass. 3023 als KAH I 24 bereits separat publiziert ist. Bearbeitungen: Andrae, FwA S. 167 Nr. 9; Seidmann, MAOG 9/III S. 36-41; Übers.: Luckenbill, ARAB I § 378-384.

Die Inschrift beginnt mit Titulatur und Filiation des Königs (Z. 1-7).

Die Zeilen 8-9 enthalten die Überleitung zum Annalenbericht, der die Ereignisse zu Beginn der Regierung schildert (vgl. zu *šurrat šarrūti* Tadmor, AS 16, 352 f.).

Z. 9: zu *ša* „nachdem" vgl. oben, f zu Z. 80 und Aššur-dān II., Ann. Vs. 6 f. sowie unten, Kap. V c zu Saba'a-Stele Z. 11.

Mit Z. 10 beginnt der Bericht über die Unternehmungen gegen das Land Qumanê (vgl. dazu oben, f zu Z. 24).

Z. 10: cf. oben, f zu Z. 51. — Z. 13 f.: cf. Luckenbill, AJSL 43, 225. — Z. 17 Ende: [*ša ištu*], nach KAH II 84 Z. 89; AfO 3, 156 Vs. 28. — Z. 20: cf. Verf., BiOr 27, 158 zu TN. II., Ann. Vs. 20.

Die Zeilen 1-5 der Rückseite scheinen einen Feldzug in der Tigrisgegend (Rs. 1') zu behandeln. Daran anschließend (Rs. 6'-9') erfahren wir noch kurz von einem Unternehmen gegen das Land Ḫabḫi (vgl. Salvini, *Nairi e Ur(u)aṭri* S. 83 ff.), womit das Ende des annalistischen Abschnittes erreicht ist. Vgl. auch Anp., Ann. III 91.

Der Baubericht (Rs. 10'-16') behandelt die Renovierung der „Steinmauer der Stadtböschung(?) unterhalb des Assurtempels". *sippi āle* begegnet auch bei Aššur-nādin-apli, Weidner, ITn S. 47 Z. 25 und 29. Vergleicht man diese Stellen mit der unsrigen, so drängt sich die Frage auf, ob mit *sippu* hier — von der Bedeutung „Türlaibung" ausgehend — nicht die steilwandartige Böschung zwischen der Stadt (oben) und dem Tigris (unten) gemeint ist. Dieser Steilabfall war durch Mauerwerk gesichert, wie aus unserer Stelle hervorgeht und durch die Ausgrabungen erwiesen ist, vgl. Andrae, FwA S. 146 ff. Die hier, Rs. 11' f. erwähnte Bautätigkeit Adn. I. konnte an eben dieser Stelle nachgewiesen werden. Vgl. aber auch die abweichende Ansicht von Weidner, ITn S. 47 und Salonen, *Türen* S. 62 f. *sippu*, von einer Stadt gesagt, begegnet auch bei Salm. III., Schwarzer Obelisk Z. 131, wo die Bedeutung „befestigte Böschung" ebenfalls gut paßt.

Der Text schließt mit der Anrede an den späteren Fürsten und Segenswünschen (Rs. 16'-18'). In KAH I 24 folgt noch eine zweizeilige Fluchformel.

Die Datierung in der Unterschrift der Tafel (Rs. 19'-20') erweist das Jahr 909 als Entstehungszeit der Urkunde, vgl. auch Brinkman, PHPKB S. 177 Anm. 1090.

Z. 19 f.: zu beachten ist die Schreibung *šá-kin māt*(KUR) ^{URU}*Kàl-zi* bzw. *šá-kin māt* (KUR) URU.ŠÀ.URU. Für Kalzu (nicht Kakzu) vgl. Parpola, NAT S. 193 f.

h Ein Annalenfragment aus Assur wurde kopiert von Schroeder, KAH II 87. Da nur 13 Zeilen erhalten sind, ist die Zuweisung an Adn. II. nicht sicher, vgl. Seidmann, MAOG 9/III S. 7. Zuweisung an Aššur-dān II., TN. II. oder Anp. II. erscheint ebenfalls möglich. Übersetzung: Luckenbill,

ARAB I § 398. — Z. 3: cf. Grayson, JNES 31, 218b.; zu Z. 8 ibid. 220b.

Ebenso unsicher in der Zuweisung ist das Tafelfragment Schroeder, KAH II 88. Vgl. auch oben, f zu Expl. C und Seidmann, MAOG 9/III S. 7. Übers.: Luckenbill, ARAB I § 399. Ein unveröffentlichtes Duplikat ist VAT 9752 (mir nicht zugänglich).

Z. 3': [... (Lú)*mun-d*]*aḫ-ṣ*[*i-šú*]*-nu*. — Z. 4': [... *ú-n*]*é-píl*. — Z. 5': [Tribut (o. ä.) *ša* LUGA]L(!).MEŠ-*ni* KUR.KUR.MEŠ KUR.M[EŠ]-*ni am-ḫur*. — Z. 6': [auf seine eigenen Streitkräfte *it-t*]*i-kil-ma itti*(KI)*-ja* ⌞*lu*⌟ (!) *ib-bal-kit*. — Z. 7': [... *ana na-a*]*l-ban*, vgl. KAH II 84 Z. 55 und 63, dazu E. Reiner, AfO 23, 89 ff. — Z. 8': cf. Verf., BiOr 27, 158 zu TN. II., Ann. Vs. 17. — Z. 10': [... GAZ.MEŠ-*šu-nu* Ḫ I].A.MEŠ usw. — Z. 11': [... *ina kakki ú-šam-q*]*it*. — Z. 12': cf. AHw 490a. — Z. 13': cf. CAD Z 58a. — Z. 16': vielleicht [... *ú*]*-kal-lu-*[*ú-ni* ...].

i Die Inschrift auf einem zylindrischen Basaltobjekt (BM 90853) wurde publiziert von Winckler, ZA 2, 311 mit Duplikat ibid. 312, Kopie auf Tf. III Nr. 5 (vgl. auch oben, c Ende), wiederholt von King, AKA S. 154. Weitere Duplikate sind die Texte Weißbach, BMisc S. 15 Nr. V und Tf. VI Nr. 1; Thompson, *Archaeologia* 79 pl. XLII und S. 119, Nr. 12-16. Nr. 20 gehört wohl ebenfalls hierher, vgl. die Raumaufteilung in dem weiteren Duplikat Thompson, AAA 19, pl. LXXXIII Nr. 266. Bearbeitung: Winckler, KB I S. 48 f.; Übers.: Luckenbill, ARAB I § 396. Vgl. auch Unger, AfK 2, 24.

Der Text enthält lediglich Titulatur und Filiation.

Außer dem von Weißbach veröffentlichten Exemplar stammen alle anderen aus Ninive.

j Eine Assur-Stele, die von Adn. II. stammen könnte, publizierte Andrae, *Stelen* S. 17 f. Nr. 9. Auch dieser Text besteht nur aus Titulatur und Filiation.

Der sog. Zerbrochene Obelisk, der in der früheren Literatur u. a. auch Adn. II. zugeschrieben wurde (cf. Luckenbill, ARAB I § 358), ist unter Aššur-bēl-kala entstanden. Vgl. EAK I S. 135 ff., neuerdings auch Brinkman, PHPKB S. 383 ff.

k TUKULTI-NINURTA II. (890-884).

Ebenso wie seine Vorgänger versuchte TN. II., Assyrien vor allem nach Westen und Norden zu erweitern. Dagegen scheint es, als habe zwischen Assyrien und Babylonien Friede geherrscht (vgl. Brinkman, PHPKB S. 183).

l Die Annalen dieses Königs, deren Fundort unbekannt ist, wurden veröffentlicht von V. Scheil, *Annales de Tukulti Ninip* II, *roi d'Assyrie* 889-884, BÉHÉ 178, Paris 1909. Der Text wurde erneut bearbeitet von Verf., BiOr 17, 147 ff. mit Tf. I-VI, weshalb sich hier eine nähere Behandlung des Textes erübrigt.

Einige nachträgliche Bemerkungen zu meiner Edition: Zu BiOr 27, 147 Anm. 6 und 9: nach brieflicher Mitteilung v. Sodens dürfte es sich um einen fehlerhaften Schultext aus der assyrischen Provinz handeln. — Vs. 10: anders AHw 742b s. v. *napṭu* (frdl. Hinweis v. Sodens). — Vs. 38: wohl doch nicht *erû*, sondern *iṣṣūr šamê^{e}* mit einer Rasur. Davor war vermutlich ein Vogel genannt, dessen Namen der Schreiber nicht lesen konnte (v. Soden brieflich). — Vs. 42: doch wohl MU.AN.NA (v. Soden). — Vs. 66: lies mit Forrer, RLA II S. 284a ^{URU}*Ḫa!-di-da-a-ni*, nach Photo richtig. — Rs. 48: *šá al!-ta-qu-ú* „die ich eingenommen hatte" (v. Soden brieflich, nach Photo richtig). — S. 159, Komm. zu Vs. 30: es ist nachzutragen „auch AfO 17, 384 Z. 6'" (frdl. Hinweis von M. Weippert). — S. 159, Komm. zu Vs. 51: CAD A/II 374b s. v. *aṣappu* zu korrigieren. — S. 160, Komm. zu Rs. 8 ff.: lies „Sirqu, auch Terqa, modern Tell 'Ašara". — S. 160, Komm. zu Rs. 30 und 32: vgl. jetzt auch Millard, *Iraq* 32, 173.

m Aus Assur stammen die drei Annalenfragmente Schroeder, KAH II Nr. 89-91.

1) KAH II 89:

Übers.: Luckenbill, ARAB I § 424-426. Zur einleitenden Götterreihe vgl. Seidmann, MAOG 9/III S. 8 Anm. 2. Dieser Abschnitt kann nach Schott, ZA 43, 319 ergänzt werden (zu Vs. 8 cf. Schott, ibid. 320).

In Vs. 16 folgt der Name des Königs, an den sich eine ausführliche Selbstprädikation angeschlossen haben dürfte. Zu Vs. 17 cf. Seux, ERAS S. 197 mit Anm. 164.

Die Rückseite enthält einen Baubericht: renoviert wurde die „Mauer der Stadt [Assur]", wie gewiß ergänzt werden darf. Zu Rs. 10 cf. unten, Kap. II q zu V 15 f.

Der Name des Eponymen in Rs. 12 lautet nach STT I 47 I 21 und Delitzsch, AL^{2} S. 88 I 22: *Aššur-lā-kīnu-(u)bāša.*

2) KAH II 90:

Übers.: Luckenbill, ARAB I § 418-423. Zur Einleitung (Vs. 1-5) vgl. oben zu KAH II 89.

Vs. 7: cf. oben, f Z. 6 und KAH II 91 Vs. 10. — Vs. 8: cf. CAD B 318a. — Vs. 10: [NU]N *na-a'-du.* — Vs. 11: cf. Seux, ERAS S. 245. — Vs. 12: vgl. KAH II 84 Z. 9. — Vs. 13: cf. Seux, ERAS S. 284. — Vs. 16 Anfang: vgl. KAH II 84 Z. 13 und Seux, ERAS S. 292. Zu den folgenden Zeilen cf. oben, f zu Z. 14 ff. — Vs. 18: s. E. Cassin, *La splendeur divine* S. 72 Anm. 56 (kaum richtig) und Seux, ERAS S. 282. Warum nicht *šá-lum-ma-[ku ...]*? Freilich ist ein Adj. **šalummu* „mit Schreckensglanz umstrahlt" m. W. nicht belegt, doch paßt diese Form am besten in den Kontext und bietet zudem formal keine Schwierigkeiten, wie v. Soden, GAG § 56p zeigt. Zum Anf. der Zeile cf. Seux, ERAS S. 171.

Die Rückseite dieses Textes habe ich als Duplikat zu den Annalen, Rs. 50-64 in BiOr 27, 147 ff. verwertet. Statt Luckenbills „Nairî-lands"

(§ 422) ist in Rs. 5b [... *epēš*] *ba!-'u!-ri iq-*[*bûni* ...] zu lesen. Zu Rs. 18 cf. Weidner, AfO 13, 318.

3) KAH II 91:

Kopie auch bei Ebeling, KAR Nr. 349(!); Übersetzung: Luckenbill, ARAB I § 424 und 427 f. Auch dieser Text beginnt mit einer Aufzählung von Göttern, s. oben zu KAH II 89.

Vs. 9: [... *ina š*]*asurri*(Š]À.TÙR) *um-mi ki-ni-*[*iš ippalsannima*/*ibnûni*], vgl. die von Seux, ERAS S. 292 genannten Stellen und KAH II 84 Z. 5. — Vs. 10: s. oben, f zu Z. 6 und KAH II 90 Vs. 7.

Die geringen Reste der Rückseite entziehen sich der Deutung.

Ein Tafelfragment mit einer Bauinschrift aus Assur (VAT 10136) ist noch unpubliziert, vgl. EAK I S. 73.

n Aus Assur stammen die Ziegelinschriften Schroeder, KAH II 85 und 86. Übers.: Luckenbill, ARAB I § 429-431. KAH II 85 wurde bearbeitet von Schwenzner, AfO 9, 47, vgl. auch Verf., BiOr 27, 159 zu TN. II. Ann. Vs. 27. Die dreizeilige Legende erwähnt die Renovierung des Enpi-Tores.

Titulatur und Filiation enthält die dreizeilige Ziegelinschrift KAH II 86. Das Duplikat Ass. 18393 ist von Schott, *Vorarbeiten* S. 21 fälschlich sowohl hier als auch bei KAH II 85 eingereiht worden.

Inhaltlich dieselbe Inschrift findet sich auf zwei Schmelzziegelgemälden aus Assur, s. Andrae, *Farbige Keramik* Tf. 7 und 8. Zur Darstellung auf Tf. 8 s. Schott, *Vergleiche* S. 104 Anm. 1.

o Aus Ninive besitzen wir die Steinplatteninschrift Thompson, *Archaeologia* 79 pl. XLI Nr. 1 und Nr. 19, Bearbeitung ibid. S. 117 f., die nach kurzer Titulatur und Filiation den Herrschaftsbereich des Königs beschreibt. Verwandt damit, wenn auch viel kürzer gefaßt, ist der Abschnitt in den Annalen Rs. 46 f. Obwohl in Ninive gefunden, stammt der Text nach Z. 10 aus dem sonst nicht bekannten Nēmed-Tukulti-Ninurta.

Z. 8: cf. Verf., BiOr 27, 159 zu TN. II., Ann. Vs. 50.

p Ebenfalls aus Ninive stammen die Tonknäufe Thompson, AAA 19 pl. LXX, Nr. 58 (Zuweisung unsicher), Nr. 66 (vgl. ibid. S. 66, Zuweisung unsicher) und Nr. 174 (pl. LXXVII und S. 99 oben). In Nr. 174 Z. 1 ergänze ich [É.GAL] mIZKIM-dMAŠ [(fehlt nichts!)] wegen des Gen. [*šarri dan-*]*ni* in Z. 2.

Unsicher ist das Fragment eines Tonknaufes Thompson, AAA 19 pl. LXXIV Nr. 122. Vgl. ibid. S. 100 Anm. 11.

Nur Titulatur und Filiation enthält die Ziegelinschrift Thompson, AAA 18 pl. XX und S. 98, Nr. 52. Wahrscheinlich ist noch eine dritte Zeile mit Namen und Titel des Großvaters (Aššur-dān II.) zu ergänzen.

Möglicherweise TN. II. zuzuschreiben ist Ki. 1904-10-9, 158, cf. King, Cat. Spl. S. 30.

q Die gleichlautenden Inschriften auf zwei Schwellenplatten (lies Z. 5 *askuppu*) aus Kaḫat, modern Tell Barri, publizierte Dossin, AAS 11-12, 197 ff. Vgl. auch ibid. S. 163 f. und CRRA 11 S. 4 ff. Der Text enthält Titulatur und Filiation sowie in Z. 5 den Vermerk „Schwellenplatte aus der Stadt Kaḫat". Zu diesem Ort vgl. M. Falkner, AfO 18, 16 f.; Weidner, AfO 21, 137 f.; Parpola, NAT S. 188.

r Eine Statue mit zwölf Zeilen Inschrift aus Sirqu/Terqa, modern Tell ʿAšara, wurde veröffentlicht von Tournay und Saouaf, AAS 2, 169 ff., mit Kopie (175 f.) und leider fast unbrauchbaren Photographien (Tf. I-III). Ein etwas besseres Photo findet sich bei Schmökel, *Ur, Assur, Babylon* Tf. 83 und bei Klengel, *Geschichte und Kultur Altsyriens* Abb. 35. An einigen Stellen wurde die Lesung der Herausgeber verbessert von Güterbock, JNES 16, 123. Demnach handelt es sich um eine Statue Adn. II., die von seinem Sohn TN. II. angefertigt wurde.

s Eine Achatperle mit dem Vermerk „am Hals getragener Stein", also etwa „Anhänger an einer Halskette", publizierte Lenormant, *Choix* S. 171 Nr. 74. Bearbeitungen: Schrader, KB I S. 50 f.; Scheil, TN. II. S. 3; Delaporte, CCL II A 824; Übers.: Luckenbill, ARAB I § 433.

t Der Keulenknauf mit Votivinschrift an [Ea(?)] BM 91452 wurde umschrieben und übersetzt von D. Cocquerillat, RA 46, 131 Anm. 2. Vgl. auch EAK I S. 71.

u Für die private Weihinschrift Ledrain, RA 2, 145 („der Ištar für das Leben des Tukulti-Ninurta") vgl. EAK I S. 71. In Z. 4 könnte der Name des Weihenden gestanden haben: ^{m}[PN ... *iqīš*].

v Für KAH II 92, von Schott, *Vorarbeiten* S. 21 Nr. 6 TN. II. zugeschrieben, cf. EAK I S. 72.

Die von Schrader, *Sebeneh-Su* S. 18 f. und KB I S. 50 f. sowie von Scheil, TN. II. S. 3 f. Tukulti-Ninurta II. zugewiesene Felsinschrift stammt von Salm. III., wie Lehmann-Haupt, *Materialien* Nr. 20 richtiggestellt hat. Vgl. unten, Kap. III e (Tigr. 2).

w Nachdem wir die Inschriften der behandelten Könige Aššur-dān II., Adn. II. und TN. II. im einzelnen vorgestellt haben, wenden wir uns nun ihrem Aufbau und ihrer Topik zu.

x Die Annaleninschriften KAH II 84 (Adn. II.) und KAH II 89-91 (TN. II.) beginnen mit einer Aufzählung von Göttern, die zuerst bei Tiglp. I. (EAK I S. 121 f.), dann auch bei Abk. (EAK I S. 138 f.) in dieser Form bezeugt ist. Es ist anzunehmen, daß es sich hier um Invokationen handelt, nicht um Beschreibungen der auf Monumenten abgebildeten Göttersymbole, da wir es hier ausschließlich mit Tontafeln zu tun haben. Die Götterepitheta folgen den literarischen Vorbildern, abgesehen davon, daß TN. II. den babylonischen Gott Marduk in diese Götterreihe eingeführt hat, wie Schott, ZA 43, 318 ff. wahrscheinlich gemacht hat.

y Auf diese Einleitung folgen Titulatur und Filiation, wobei der Name des Königs zweimal genannt wird (KAH II 84 Z. 5 und 10). Der dazwischenliegende Passus erweist den König als einen von den „großen Göttern" legitimierten Herrscher. Diese Rolle wird ihm bereits im Mutterleib zugewiesen (KAH II 91 Vs. 9, s. oben, m), was bei Adn. II. weniger explizit ausgedrückt ist: „meine Natur veränderten sie (sc. die Götter) zu einer herrscherlichen Natur" (KAH II 84 Z. 6, vgl. auch KAH II 90 Vs. 7, KAH II 91 Vs. 10). Mit dieser göttlichen Legitimation geht der Herrschaftsanspruch über „die gekrönten Könige" (KAH II 84 Z. 8) und über „sämtliche Herren" (ibid. Z. 9, vgl. TN. II., KAH II 90 Vs. 11) Hand in Hand. Ähnliches findet sich auch bei Anp., vgl. unten, Kap. II d zu Ann. I 31. Zur frühzeitigen Erwählung des Königs durch einen Gott s. auch Poebel, JNES 2, 81 f. mit Anm. 296 und unten, Kap. V f zu Z. 1 f.

Mit der Wiederholung des Namens (KAH II 84 Z. 10) beginnt die offizielle Titulatur[1], die unter Verwendung des appositionellen *anāku* mit der Filiation verknüpft ist. An diesem Punkt erst setzen die Annalen Aššur-dāns ein, nicht ohne jedoch gänzlich auf einen Legitimationspassus zu verzichten (Ann. Vs. 2-4), wohingegen sich KAH II 83 auf eine nur wenig ausgeschmückte offizielle Titulatur beschränkt. Beide Inschriften legen den Vorfahren keine schmückenden Epitheta bei, während KAH II 84 dies wenigstens mit einigen Worten besorgt (Z. 11 f.).

In den Annalen Aššur-dāns II. und in KAH II 83 beginnt unmittelbar darauf der Annalenbericht. Der wesentlich ausführlichere Text KAH II 84 hingegen weist noch drei Einschübe auf: Z. 13-15 enthält eine Folge

[1] Für sämtliche mit der Titulatur zusammenhängende Fragen sei auf das vorzügliche Werk von Seux, ERAS hingewiesen.

von rühmlichen Eigenschaften des Königs, alle im Stativ der 1. Pers. gehalten, eine Stilfigur, die auch sonst in den assyrischen Königsinschriften nachweisbar ist (cf. Borger, *Asarhaddon* S. 98 und oben, f zu Z. 14 ff.). Eine Wiederholung des Namens und der Titulatur des Königs (Z. 16) leitet über zu einer langen Reihe von Vergleichen (Z. 18-22), die sämtlich mit *kīma* eingeführt werden. Eine Übersicht der eroberten Gebiete (Z. 23-25 und *Iraq* 32, 170 Z. 1-5) ist schließlich eingebettet in einen Relativsatz (*eṭlu qardu ša ... ittallakūma ... ušeknišu*) und leitet zu dem eigentlichen annalistischen Abschnitt über.

z Die Annalenberichte beginnen mit chronologischen Angaben (Aššur-dān II., Ann. Vs. 6 und Adn. II., KAH II 83 Vs. 8 f.) oder mit einem summarischen undatierten Bericht über frühere Unternehmungen (KAH II 84 Z. 26-35). Auf weitere Datierungen im Text verzichten die Annalen Aššur-dāns II., während sonst Datierung nach Eponymen (KAH II 84 Z. 39, 42. 45. 49. 61. 62. 80. 91. 94. 98; TN. II., Ann. Vs. 13. 41), gelegentlich auch nach Monat und Tag (KAH II 83 Rs. 6; TN. II., Ann. Vs. 30) oder nur durch *ina ūmēšūma* (Adn. II., KAH II 84 Z. 48; TN. II., Ann. Vs. 11. 26. 29) nachweisbar ist.

Gänzlich auf eine Einleitung verzichten die Annalen TN. II. Sie beginnen unvermittelt bei einem Unternehmen gegen die Nairi-Länder, ein für assyrische Königsinschriften einmaliger Vorgang. Für einen Erklärungsversuch s. Verf., BiOr 27, 147 und den Nachtrag oben, l.

aa Im folgenden seien die wichtigsten Termini der Kriegsberichte kurz zusammengestellt:

— Die Unternehmung erfolgt auf Befehl oder mit Hilfe Assurs: Aššur-dān II., Ann. Vs. 9. 33. Rs. 3. 9; Adn. II., KAH II 83 Vs. 10; KAH II 84 Z. 68. 97 („und Ištars"); KAH II 88 Z. 6'; vgl. TN. II., Ann. Vs. 4. 12.

— „mit den erhabenen Kräften" (eines Gottes): Adn. II., KAH II 84 Z. 56. 102.

— „meine Streitwagen und Truppen bot ich auf": Aššurdān II., Ann. Vs. 10. 25 f.; AfO 22, 76 f. VAT 8890 Z. 21'; Adn. II., KAH II 83 Vs. 10; KAH II 84 Z. 51. 81.

— Schwierigkeiten beim Vorrücken durch gebirgiges Gelände: Adn. II., KAH II 84 Z. 82 ff.; TN. II., Ann. Vs. 31-34, 37-39, Rs. 1. 38 f.

— Itinerar-Angaben (*attumuš-aqṭirib-bēdāk*): Adn. II., KAH II 84 Z. 105-113; KAH II 87 Z. 10'(?); TN. II., Ann. Vs. 41 — Rs. 39 passim.

— Der König unternimmt Jagdausflüge: TN. II., Ann. Vs. 43. 45 f. 80-82.

— Entgegennahme von Tribut: Adn. II., KAH II 84 Z. 33. 48. 61. 90. 98 f. 103 f. 107. 110. 115. 117-119; *Iraq* 32, pl. XXXVI BM 121044 Vs. 13'; KAH II 88 Z. 5': TN. II., Ann. Vs. 69 ff. 79, Rs. 3. 5. 6 f. 10. 11 f. 16-19. 21. 23-25. 27 ff.

— Die Feinde rebellieren: Aššur-dān II., Ann. Vs. 7; Adn. II., KAH II 84 Z. 51; KAH II 87 Z. 8'; KAH II 88 Z. 6'.

— Sie verweigern den Tribut: Aššur-dān II., Ann. Rs. 1 f.; Adn. II., KAH II 84 Z. 84-86. 96.

Sie halten (ehemals assyrisches) Gebiet besetzt: Aššur-dān II., Ann. Vs. 16 f., 24 f.; Adn. II., KAH II 84 Z. 52 f. 100 f. 114. 117; TN. II., Ann. Vs. 35.

— Die Feinde fürchten sich, fliehen: Aššur-dān II., Ann. Vs. 28; Adn. II., KAH II 83 Vs. 18; KAH II 84 Z. 89 f.; TN. II., Ann. Vs. 36.

— Der König verfolgt sie: Aššur-dān II., Ann. Vs. 30; TN. II., Ann. Vs. 6. 39.

— Sie kehren um, fassen des Königs Füße, werden begnadigt, angesiedelt: Adn. II., KAH II 83 Vs. 18 f.; KAH II 84 Z. 47. 90; TN. II., Ann. Vs. 18 f. 23 f. Rs. 43 f.

— Die Feinde ziehen sich ins Gebirge (über einen Fluß) zurück: TN. II., Ann. Vs. 36 f. 40 f.

— Sie vertrauen auf ihre Streitkräfte, ihre Festungen: Aššur-dān II., Ann. Vs. 8; Adn. II., KAH II 84 Z. 31. 49-51; KAH II 88 Z. 6'.

— Es kommt zum Kampf; Niederlage der Feinde: Adn. II., KAH II 84 Z. 26f. 33. 39-41. 42. 86; *Iraq* 32, pl. XXXVI BM 121044 Vs. 14'. Rs. 6; TN. II., Ann. Vs. 10. 17.

— Der Rest der feindlichen Truppen geht zugrunde (o. ä.): Aššur-dān II., Ann. Vs. 12. 27. 31; Adn. II., KAH II 83 Vs. 17; KAH II 84 Z. 89; vgl. *Iraq* 32, pl. XXXVI BM 121044 Vs. 7' und MAOG 9/III S. 15 Anm. 11, Z. 19; TN. II., Ann. Vs. 36. 40.

— Ein Blutbad, Gemetzel u. ä. wird unter den Feinden angerichtet: Aššur-dān II., Ann. Vs. 12. 20. 26. 30. 40; Adn. II., KAH II 83 Vs. 13f. Rs. 3; KAH II 84 Z. 43. 87; KAH II 87 Z. 5'. 12'; KAH II 88 Z. 2'f. 4' ([Auge(?)] schlug ich aus). 10'. 11'ff.; TN. II., Ann. Vs. 50. Rs. 42.

— Ihre Städte werden erobert, zerstört, geschleift, niedergebrannt: Aššur-dān II., Ann. Vs. 27. 34. 43f. Rs. 11; Adn. II., KAH II 83 Rs. 6-8; KAH II 84 Z. 92f. 96; KAH II 87 Z. 7'. 15'; TN. II., Ann. Vs. 2(?). 16. 35f. 49f. Rs. 41. 42f.

— Berichte über Plünderungen: Aššur-dān II., Ann. Vs. 11. 13. 19. 20f. 44f. Rs. 11f.; Adn. II., KAH II 83 Vs. 14f. Rs. 4f. 9; KAH II 84 Z. 87f.; KAH II 87 Z. 4'. 11'; KAH II 88 Z. 8'. 10'; TN. II., Ann. Vs. 3. 7. 10. 16f. 36. 40. 50. Rs. 40f.

— Die Stadt der Feinde „machte ich zu einem öden Ruinenhügel": Adn. II., KAH II 87 Z. 5'. 7'.

— „warf ich gleich einem Sintflut-Hügel nieder": Adn. II., KAH II 84 Z. 32.

— Der König ergreift Besitz von der Stadt, den Palästen, der Beute: Aššur-dān II., Ann. Rs. 4; Adn. II., KAH II 84 Z. 44. 47. 112f.; TN. II., Ann. Vs. 23.

— Die Stadt wird den Magnaten übergeben: Adn. II., KAH II 83 Vs. 20; TN. II., Ann. Vs. 20-22.

— Aufzählung von Beutegut oder Tributlieferungen: Aššur-dān II., Ann. Vs. 36f.; Adn. II., KAH II 84 Z. 58f. 69-72. 103f. 110. 117f.; TN. II., Ann. Vs. 70-73. 76-79. Rs. 3. 4f. 6f. 8-10. 11f. 16-19. 21. 23-25. 27. 29. 31f.

— Den Besiegten wird Tribut auferlegt, die Stellung von Geiseln befohlen: Adn. II., KAH II 84 Z. 32. 90. 93. 104; Iraq 32, pl. XXXVI BM 121044 Vs. 12'; TN. II., Ann. Vs. 20. Rs. 44.

— Der feindliche König wird gefangen genommen: Adn. II., KAH II 83 Vs. 12f.; KAH II 84 Z. 57. 78f. 80f.

— Seine Familie wird gefesselt, deportiert, getötet: Aššur-dān II., Ann. Vs. 14f.; Adn. II., KAH II 84 Z. 59f.; TN. II., Ann. Vs. 3. 6-8. 17f.

— Das Land wird Assyrien einverleibt, die Bewohner deportiert: Aššur-dān II., Ann. Vs. 31f.; Adn. II., KAH II 83 Rs. 3; KAH II 84 Z. 26. 27f. 29. 34. 99f.; TN. II., Ann. Vs. 17.

— „das weite Land unterwarf ich", „eroberte meine Hand": Aššur-dān II., Ann. Vs. 35; Adn. II., KAH II 83 Vs. 11; KAH II 84 Z. 26. 27. 30. 88f.

— „Meine Machtfülle richtete ich auf": Adn. II., KAH II 84 Z. 60.

— Votivschenkung von Beutestücken oder Götterstatuen: Aššur-dān II., Ann. Rs. 13f.; Adn. II., KAH II 83 Vs. 16f.; TN. II., Ann. Vs. 27-29.

bb Ein Vergleich der in den Kriegsberichten verwendeten Topoi mit denen Tiglp. I. (s. EAK I S. 125 ff.) macht deutlich, daß man sich recht eng an das literarische Vorbild hielt, ohne freilich dessen Niveau zu erreichen. Dies wird besonders sichtbar in der ungeschickten und monotonen Aneinanderreihung der Wegstationen, die vor allem für die Annalen TN. II. charakteristisch ist. Hier zeigt sich, daß es der Schreiber nicht verstanden hat, aus seinen Unterlagen (Itinerare, wahrscheinlich auch eine Art Kriegstagebuch) einen durchgeformten Bericht zu gestalten. Jedoch wäre es nicht richtig, diese Berichte als epigonal und damit geringwertig abzustempeln, denn sie erweisen immerhin, daß die assyrische Tradition bewußt aufrechterhalten wurde, auf literarischem Gebiet ebenso, wie, analog dazu, im Bereich der Politik. Wie im Stil ihrer Inschriften sind diese Könige auch in ihren politischen Bestrebungen keine kühnen Neuerer, sondern versuchen, auf der Basis des Überlieferten an die frühere Glanzzeit des assyrischen Reiches anzuknüpfen. Ein Indiz hierfür sind auch die oben, bb (achter und neunter Absatz) genannten Stellen, in denen der Hinweis auf frühere, z. T. weit zurückliegende Verhältnisse als Legitimation für das Eingreifen der assyrischen Macht dient.

cc Auf die Kriegsberichte folgt in den Annalen Aššur-dāns II. (Rs. 15-18) ein interessanter Passus: die Bewohner Assyriens hätten, getrieben von Hunger und Not, ihre Wohnstätten verlassen und seien in fremde Länder abgewandert. Der König habe sie zurückgeführt und ihnen sorgenfreie Wohnsitze beschafft. Dieser Abschnitt, der sich fast wörtlich in den Annalen Anp. II. (II 7-10) wiederfindet, ist natürlich nur in die Annalen aufgenommen worden, um die Fürsorge des Königs für sein Land (vgl. auch den folgenden Abschnitt) in günstigem Licht erscheinen zu lassen. Für uns erhellt diese Schilderung jedoch die angespannte wirtschaftliche Lage des Staates, eine Tatsache, die man nach den Schilderungen fortwährender Siege und reicher Beute nicht erwartet hätte. Da es uns für diese Zeit an sicher datierten Briefen, Wirtschafts- oder Verwaltungsurkunden mangelt, wäre diese Einsicht in die inneren Verhältnisse des Staates kaum zu erlangen gewesen. So jedoch sehen wir, daß die ehrgeizige Politik der assyrischen Herrscher der Bevölkerung schwerste Belastungen auferlegte.

dd Die Fürsorge des Königs für sein Land ist Gegenstand der folgenden Annalenabschnitte: Aššur-dān II., Ann. Rs. 19-22; Adn. II., KAH II 84 Z. 120 f.; TN. II., Ann. Rs. 50-51a. Demnach hätten die Könige Paläste errichtet, Pflüge anfertigen lassen und die Getreidevorräte vermehrt. Auch diese Formulierungen stammen fast wörtlich von Tiglp. I. (vgl. EAK I S. 129). In einem Zusatz bescheinigt sich TN. II. (Ann. Rs. 51b), daß er „dem Lande Assur Land, seiner Einwohnerschaft weitere Einwohner hinzugefügt" habe. Auch diese Wendung ist aus den Inschriften Tiglp. I. entlehnt und findet sich noch bei Anp. II (vgl. EAK I S. 129).

ee Die Jagdberichte (Aššur-dān II., Ann. Rs. 23-27; Adn. II., KAH II 84 Z. 122-127; TN. II., Ann. Rs. 52 f.) sind ebenso wie der vorangehende

Passus von Tiglp. I. übernommen. Ich verweise daher auf EAK I S. 129, wo auch die späteren Stellen zu finden sind.

Adn. II. berichtet zusätzlich in KAH II 84 Z. 126 f. über die Anlage eines Zoos, auch darin seinen Vorfahren Tiglp. I. nachahmend, vgl. King, AKA S. 89 f., VI 105-VII 16, ferner Abk., Zerbr. Obel., AKA S. 138 ff., IV 6-9. 19-22. 27-30 (s. auch Millard, *Iraq* 32, 168). Diese Liebhaberei pflegte auch Anp. II., wie an den Stellen King, AKA S. 201 ff. IV 40-„50" und Wiseman, *Iraq* 14, 34 Z. 95-100a nachzulesen ist.

ff Als letzten Abschnitt in den Annalentafeln ebenso wie auf den Tonknäufen finden wir die Bauberichte. Es sind im Einzelnen folgende Passagen bzw. Texte:

Aššur-dān II., Ann. Rs. 28-41; Andrae, FwA S. 166 Z. 5-19; Adn. II., KAH II 83 Rs. 10-18b; KAH II 84 Z. 128-133; TN. II., Ann. Rs. 54-64; KAH II 89 Rs. 1-11.

Sämtliche Bauberichte beginnen mit einem durch *enūma* „als" eingeleiteten Temporalsatz, der den Verfall des Gebäudes konstatiert und, in einen Relativsatz eingekapselt, eventuelle frühere Bauherren nennt. Der Temporalsatz wird nach dem eingeschobenen Relativsatz gelegentlich durch Wiederholung des Bauobjektes („dieses Stadttor also" FwA S. 166 Z. 8, vgl. KAH II 84 Z. 129) fortgeführt. Dasselbe Schema, jedoch mit mehr Details angereichert, benutzt TN. II., Ann. Rs. 54-56. Die Bautätigkeit des Königs wird in einfachen Hauptsätzen geschildert; die Bezeichnungen sind stereotyp und gehen auf TukN. I. oder noch frühere Herrscher zurück (vgl. EAK I S. 43 f., 91 ff.).

Es finden folgende Termini Anwendung:

— *nukkuru* + *anḫūtu*: Aššur-dān II., FwA S. 166 Z. 9; Adn. II., KAH II 84 Z. 129.
— *uddušu* + *anḫūtu*: Adn. II., KAH II 83 Rs. 13.
— *mussû* + *ašru*: Aššur-dān II., FwA S. 166 Z. 10; Ann. Rs. 30; TN. II., Ann. Rs. 57; KAH II 89 Rs. 3.
— *mussû* + *dannatu*: Adn. II., KAH II 83 Rs. 13.
— *dannatu* + *kašādu*: Aššur-dān II., FwA S. 166 Z. 10; Adn. II., KAH II 84 Z. 129; TN. II., Ann. Rs. 56; KAH II 89 Rs. 3.
— *uššē* + *nadû ina kiṣir šadê danni*: TN. II., Ann. Rs. 56f.
— *ištu uššē adi gabadibbî raṣāpu* + *šuklulu*: Aššur-dān II., FwA S. 166 Z. 11f.; Adn. II., KAH II 83 Rs. 13f.; KAH II 84 Z. 130f. (ohne *rṣp*); TN. II., Ann. Rs. 58; KAH II 89 Rs. [3]-4.
— *eli maḫrî ussumu* (+ *šurruḫu*): Aššur-dān II., FwA S. 166 Z. 12; Adn. II., KAH II 83 Rs. 14f.; TN. II., Ann. Rs. 58f.; KAH II 89 Rs. [4]-5.
— *eli maḫrî utturu u šurbû*: Adn. II., KAH II 84 Z. 130;
— Zahlenangaben über das Ziegelmaterial: TN. II., Ann. Rs. 57.

Es ist verständlich, daß eine so starke Typisierung des Stils fast keinen Raum für charakteristische Mitteilungen läßt, doch findet sich, angeschlossen durch *ina ūmēšūma* „damals", bei Aššur-dān II., FwA S. 166 Z. 12-14 die Nachricht, daß der König Gefäße verfertigen und im Stadttor anbringen (?) ließ. Ein ähnlicher, jedoch stark zerstörter Einschub ist auch in den Annalen dieses Königs (Rs. 32-35) vorhanden.

Die Bauberichte enden gewöhnlich mit: „meine Urkunden schrieb ich, deponierte sie darin". Der Passus fehlt bei Aššur-dān II., FwA S. 166 (Tonknauf), ist jedoch in den Annalen (Rs. 35 f.) zu ergänzen. Demnach hat ein beschrifteter Tonknauf nicht als „*narû*"-Urkunde gegolten. Darüber hinaus berichtet TN. II., Ann. Rs. 59 f., er habe die Urkunden der früheren Könige mit Öl gesalbt, Opfer vorgenommen und sie an ihren Platz zurückgebracht.

gg Den Schluß bildet die Anrede an den späteren Fürsten, eingeleitet mit *enūma* bzw. *ana arkât ūme ana ūm ṣâti* (FwA S. 166 Z. 14). Der spätere König wird aufgefordert, seinerseits das Bauwerk zu erneuern, wenn es verfallen ist, die Urkunde zu lesen (*li-mur-ma lil-*[*si*...] KAH II 89 Rs. 7![1]), Opfer vorzunehmen (ibid. Rs. 8 [...*niqē*] *li-qi*, vgl. TN. II., Ann. Rs. 62) und die Tafel an ihren Platz zurückzubringen. Dafür wird ihm Erhörung seiner Gebete durch Assur und Adad verheißen. Folgt er der Bitte seines Vorgängers nicht, so zieht er den Zorn der Götter auf sich, sie werden seine Nachkommenschaft im Lande vernichten und das Land selbst wird von Hungersnöten heimgesucht werden (Aššur-dān II., Ann. Rs. 41).

hh Die Datierung der Annalentexte (soweit nicht an der betreffenden Stelle zerstört) sowie des Tonknaufes Aššur-dāns II. (FwA S. 166) erfolgt nach Eponymen unter Angabe von Tag und Monat. Die kleineren Inschriften sind undatiert.

[1] Ein weiterer Beleg für diese Formel findet sich bei Millard, *Iraq* 32, Tf. XXXVII (BM 123532) A Rs. 4' (*li-mur-ma l*[*il-si*]) und bei Tiglp. I., AfO 19, 143 Z. 38f.(!).

KAPITEL II

ASSURNASIRPAL II. (883-859)

a Die reich dokumentierte Regierungszeit dieses Königs ist gekennzeichnet durch eine weitere Ausdehnung der assyrischen Macht. Zum erstenmal seit Aššur-bēl-kala erreicht ein assyrischer König, wenngleich nicht auf einem Kriegszug, wieder das Mittelmeer. Gleichzeitig erfolgt ein weiteres Vordringen nach Norden (Nairi-Länder), während im Verhältnis zu Babylonien ein gewisser Rückschlag eintritt (vgl. dazu Brinkman, PHPKB S. 182ff.). Neben der Festigung des Reiches verdient die Bautätigkeit in Kalaḫ und Ninive hervorgehoben zu werden. Assur hingegen trat hinter diesen beiden Städten an Bedeutung zurück, wie wir aus den relativ wenigen dort gefundenen Inschriften schließen können.

Eine lesenswerte Darstellung der Regierungszeit und der Persönlichkeit Anp. II. findet sich bei v. Soden, *Herrscher im Alten Orient* S. 78-88.

b Die Annalen Anp. II. sind die längste Inschrift eines assyrischen Königs zwischen Tiglp. I. und Tiglp. III. Sie waren auf Steinplatten niedergelegt, die als Bodenplatten bzw. Wandschmuck dienten. Bei diesen wurde die Inschrift über die Reliefdarstellungen hinweg eingemeißelt, ebenso wie bei der sog. Standard-Inschrift aus Kalaḫ. Der Herkunftsort dieser Platten ist der Ninurta-Tempel in Kalaḫ, vgl. die Bemerkungen von Norris, I R S. 4 und pl. 17 sowie Mallowan, *Nimrud* I S. 87. Demnach bilden die Grundlage der ersten Veröffentlichung durch Norris, I R 17-26 zwei beidseitig beschriftete „pavement slabs" vom Eingang des Ninurta-Tempels sowie „a series of slabs containing the same inscription which were excavated from the Nimrud Pyramid", ferner wurde die z. T. gleichlautende Inschrift des Monolithen herangezogen. Die Angaben von Layard, *Niniveh and Babylon* S. 352-356 (mit auszugsweiser Übersetzung der Annalen von Hincks) und S. 359-361 helfen hier kaum weiter.

Auf dieser Erstausgabe basieren die älteren Bearbeitungen und Übersetzungen, u. a. auch Peiser, KB I S. 50 ff.

Eine neue, verbesserte Bearbeitung ist 1902 von King, AKA S. 254-387 vorgelegt worden. Auch bei dieser Edition (Kopie in Typen, Umschrift, Übersetzung) wird nicht deutlich, auf welchen und wie vielen Exemplaren der Text vertreten ist, so daß die Textherstellung praktisch nicht kontrollierbar ist. Außer vom Monolithen gibt King noch folgende Varianten:

S bezeichnet Varianten auf Platten, die nicht im British Museum sind; ob King Abklatsche oder Photos benutzt hat, ist nicht auszumachen. Darüber hinaus hat King noch die Platten [Nimrud Gallery(!)] Nr. 27-30 benutzt, vgl. dazu außer King, AKA S. 255 noch *Guide*[3] S. 45, Gadd, *Stones* S. 138 f. und Schott, *Vorarbeiten* S. 28 f. Nr. 28 (vgl. unten, c). Photos: Budge, *Sculptures* pl. XXXVI (= Nr. 27), pl. XXXVII links (= Nr. 28), ibid. rechts (= Nr. 29). Nr. 27 und 28 auch bei Bezold, *Ninive und Babylon* S. 94 sowie Nougayrol-Aynard, *Religions du Monde, La Mésopotamie* S. 62-63.

Eine Anzahl anderer Texte enthält Auszüge aus den Annalen und wurde von King verwertet:

BM 90830, eine Kalksteintafel, enthält nach zweizeiliger Einleitung mit Titulatur und Filiation den Text der Annalen I 57-103.

Layard, ICC 48 f. = Ann. II 86-101; voraus gehen ebenfalls zwei Zeilen mit Titulatur und Filiation.

Der Monolith von Kurkh (King, AKA S. 222 ff.) enthält in Vs. 28-29, 35 — Rs. 3 und Rs. 5b-41 Passagen, die in den Ann. II 86-125 wiederkehren, s. dazu unten, h.

Auf der Rückseite der oben erwähnten Platte [Nimrud Gallery] Nr. 30 befindet sich eine Bauinschrift vom Ninurta-Tempel in Kalaḫ, veröffentlicht von King, AKA S. 209 ff. Die Zeilen 15-23 sind identisch mit Ann. II 131-135, vgl. unten, d zur Stelle.

Die Inschrift auf Stier- und Löwenkolossen AKA S. 199 ff. enthält in IV 16-39 den Text der Annalen III 84b-88a. Die Fortsetzung dieses Textes, Layard, ICC 44 f. Z. 25-33 enthält Ann. III 56 f., 65-76 in gekürzter Form. Zu diesen Inschriften s. unten, i.

Wie bereits oben beiläufig erwähnt, enthält der Monolith vom Eingang des Ninurta-Tempels in Kalaḫ (BM 118805) den Text der Annalen von I 18b-II 125. Die Zeilen I 1-11 und die Kol. V des Mon. weichen jedoch ab: Statt der Anrufung Ninurtas (Ann. I 1-18a) bietet der Mon. (I 1-11) eine Aufzählung von Göttern (vgl. Kap. I y) und schließt in Kol. V mit einem ausführlichen Bericht über die Wiederherstellung der Stadt Kalaḫ. Zur Fundsituation vgl. Layard, *Niniveh and Babylon* S. 351 f. mit der Abb. vor S. 351 und Gadd, *Stones* S. 129.

Der Text wurde, soweit er von den Annalen abweicht, in Kopie veröffentlicht von Norris, I R 27 (I 1-11 und Kol. V) und Le Gac, *Aššur-naṣir-aplu* S. 129 ff. Bearbeitung: King, AKA S. 242 ff.; Übersetzung: Luckenbill, ARAB I § 490-495. Für Photos s. Budge, *Sculptures* pl. II-III. Zum Text von I 1-11 und Kol. V cf. unten, g.

Der Text des Monolithen ist bisher nur einmal vollständig bearbeitet worden, nämlich von Genge, *Stelen neuassyrischer Könige*, Teil I: *Die Keilinschriften*. Diss. phil. Freiburg 1965, S. 5 ff., 44 ff. und 150 ff., 187 ff. Leider ist diese Bearbeitung kein Fortschritt gegenüber den älteren Editionen, weshalb dieses Werk hier und bei den anderen von Genge bearbeiteten Inschriften unberücksichtigt blieb.

Die letzte Edition des Annalentextes (Kopie) stellte schließlich 1907 Le Gac, *Aššur-naṣir-aplu* S. 3-125 her. Le Gac bediente sich der Abklatsche des British Museum, verweist aber auch auf die Varianten der erstmalig von King herangezogenen Texte. Diese Ausgabe ist trotz einiger Mängel die bei weitem zuverlässigste.

Übers.: Luckenbill, ARAB I § 436-484; Oppenheim bei Pritchard, ANET^{3} S. 275f. (III 64-90) und Ebeling bei Gressmann, ATAT^{2} S. 339f. (III 78-89).

Weitere Duplikate, die seit der Edition von Le Gac bekannt wurden, sind die folgenden Texte:

Stephens, YOS 9 Nr. 129 (Obv. = Ann. I 26-33; Rev. = Ann. I 52-59).

Thompson, AAA 19 pl. LXXVII Nr. 171 (cf. ibid. S. 113) konnte ich als Duplikat zu Ann. I 59-60 identifizieren. Es dürfte nämlich zu lesen sein: (1') [... ^{URU}*Ḫa-a*]*t-tu* ^{URU}*Ḫa-ta-ru* [...] (2') [... ^{URU}*Ar-ṣu*]*-a-in* [...] (Rest abgebrochen). Zu beachten ist, daß die Schreibung dem Mon. und der Platte BM 90830 folgt, vgl. King, AKA S. 274 Anm. 7 und 10.

Ein bisher ebenfalls unerkanntes Duplikat zu den Annalen ist das Fragment Thompson, AAA 19 pl. LXXXIX Nr. 303 (cf. ibid. S. 114), dessen Vs. (?) den Text der Ann. II 90-91 enthält. Es ist zu lesen:

1' *šēp*[*ē*(GÌR.I[I.MEŠ)*-ja*...]
2' *bil*[*tu*(GU[N)...]
3' *elī*(UGU)-*š*[*ú-nu*...]
4' *li-ti* [...]
5' *ú-še-*[*zi-iz*...]
6' *ina* ^{URU}*Z*[*a-za-bu-ḫa*...]

Zu Z. 4' vgl. den parallelen Passus im Mon. Kurkh, AKA S. 228 Rs. 3. Zu Z. 6' vgl. die Varianten bei King, AKA S. 328 Anm. 16. Auch dieses Exemplar folgt der Schreibung des Mon.

Die Einordnung der Rs. (?) des Fragmentes ist mir nicht gelungen. In Z. 1' lies: *sip*[*arru*(ZA[BAR) ...].

Duplikat zu Ann. II 110-117 ist Layard, ICC 84 unten. Damit identisch sind die von Le Gac verwendeten Abklatsche E. 72^{a-b}, cf. Borger, HKL I S. 296.

Einen Auszug aus den Annalen (III 63-67) enthält der von Le Gac, *Aššur-naṣir-aplu* S. 126 f. veröffentlichte Abklatsch E. 83. Die Zeilen 1-2 dieses Textes entsprechen der Standard-Inschrift, AKA S. 212 ff. Z. 1-2.

Fast wörtlich mit Ann. III 113b-136 stimmt überein die Inschrift von der Stadtmauer, AKA S. 177 ff., Vs. 1-Rs. 8.

Der Text von Ann. III 113 (Ende, *apil*) bis 127 (*ekṣūte)* sowie 131 *(šarrāni)* bis 134 (Ende) und 136a ist auch enthalten in der Standard-Inschrift, AKA S. 212 ff. Z. 1 (Ende) bis 13 (Anfang), Z. 14-17 und Z. 17b-18.

Ein Duplikat zu Ann. III 114-122 wurde veröffentlicht von Pohl, RPARA 19 (1942/43) S. 251. Z. 5', verglichen mit der Standard-Inschrift, AKA S. 214 Z. 4 und Ann. III 116 zeigt, daß der Text zu den Annalen gerechnet werden muß. Peiser, OLZ 7, 9 ist danach zu korrigieren.

Die beiden Steinfragmente, die Lehmann-Haupt, *Materialien* S. 24 Nr. 11 (mit Fig. 10a-b) veröffentlicht hat, sind Duplikat zu Ann. III 117-124 bzw. 124-128. Vgl. Bezold, ZA 21, 397. Die beiden Fragmente scheinen aneinander anzuschließen: von URU*Ḫa-ru-tu* (III 124) enthält Fig. 10a die obere, Fig. 10b die untere Hälfte des Zeichens RU.

Duplikat zu Ann. III 123-124 ist der Text Nikol'skij, DV 1/III S. 353 ff.

Teilweise Duplikat zu den Ann. ist ferner die Babil-Stele Anp. II., gefunden und bruchstückhaft publiziert von Lehmann-Haupt, *Armenien* I S. 367 (Kopie), vgl. auch *Materialien* S. 20 f. Alle drei Fragmente, die sich jetzt im Museum zu Adana befinden, wurden nunmehr bearbeitet von Hawkins, AnSt 19, 111-121 mit Photo ibid. Tf. 10, vgl. auch die Teilpublikation von Arnaud, RHA fasc. 84-85, 41 ff. Daraus ergibt sich, daß diese Stele in Z. 1-14a eine Götterreihe enthält, die wörtlich im Schwarzen Obelisken Salm. III. wiederkehrt. In Z. 14b-48 folgt der Text der Ann. I 18b-34. Der Rest der Stele ist zerstört. Vgl. noch unten, z zu K. 2763, ein Text, der in Vs. 7-12 Duplikat zu Ann. I 18b-21 ist.

Der von Lidzbarski, *Ephemeris* 3, 184 f. veröffentlichte Text ist ein Exemplar der Standard-Inschrift, wie ein Vergleich von Z. 13' mit Ann. III 125 f. und mit der Standard-Inschrift, AKA S. 212 ff., Z. 18 zeigt. Borger, HKL I S. 219 ist entsprechend zu berichtigen.

c Le Gac hat erkannt, daß eine zweite, kürzere Fassung der Annalen, genannt Annalen B, existiert (*Aššur-naṣir-aplu* S. I und S. 123 f.). Für die von Le Gac verwendeten Textvertreter (Abklatsche) cf. ibid. S. XIV f. Schott, *Vorarbeiten* S. 28 f., Nr. 28 hat richtig gesehen, daß die oben erwähnten Platteninschriften [Nimrud Gallery] Nr. 27-30 ebenfalls hierher gehören. Demnach sind die Annalen B wie folgt aufgebaut:

§ 1 Ann. (A) I 1-17a

§ 2 Standard-Inschrift, AKA S. 212 ff., Z. 5 Ende bis Z. 14 *(ušaškin)*

§ 3 AKA S. 196 ff., III 16b-IV 7a *(ana jāši)*
§ 4 Ann. (A) I 18b-47 (KUR *A-ru-ni*)
§ 5 Ann. (A) II 56 *(a-qur)*-89

Eine gewisse Abweichung von diesem Schema bieten einige Textvertreter (cf. Le Gac S. II und S. 125, Kopie), die einen „§ 3a" einschieben. Auf diese Texte scheint sich die rätselhafte Notiz von Norris, I R 17 unten zu beziehen. Vgl. noch unten, f.

d Einige Einzelbemerkungen zu den Annalen:

I 1-9a: Ein ähnlicher Hymnus an Ninurta eröffnet auch die Nimrud-Stele Š.-A. V., cf. unten, Kap. IV b. Ein Zitat aus dem Hymnus an Ninurta enthält die bisher nicht identifizierte dreizeilige Inschrift auf dem Gefäßbruchstück BM 91582, veröffentlicht von Layard, *Niniveh and Babylon* S. 358 und Lenormant, *Choix* Nr. 76A (Photo bei Hall, *Sculpture* Tf. LX). Der Text lautet:

1 *ana* ^{d}*Ninurta*(MAŠ) [... *ša ina tāḫāzi lā iš-šá*]-*na-nu*
2 *ti-bu-šú* [*aplu rēštû ḫāmim tuq-ma-t*]*e* ^{d}*Ut-*u_x*-lu*
3 *bēl*(EN) *bēl*[*ē*(EN.ME[Š) ...] (unbeschriftet)

Für Z. 1-2a vgl. Ann. I 1f., für 2b-3 Ann. I 5. Zwar wird nicht deutlich, ob es sich um die Weihinschrift eines Königs oder eines Privatmannes handelt, doch dürfte die Inschrift in die Zeit Anp. II. oder kurz danach zu datieren sein.

Zu vergleichen ist auch die private Weihinschrift Lenormant, *Choix* Nr. 76B (Photo Hall, *Sculpture* Tf. LX, BM 90960), die in Z. 1f. eine ähnliche Anrufung Ninurtas enthält. Zur Datierung dieser Inschrift vgl. Nassouhi, MAOG 3/I-II S. 30 mit Anm. 3 und Unger, RLA II S. 446b. Zu beachten ist Z. 1: [*ana* ^{d}*Ninur*]*ta*(MA]Š) *dan-dan-ni ṣiri*(MAḪ) SAG.KAL-*lì il*[*ī*(DIN[GIR.MEŠ) ...], wo für SAG.KAL die Lesung *sagkallu* erforderlich ist. Auch in Ann. I 1 ist demnach *sagkal*(*li*) *ilī* zu lesen. Vgl. noch CAD A/II 418b und Sjöberg, OrNS 35, 292. Weitere Stellen: Salm. III., Ann. Cameron I 6; Ann. Fuad Safar I 4 und vielleicht Š.-A. V., Nimrud-Stele I 7.

I 1-17: auch bei King, *First Steps* S. 22-28. — I 2: cf. v. Soden, ZA 43, 318. — I 5: cf. Landsberger, JCS 8, 132f.; Tallqvist, *Götterepitheta* S. 474f. — I 6: cf. CAD A/I 331a. — I 7: Zur Schreibung *mu-ú-šam-qit* vgl. noch I 34. III 130; AKA S. 183 Rs. 1. Am Ende der Zeile lies mit AHw 401b *iš-tiš-šú*. — I 9: wegen Z. 5 wohl besser *siqir*(MU)-*šú* zu lesen. Für ^{d}*Áb-ú* cf. Edzard, ZwZw S. 66 Anm. 306.

Mit I 9b beginnt die weit ausgeschmückte Titulatur und Filiation des Königs, die bis I 34 reicht. Für die Epitheta s. im einzelnen Seux, ERAS. Zu I 9-12a vgl. auch die Inschrift der Bēlat-māti, Le Gac S. 195f., Z. 1-5a, dazu unten, o und q. — I 16: Die erste Variante bei Le Gac, *Aššur-naṣir-aplu* S. 7 Anm. 1 ist nach der nächstfolgenden zu verbessern (Fehler des Schreibers). — I 23: cf. Borger, *Asarhaddon* S. 97 Vs. 32ff. — I 25: Die Var. *na-din* ist nachzutragen bei Aro, StOr XXVI S. 14f. Vgl. für diese Zeile noch Aššur-rēša-iši, EAK I S. 103 Z. 3f. und (bis I 26a) Borger, *Asarhaddon* S. 97 Rs. 5b-8a. — I 28: Zur Schreibung IA-*a-bu-ut* cf. E. Reiner, *Fs. A. L. Oppenheim* S. 180; v. Soden-Röllig, *Syll.*^{2} S. XXIII und Gelb, OrNS 39, 537ff. — I 31-33a: vgl. wiederum die Sendschirli-Stele Asarhaddons, Borger, *Asarhaddon* S. 97f. Rs. 18ff. sowie Le Gac, *Aššur-naṣir-aplu* S. 195f. Z. 8. — I 31: vgl. Borger, *Asarhaddon* S. 97. Zum Legitimationspassus cf. unten, qq. — I 32: die Variante *geš-ra-ku* (Mon., YOS 9 Nr. 129) gegenüber *ṣirāku*(MAḪ-*ku*) berechtigt nicht, gegen Seux, ERAS S. 96 zur Gleichsetzung MAḪ = *gešru*. Es handelt sich vielmehr um eine inhaltliche Variante. — I 36-38: Ein Nachklang abermals bei Asarhaddon, vgl. Borger, *Asarhaddon* S. 98 Rs. 24b-27; vgl. auch hier zu I 31.

Die Schilderung der kriegerischen Unternehmungen beginnt in Z. 43, eingeleitet durch die Wendung *ina šurrat šarrūtija ina maḫrê palêja ša* ..., für die oben, Kap. I b zu Z. 6 und g zu Z. 8-9 zu vergleichen ist. Wir befinden uns demnach im Jahre 884/3. — I 46: Für das Land *Tum*$_4$*-me* cf. Michel, WO 2, 31 Anm. 12; Salvini, *Nairi e Ur*(*u*)*aṭri* S. 21f. mit Anm. 17 und S. 65; Parpola, NAT S. 359. — I 48: *šadû marṣi danniš* steht für *šadû mariṣ danniš* „der Berg war äußerst schwer zugänglich" (Stativ mit überhängendem Vokal). Dieselbe Wendung auch II 104, Dupl. AKA S. 233, Mon. Kurkh Rs. 22. Zur Konstruktion vgl. auch I 144; AKA S. 230, Mon. Kurkh Rs. 15 (= Ann. II 98) und Ann. III 51. — I 49: Für *patru*(GÍR.AN.BAR) s. Borger, ZA 54, 189. Zu dieser Zeile cf. ferner Schott, *Vergleiche* S. 103f. mit Anm. 2 und oben, Kap. I f zu Z. 82ff. — I 50f.: fast wörtlich wiederholt bei Salm. III., Mon. II 71f. — I 54: s. zu I 46. — I 56: [LÚ]*zābil kudurri elišunu ukīn* „die Stellung von Fronarbeitern (wörtl. Korbträgern) erlegte ich ihnen auf". — I 59: lies mit Le Gac, *Aššur-naṣir-aplu* S. 23 [URU]*Sa-bi-di* (Kopierfehler). — I 62: man beachte die Varianten zu *ubānu*(ŠU.SI): *ú-ba-nu* Mon., BM 90830; aber auch *ú*-DÍM-*ni* bei Norris, I R 18, was King und Le Gac als *ú-ban-ni* wiedergeben. Wenn BAN richtig ist, ist sekundäre Konsonantenverdopplung anzunehmen, cf. Deller, OrNS 26, 150i. Erweist sich aber DÍM als die richtige Lesung, ist Zeichenverwechslung zu vermuten, vgl. III 123 (Le Gac S. 119) KUR *Za*-DÍM (für *Za-ban*), vgl. dazu Knudtzon, ZA 6, 11, sowie Salm. III., Ann. Fuad Safar IV 55, s. auch dazu. — I 65: ŠUB(.ŠUB).MEŠ-*ni* lies *ittaddûni* nach Schott, ZA 44, 296ff. — I 68f.: cf. unten, Kap. III b zu Mon. II 44. — I 69: zu *an-ni-ma*/KI.MIN-*ma* cf. Borger, BiOr 17, 165b. KI.MIN (= U_7) ist eine graphische Variante für Ù, was aus I 24 (*u*/*ù*/KI.MIN), I 101 (*ù*/KI.MIN) und Mon. V 53 zu ersehen ist. Vgl. noch Labat, *Manuel* Nr. 464; v. Soden-Röllig, *Syll.*[2] S. 52 Nr. 269a; Brinkman, PHPKB S. 384 f. und oben, Kap. I f zu Z. 80. — I 71 Ende: Die Schreibung ḪI.MEŠ.A bei Norris scheint ein Kopierfehler zu sein, vgl. King und Le Gac, wo diese Schreibung nicht belegt ist. — I 76 Ende: *Aš-šur* vor [d]*Adad* bei King in Umschrift und Übersetzung versehentlich ausgefallen. — I 78: lies [md]*Sá-ma-nu-ḫa-šar*(MAN)-*ilāni*(DINGIR.MEŠ-*ni*) [URU]*Šá-di-kan-na-a*. Für den Gott Samanuḫa vgl. Müller, MVAG 41/III S. 45; Frankena, *Tākultu* S. 110; Weippert, *Biblica* 52, 431. Die von Streck, ZA 19, 239 vorgeschlagene Lesung von Ann. I 78 ist nicht richtig. Vgl. auch den PN [md]*Sa-am-nu-ḫa-ašared* (s. Saporetti, *Onomastica* I S. 389). Für Šadikanni vgl. die Belege bei Parpola, NAT S. 329f.; Horn, ZA 34, 149; Kupper, *Les Nomades* S. 2 Anm. 2; Nassouhi, MAOG 3/I-II S. 10; Unger-Schachermayr, RLV XI S. 180ff.; Unger, BASOR 130, 15ff.; Astour, JAOS 88, 741 und Millard, *Iraq* 32, 173. Der bei Anp. genannte *Samanuḫa-šar-ilāni* begnet auf dem von Unger, BASOR 130, 15ff. behandelten Siegel Nr. 1 Z. 3. — Der Personenname am Ende der Zeile ist [m]*Awīl* (LÚ)-[d]*Adad*(IŠKUR) zu lesen, cf. Le Gac S. 30. Möglicherweise ist bei Norris und King DINGIR in ⌜LÚ⌝ zu verbessern. — I 80 Ende: *ana irtīja uṣûne*, cf. AHw 386f. s. v. *irtu* 5d. — I 81: bei Borger, HKL I S. 219 ist der Hinweis auf Peiser, ZA 2, 232 zu streichen. — I 83: cf. Peiser, KB I S. 66 Anm. 1 und Le Gac S. 32. Zur Form vgl. v. Soden, GAG § 102 l. — I 85: zu MUNUS.ERÍN.MEŠ (hier noch III 22) cf. Bezold, ZA 19, 239f.; Ungnad, ZA 38, 194; Borger, *Asarhaddon* S. 99; CAD E 61; Landsberger, *Fs. Baumgartner* S. 201, wonach wohl *sekrēti* zu lesen ist. — I 84: cf. Schott, *Vorarbeiten* S. 145 Anm. 2. — I 87: cf. CAD E 278a. — I 88 Ende: die Var. bei Le Gac S. 34 Anm. 5 ist gewiß TUK(!)-*ú* zu lesen. — I 90: zu *magāgu* (auch II 72) cf. Baumgartner, ZA 36, 230; Müller, MVAG 41/III S. 73f.; Lambert, BWL S. 293; Landsberger, RA 62, 111. Obwohl die Bedeutung „steif machen" für *magāgu* D gesichert ist, bleibt mir der genaue Sinn unserer Stelle unklar. Auch die Übersetzung von CAD A/II 333b ist nicht ganz befriedigend. — I 91: lies *ú-šal-bi* mit Streck, ZA 19, 241 (Deller, OrNS 26, 152 zu korrigieren). — I 92: zu *ša rēši*, *ša rēš šarrāni* s. Borger, BAL S. LXXVI und Brinkman, PHPKB S. 309ff. Der Plural von *ša rēš šarri* sollte *šūt rēš šarri* heißen. Stattdessen scheint es, als ob *ša rēš šarri* hier als Einheit aufgefaßt wurde, deren letzter Bestandteil die für den ganzen Ausdruck bestimmte Pluralendung erhielt, cf. Borger, BAL S. XXVIII § 135e. Bei Le Gac S. 35 Anm. 8 ist natürlich zu LÚ *šá* SAG <MAN>.MEŠ-*ni* zu verbessern. — I 97: zu [NA4]*šam-mu* cf. Thompson, DACG S. 192. Statt *parūtu* lies *gišnugallu*, cf. die Wbb. — I 99: Zu beachten ist die Variante ina [URU]*Qat-ni* für *ina bābi*/*abulli-šú*. — I 100f.: cf. Brinkman, PHPKB S. 184f. — I 101: s. zu I 69. — I 103: zu *ana* AṢ-*ba-te* (Var. *ana ṣa-ba-te*) cf. Deller, OrNS 31, 188 unten. — I 104f.: cf. Hawkins, AnSt 19, 119f. — I 106: cf. Millard, JSS 7, 201ff., wonach Parpola, NAT S. 40 und S. 177 zu korrigieren ist. — I 114: s. zu I 48. — I 117: cf. Streck, ZA 19, 243f. Trotz des Duals *ēnē*(IGI.II)-*šú-nu* wird zu übersetzen sein: „ein Auge schlug ich ihnen aus", vgl. EAK I S. 57 und v. Soden, *Iraq* 25, 137. Vgl. noch III 113.

II 2 (Ende) — 14: cf. AKA S. 231ff., Mon. Kurkh Rs. 18b-21. — II 7-10: s. oben, Kap. I b zu Aššur-dān II., Ann. Rs. 15-18. — II 11: cf. Streck, ZA 19, 244f. — II 12 u. ö.: cf. Ungnad, OLZ 9, 224ff. — II 22: lies [URU]*Zal-la-a-a*/*ja* und s. zu I 106. — II 25. 50: zu der vergöttlichten Standarte ([d]*Urì-gal ālik pānīja*) cf. Streck, *Asb.* S. 648; Thureau-Dangin, TCL 3 S. 4 Anm. 8 und RAcc S. 116 Anm. 2; Weidner, AfO 3, 159 Rs. 3; Weidner, AfO 17, 278 und hier III 52. — II 26: zu *ana a-ja-ši*/*ja-a-ši* cf. Deller, OrNS 31, 193, 4. Statt

GIŠ.TUKUL.MEŠ ist wohl GIŠ.GIGIR.MEŠ zu lesen, vgl. etwa die Belege oben, Kap I bb, dritter Absatz. — II 27: s. zu II 25. — II 30: die gewiß fehlerhafte Form *šal-la-su-šú-nu* noch II 84. 111; Mon. Kurkh (AKA S. 237) Rs. 35 = Ann. II 116. III 38. — II 33: lies ^{URU}*Kàl-zi* mit Parpola, NAT S. 193f. Zum Berg *Niṣir* vgl. Gilg. XI (Borger, BAL S. 98) Z. 140ff., dazu Delitzsch, *Paradies* S. 105; Boudou, *Orientalia* 36-38 S. 135f. und Speiser bei Pritchard, ANET^3 S. 94 Anm. 212 sowie S. 68 Anm. 86. — II 37: cf. Deller, OrNS 26, 147 mit Anm. 4. — II 38 u. ö.: cf. Borger, HKL I S. 219 zur Stelle und die Wbb. s. v. *biātu/bâtu*. — II 40f.: s. zu I 49. — II 41: lies (gegen King) *šarru ištu*(TA) *ummānātēšu* „der König mit seinen Truppen". *ištu* II = *išti* „mit" wird wie *ištu* I „von, aus" mit TA geschrieben, s. die Wbb. und hier II 63. 124 (TA, Var. *a-di*). 125 = Mon. Kurkh Rs. 41. III 18. 76. Vgl. noch Müller, MVAG 41/III S. 71f. — II 43. 57: Die Schreibung ^{LÚ}*ba*-DUL^{MEŠ}/DUL-*šú-nu* erfordert die Ansetzung eines Lautwertes **tuli* für DUL, analog zu den von Deller, OrNS 31, 7ff. festgestellten nA Lautwerten dieses Typs. Vgl. auch ^{LÚ}*ba-tu-li-šú-nu* Mon. Kurkh (AKA S. 234) Rs. 27; Ann. I 118. II 19. 109. — II 44. 52: cf. Lewy, *Verbum* S. 88; Deller, OrNS 26, 148 Anm. 4. Zur Var. ^{URU}*Bu-ú-sa-a-a* statt ^{URU}*Bu-ni-sa-a-a* (Le Gac S. 58 Anm. 4) cf. Peiser, KB I S. 76f. Anm. 18. — II 47: Die Var. *gab*-KIB ist offensichtlich verlesen aus *gab-bi*(!)-*šá*(!). — II 48: *kal*(DÙ) *mu*-<*ši*> (Mon.) ist Haplographie, verursacht durch das folgende AR. — II 49: cf. Ungnad, RLA II S. 418f. mit Anm. 9 und Weidner, AfO 13, 310. — II 50: cf. Deller, OrNS 26, 152 Anm. 7 (bezieht sich auf diese Zeile!). Vgl. auch zu II 25. — II 51: s. zu II 33. — II 52: s. zu II 44. — II 53. 103: cf. Deller, OrNS 26, 149e (Anm. 6 wohl besser) und S. 146 zu *a-se-qe*. Vgl. auch zu II 103. — II 54: cf. Deller, OrNS 26, 149e. — II 57: lies mit Le Gac S. 63 *a-di* (nur Mon.) 30 *ālāni*. Bei King und Norris lies statt *u* 20 *ālāni* ebenfalls 30! *ālāni, adi* fehlt hier. Vgl. auch II 35. Cf. weiter zu II 43. — II 64: die Schreibung DU$_6$.È ist eine Kontamination von E$_{11}$ und È, gemeint ist gewiß E$_{11}$. Anstatt *rīm*(AM) *siparri*(ZABAR) ist mit Schott, *Vorarbeiten* S. 145 Anm. 3 *tap!-ḫi! siparri* zu lesen, also „Wannen aus Bronze", ebenso II 66. 92 (= Mon. Kurkh Rs. 7) und III 66, wo gegen Oppenheim bei Pritchard, ANET^3 S. 275 Anm. 1 zu lesen ist: 250 GUN (*šá*) AN.BAR.≪AN.≫MEŠ/AN.BAR.MEŠ (*tap-ḫi/tap-ḫi*^{MEŠ}) *siparri*(ZABAR) „250 Talente Eisen, (Wannen aus) Bronze". Daß das zweite AN zu streichen ist, geht außer aus der bei Norris verzeichneten Var. auch hervor aus Le Gac S. 127 Z. 7, einer Parallelstelle zu unserem Passus. Diese Verbesserung wurde übrigens bereits von Peiser, KB I S. 106f. stillschweigend vorgenommen. Literatur zu *tapḫu* findet sich bei Verf., BiOr 27, 160 zu TN. II., Ann. Rs. 17. — II 66: s. zu II 64. — II 71: cf. Grayson, *Fs. A. L. Oppenheim* S. 90ff. — II 72: s. zu I 90. — II 75f.: Als Kuriosum sei auf Lehmann-Haupt, *Armenien* II/1 S. 284f. verwiesen. — II 78: nach dem Kontext erwartet man *edurūma* statt *e*-DUR-*ma*, weshalb hier für DUR der nA Lautwert *duru* zu postulieren ist, vgl. Deller, OrNS 31, 7ff. (dort nachzutragen). — II 84: s. zu II 30. Hinter dem Namen Sibir verbirgt sich mit Brinkman PHPKB S. 154 aller Wahrscheinlichkeit nach der babylonische König Simbar-Šipak. Vgl. weiter Brinkman, PHPKB S. 150 Anm. 90 und Tallqvist, APN S. 195. — II 86ff.: cf. Lewy, OrNS 21, 5ff. — II 89: der Paralleltext des Mon. Kurkh (Vs. 44) hat *ak-šad*, vgl. unten, h zu Rs. 4 und Kap. III b zu Ann. Fuad Safar III 11. — II 92: s. zu II 64. — II 94-95: der Paralleltext des Mon. Kurkh Rs. 10-11 ist nach den von King, AKA S. 229 Anm. 1 gebotenen Spuren (kollationiert) wie folgt zu lesen: *diktašunu addūak*(GAZ-*ak*!) *šal-la-* (11) [*-su-nu a*]*-sa-la* etc. Schreibung über das Zeilenende hinweg auch Vs. 12f. — II 97: Mon. Kurkh Rs. 13f.: GEŠTIN.MEŠ *lu*(!) (14) *at-ta-ḫar* (Koll.) — II 98: vgl. zu I 48. — II 103 (= Mon. Kurkh, AKA S. 232, Rs. 21): s. zu II 53. *pētḫallu* SAG-*su* ist mit King *ašares*(SAG)-*su* zu lesen wegen der Schreibung SAG/SAG.KAL-*su* in II 53 und <*a*>-*šá-re-su* Mon. Kurkh Rs. 21, entstanden aus *ašarettu*, cf. v. Soden, GAG Ergänzungsheft S. 5** zu § 29f. Zur Var. *ra-ka-su-te* für *ra-ak-su-te* vgl. Deller, OrNS 26, 148, doch scheint auch Beurteilung nach Deller, OrNS 31, 190 nicht unmöglich. — II 104f.: s. zu II 48. — II 107: vgl. Landsberger, WZKM 57, 1ff.; Sjöberg-Bergmann, TCS 3 S. 99 (*Anzû*), aber auch Lambert, OrNS 36, 130 (^{d}*Zû*). — II 107: Mon. Kurkh Rs. 25 *ú*-<*šam*>-*qit* (Koll.). — II 110: zur Variante *ak-šad* des Mon. Kurkh vgl. unten, h zu Rs. 4. — II 111: s. zu II 30. — II 115: Beachtung verdient die Var. des Mon., *ištēt*(DIŠ) *a-na kap-pi-šú-nu ú-ba-tiq* gegenüber bloßem *kappīšunu ubattiq* (so auch I 117) „ihre Hände schnitt ich ab" im Haupttext. Obwohl ich keine vergleichbaren Stellen kenne, möchte ich übersetzen: „jeweils eine Hand schnitt ich ihnen ab". Es mag offen bleiben, ob *ana* hier im Sinne von „was betrifft" (AHw 48, 12c) verwendet ist, also „was ihre Hände betrifft — eine schnitt ich ab" oder ob die Bedeutung „je" (AHw 48, 10) hier vorliegen kann, also „eine ihrer jeweiligen Hände". Das Hauptargument dürfte jedoch in der Sache liegen, da handlose Männer zwar nicht mehr gegen Assyrien zu den Waffen greifen können, andererseits aber auch zu Frondiensten kaum mehr verwendbar sind. Überdies ist daran zu erinnern, daß Borger, EAK I S. 57 und v. Soden, *Iraq* 25, 137 wahrscheinlich gemacht haben, daß auch das Ausschlagen „der Augen" sich auf jeweils ein Auge bezieht (vgl. auch zu I 117). Der Plural *kappišunu* des Haupttextes erklärt sich dann, wie auch der D-Stamm von *batāqu*, dadurch, daß einer Mehrzahl von Männern eine Hand abgeschlagen wurde, d. h. viele Hände insgesamt. — II 116: vgl. Mon. Kurkh (AKA S. 237) Rs. 35 und s. zu II 30. — II 117: cf. Deller, OrNS 31, 188 unten zu Mon. Kurkh Rs. 33. — II 120: s. zu I 86. — II 123: $^{(GIŠ)}$NA$_5$ = *pitnu* „Kasten", vgl. A. Salonen, *Möbel* S. 207ff. — II 124f.: Die Töchter der Magnaten samt ihrer Mitgift werden auch bei Salm. III., Mon. II 28 als Tributgabe erwähnt.

Der Abschnitt von II 125b-131a ist, mit kürzerer Titulatur, parallel zur Standard-Inschrift (AKA S. 212ff.) Z. 1-2, 8-11a; vgl. im einzelnen Brinkman, PHPKB S. 390ff.

Die Erwähnung des Wiederaufbaus der Stadt Kalaḫ (II 131f.) findet sich noch, z. T. ausführlicher, Ann. III 132f., 136; Standard-Inschrift Z. 14f., Z. 17f.; AKA S. 164 Z. 18f.; AKA S. 176 Z. 8-12a; AKA S. 184 Z. 6-8, 15b-17a; Le Gac S. 181ff., V 1-7; AKA S. 209f. Z. 15-17a, vgl. auch Mon. V (AKA S. 244ff.) Z. 1-5 und die Nimrud-Stele *Iraq* 14, 33f. 21-25.

Der Bau des Ninurta-Tempels (II 132b-135) wird mit denselben Worten auch in einem eigenen Text geschildert, AKA S. 209ff., bes. Z. 17-23. Vgl. auch die Nimrud-Stele Z. 54ff. und Z. 69-78a, sowie AKA S. 208f., Anm. 2 Z. 7 = Le Gac S. 181ff., V 7b-13, ferner AKA S. 162ff., Vs. 19 — Rs. 2; Le Gac S. 195f., Z. 13-17.

Der Aufbau dieses Abschnittes (II 125b-135) gleicht vor allem dem der Gründungsurkunde vom Ninurta-Tempel AKA S. 209ff.:

1) Einleitung in den Phrasen der Standard-Inschrift;
2) kurze Erwähnung des Wiederaufbaus der Stadt Kalaḫ;
3) Baubericht vom Ninurta-Tempel und, beiläufig, Nachricht über den Bau weiterer Tempel, nämlich für Bēlat-māti, Sîn und Gula sowie über die Errichtung von Statuen für Ea und Adad.

Aus dieser Beobachtung und der Tatsache, daß Anp. das Libanongebiet und das „große Meer", die in II 127f. erwähnt werden, erst wesentlich später erreicht hat (III 70ff., 84ff.), geht hervor, daß dieser Passus nicht in der ursprünglichen Fassung der Annalen gestanden haben kann, sondern ein späterer Zusatz ist, den wir dem Redaktor der uns vorliegenden Endfassung der Annalen verdanken[1]. Dafür spricht auch, daß der Annalenbericht des Mon. mit II 125a endet (ebenso die parallelen Passagen des Mon. Kurkh) und einen Baubericht vom Palast Anp. folgen läßt. Hinzu kommt, daß einer der von Le Gac verwendeten Abklatsche (E. 58) nach II 125a sofort mit III 1 weiterfährt (Le Gac S. 88 Anm. 5), was die Annahme eines späteren Einschubs erhärtet. Als Vorlage für II 125b-135 dürfte die Bauinschrift vom Ninurta-Tempel AKA S. 209ff. gedient haben. Die umgekehrte Annahme, daß AKA S. 209ff. ein Exzerpt aus den Annalen, und zwar aus eben dieser Stelle, sein könnte, halte ich wegen des oben aufgezeigten Anachronismus für unmöglich.

II 132: hier und in den oben genannten Parallelen ist natürlich *adi muḫḫi mê* (statt *eli*, so King, Wiseman) zu lesen. — II 132f.: cf. Landsberger, ZA 41, 229. Es ist wohl besser zu übersetzen: „Damals schuf ich dieses Bildnis Ninurtas, das früher nicht vorhanden war (lies: *la-a ibšû*(GÁL-*ú*)), nach meinem eigenen Entwurf als Genius seiner großen Gottheit aus bestem Berggestein und rötlichem Gold", vgl. auch AKA S. 164 Vs. 25. Die Wendung „dieses Bildnis Ninurtas" wird freilich nur dann verständlich, wenn dieser Passus aus einem anderen Text in die Annalen übernommen wurde — nämlich, wie oben gezeigt, aus AKA S. 209ff. Diese Inschrift befindet sich auf der Rückseite der Platte [Nimrud Gallery] Nr. 30 (cf. King, AKA S. 209 Anm. 1), während die Vorderseite den Text der Ann. I 1-12 enthält[2]. Nach Gadd, *Sculptures* S. 139 zeigt das Reliefbild von Nr. 30 eine mit Fischhaut bekleidete Menschengestalt, die wir schwerlich mit Ninurta identifizieren können. Die Lösung scheint mir vielmehr in der Bemerkung Gadds zu liegen, daß die Platte auf der anderen Seite des Durchgangs gefunden wurde, d. h. gegenüber den Platten

---

[1] Ähnlich schon Hommel, *Geschichte Babyloniens und Assyriens* S. 550ff.

[2] Unerheblich ist in diesem Zusammenhang, ob die Inschrift 37 Zeilen enthält, wie King, AKA S. 225 unten behauptet, oder ob sie 39 Zeilen umfaßt, wie Schott, *Vorarbeiten* S. 29 Nr. 28 D angibt.

Nr. 27, 28 und 29, daß ihr ursprünglicher Platz aber neben Nr. 29 gewesen sei. Diese Stelle wurde nachträglich mit einem Wandgemälde ausgefüllt. Das bedeutet, daß Nr. 30 zuerst an Nr. 29 anschloß — allerdings mit der beschrifteten „Rückseite" als Schauseite[1]. Der Grund für diese Annahme wird klar, wenn wir uns daran erinnern, daß die Platten Nr. 28 + 29 die Reliefdarstellung eines Gottes tragen, der mit dem Anzû-Vogel[2] kämpft. Identifizieren wir nun diesen Gott mit Ninurta[3] und denken wir uns die Inschrift auf der „Rückseite" von Nr. 30 als an Nr. 29 anschließend, so erhalten wir für die Worte „dieses Bildnis Ninurtas" einen befriedigenden Sinn — es ist einfach das nebenstehende Bild gemeint. Diese Anordnung der Platten ist im übrigen ein weiteres Argument für die oben geäußerte Ansicht, daß der Passus II 125b-135 ein späterer Zusatz nach der Vorlage des Textes auf Nr. 30 (AKA S. 209ff.) ist.

II 134: *ana ilū*(DINGIR)*-ti-ja* ist gewiß Fehler für *ilū*(DINGIR)*-ti-šu* (auf Ninurta zu beziehen), wahrscheinlich durch den Abschreiber aus dem Text AKA S. 209ff. Z. 20 in die Annalen eingeschleppt. Zu übersetzen ist also: „seiner (sc. Ninurtas) großen Gottheit in der Stadt Kalaḫ eignete ich es (das Bildnis) zu". Eine ähnliche Konstruktion findet sich in der Nimrud-Stele, *Iraq* 14, 34 Z. 65ff. Vgl. noch Deller, OrNS 31, 190 unten und E. Reiner, AfO 23, 89ff.

III 1ff.: Für den Feldzug in das Euphratgebiet vgl. die entsprechenden Unternehmungen Adn. II., KAH II 84 Z. 100ff. und TN. II., Ann. Vs. 41ff. — III 2: cf. Lewy, AIPHOS 13, 297ff. — III 3: beachte die Var. *a-sa*-GI.MEŠ (Le Gac S. 91 Anm. 5) für *a-sa-kan*. Hier dürfte eine spielerische Schreibung vorliegen, die sich der Gleichung GI(.NA) — *kânu* bedient, vgl. AHw 438b. Lies ferner ina ^{URU}*Šá-di-kan-ni* und vgl. oben zu I 78. — III 5: cf. Streck, ZA 19, 251. — III 8f.: cf. Thureau-Dangin, *Syria* 5, 277ff. — III 10f.: Die Stadt Naqarabāni begegnet als Aqarbāni bei TN. II., Ann. Rs. 2 und 4. — III 15f.: lies ^{URU}*An-at* mit Streck, ZA 19, 251f. — III 16-65: auch bei Bauer, *Akkadische Lesestücke* I S. 79-81. — III 17f.: lies ^{m}*Kudurru*(NÍG.GUB) mit Mürdter-Delitzsch, *Geschichte Babyloniens und Assyriens* S. 163 sowie Streck, ZA 19, 252 und Brinkman, PHPKB S. 185 Anm. 1129. — III 18: die Variante *āla*(URU)*-si-bi* ist Sandhi-Schreibung für *āla assibi*. — III 19: *ṣābē*(ERÍN.MEŠ) ≪*šá*≫ *ša*/*šá* ^{md}*Nabû*(NÀ)*-apla*(A)*-iddina*(SUM-*na*), s. Le Gac S. 94 Anm. 8. — III 22: s. zu I 85. — III 23f.: cf. E. Cassin, *La splendeur divine* S. 75. — III 34: cf. CAD E 11a. Vgl. ferner hier, III 64 sowie A. Salonen, *Wasserfahrzeuge* S. 68 und Meissner, MAOG 13/II S. 11f. — III 36. 40: vgl. oben, Kap. I f zu Z. 41. — III 38: vgl. zu II 30. — III 39: *né*-PE-*ri lu iṣ-bat* übersetze: „verlegte mir(!) die Furt". — III 43. 45: s. zu I 86. — III 48f.: Einen Jagdausflug in das Euphratgebiet, bei dem Strauße (*lurmē*) erlegt wurden, unternahm auch TN. II., s. seine Annalen Vs. 80-82. — III 51: s. zu I 48. — III 52: s. zu II 52. — III 53: cf. CAD Ṣ 97 s. v. *ṣapītu*. — III 55 u. ö.: cf. Ungnad, OLZ 9, 224ff. — III 56-92: Auszüge bei Ungnad, *Keilschriftlesebuch* S. 47-50. — III 57. 59: s. zu I 86. — III 59f.: s. zu I 116. — III 60: cf. Delitzsch, *Die Lese- und Schreibfehler* S. V. — III 61: s. zu II 123. — III 64: s. zu III 34. — Für ÍD.A.RAT cf. AKA S. 220 Z. 16 und Brinkman, PHPKB S. 198 Anm. 1209. — III 66: s. zu II 64 und oben, Kap. I f zu Z. 72. — III 68: lies $^{\text{NA}_4}$*gišnugallu*(<GIŠ>.NU_{x}(ŠIR)^{nu}.GAL(Text MA)). — III 69: *ana muḫḫija ur-du-né* Le Gac, aber *illikūne*(DU-*ku-né*) Norris, King. Wie ist zu lesen? — III 70: cf. AHw 503b, *kullu* Dt. Lies mit Streck, ZA 19, 256 *illikū*(DU-*ku*). — III 71: Zur Geographie des folgenden Abschnittes cf. Lewy, OrNS 21, 398ff. — III 75f.: s. oben, Kap. I f zu Z. 72. — III 76: die Lücke konnte von Le Gac fast vollständig geschlossen werden: *u* (oder: 10) ^{MUNUS}*nārāte*(NAR.MEŠ) *mārat*(DUMU.MUNUS) *aḫi*(ŠEŠ)-*šú ištu*(TA) *nu-du-né-šá* [*ma*]*-a'-di* „und (oder: 10) Sängerinnen, die Tochter seines Bruders mit ihrer reichlichen Mitgift". Die Übersetzung von Oppenheim bei Pritchard, ANET^{3} S. 276 ist entsprechend zu berichtigen. Zu *pagūtu* „Äffin" cf. AHw 809b s. v. *pagû*. Lies ferner mit Le Gac S. 109 MUŠEN.MEŠ GAL.MEŠ (Enten) und vgl. Landsberger, WO 3, 255, wo diese Stelle nachzutragen ist. Oppenheim bei Pritchard, ANET^{3} S. 276 ist hiernach zu korrigieren. — III 80: Die Ergänzung von Lewy, OrNS 21, 399 ^{KUR}[*Ja-ra*]*-qú* dürfte kaum richtig sein. Vgl. ferner v. Soden-Röllig, *Syll.*^{2} Nr. 10. — III 81: lies KUR

[1] Das Relief und die Inschrift auf der „Vorderseite" wären demnach erst angebracht worden, als die Platte auf die andere Seite des Tordurchganges versetzt wurde.

[2] So Jacobsen, *Fs. Albright* S. 270. Vgl. auch die folgende Anm.

[3] Vgl. Jacobsen, *Fs. Albright* S. 270, bestätigt durch Köcher, MIO 1, 66 II 9f. Weder Marduk, wie Budge, *Sculptures* S. 18 annimmt, noch einer der von Schott, ZDMG 88, 319 Anm. 6 genannten Lösungsvorschläge kommt in Frage.

Qàl-pa-a-ni mit Unger, RLA II S. 241 und ergänze *ina muḫḫi*(UGU) [*tâ*]*māte*([A.AB].BA.
MEŠ) „bei den Seen" mit J. Lewy, OrNS 21, 400. — III 84-88: Die Expedition zum Mittelmeer wird auch geschildert in der Inschrift auf Stier-und Löwenkolossen, King, AKA S.
199ff. IV 16-39. Die Abweichungen zwischen den Annalen und diesem Text sind minimal.

Wie oben, a, bereits angedeutet, muß der Bericht über den Zug zum Mittelmeer mit
großer Vorsicht interpretiert werden. Wie auch Brinkman, PHPKB S. 184ff. festgestellt
hat, war zur Zeit Anp. keineswegs die Basis für eine so weit ausgreifende Eroberung vorhanden. Das Herrschaftsgebiet erstreckte sich im Wesentlichen bis an den Euphrat, ja
Anp. gründete sogar zwei Städte am Durchbruch des Euphrat durch den Gebel Bišrī (III
49f.)[1], um die dort verlaufende Straße kontrollieren zu können. Allein daraus ist zu ersehen, daß die Macht Assyriens nicht viel weiter nach Westen gereicht haben kann.

Wenn Anp. dennoch diesen Zug unternahm, so müssen besondere Bedingungen vor-
gelegen haben, die immerhin eine friedliche Handelsexpedition ermöglichten. Diese Vermutung läßt sich zwar nicht exakt beweisen, doch gibt es einige Anhaltspunkte, die sie
erhärten können.

1) Aufschluß über die Bedingungen, unter denen der Zug stattfand, gibt der vorangehende Abschnitt der Ann. III 56-84. In ihm berichtet Anp. über seinen Zug nach Karkemisch. Dabei erhält er unterwegs den Tribut der Länder Bīt-Baḫiani, Azalli, Bīt-Adini
und der Stadt Til-Abnē, die ihm auch Truppenkontingente stellen. Diese Länder standen
bereits in einem Vasallenverhältnis zu Assyrien, vgl. z. B. Unger, RLA II S. 37 für Bīt-
Baḫiani. Danach überschreitet Anp. den Euphrat und nähert sich Karkemisch (III 64f.),
ohne daß weitere Städte bzw. Länder oder gar Kampfhandlungen erwähnt werden. Wahrscheinlich reichte demnach der Herrschaftsbereich des Königs von Karkemisch, Sangara,
ziemlich weit nach Osten, stieß also in etwa an Bīt-Baḫiani an. Obwohl nun Karkemisch
damals noch nicht dem assyrischen Reich unterworfen war, lieferte Sangara Tribut und
stellte Truppenkontingente wie die vorher genannten Länder. Daraus ist zu ersehen, daß
Anp. nicht in feindlicher Absicht gekommen sein kann, sondern daß diesem Vorgehen
bestimmte Abmachungen zugrunde gelegen haben müssen. Eine andere Deutung ist meines
Erachtens ausgeschlossen, da Sangara weder bewaffneten Widerstand leistete, noch sich
formell unterwarf. Dasselbe gilt von dem Ḫattinäer Lubarna, der Assyrien ebenfalls nicht
tributpflichtig war und dennoch Tribut und Geiseln lieferte. Die einzigen Kampfhandlungen, von denen wir im Verlauf dieser Expedition hören, richten sich gegen das Land
Luḫuti (III 83f.). Der Grund dafür ist unbekannt; möglicherweise war Luḫuti mit den
syrischen Fürsten (III 69) auf Anp. Seite verfeindet, so daß diese ihn zu einer „Straf-
expedition" bewegen konnten.

Obwohl wir wiederholt von Tribut, Stellung von Geiseln und bei Lubarna auch von
Unterwerfung hören, müssen wir annehmen, daß hier nur ein Austausch von Geschenken
und „Botschaftern" vorliegt, wie er für die Diplomatie jener Zeit bezeichnend ist.

Der in Ann. III 56-84 geschilderte Zug nach Karkemisch und nach Süden über den
Orontes hinweg ist so weitgehend friedlich verlaufen, daß die Eroberung dieser Gebiete
nicht in der Absicht Anp. gelegen haben kann.

2) Ein Problem, das in diesem Zusammenhang erörtert werden muß, ist die Frage, ob
der Zug nach Karkemisch und über den Orontes hinweg zeitlich von der Expedition an
das Mittelmeer (III 84-92) zu trennen ist. Diese Auffassung vertritt Brinkman, PHPKB
S. 393f. aufgrund einer Analyse der geographischen Angaben in den Standard-Einleitungen
der Inschriften Anp. aus Kalaḫ. Es ist richtig beobachtet, daß der betreffende Abschnitt
in zwei Versionen vorliegt, nämlich C-1 und C-2 (Bezeichnung nach Brinkman):
C-1: *adi* ᵁᴿᵁ*Kargamiš ša māt Ḫatte*
C-2: *adi* ᴷᵁᴿ*Labnāna u tâmte rabîte*
Daraus sei zu schließen, daß die Version C-1 zeitlich früher anzusetzen sei als C-2, mithin
also zwei verschiedene Ereignisse gemeint seien. Dagegen können jedoch einige Einwände
erhoben werden:

Wenn C-1 früher ist als C-2, so muß dies analog auch für die Varianten E-1/E-2 und
G-1/G-2 gelten, da wir den einzelnen Varianten nicht willkürlich historische Relevanz zu-
oder absprechen können.

Untersucht man nun die entsprechenden Stellen in den Ann., so zeigt sich, daß E-1 und
G-1 recht genaue Angaben enthalten, während E-2 und G-2 vage Übertreibungen darstellen,
sich aber auf dieselben, in den Ann. geschilderten Ereignisse beziehen wie E-1 und G-1.

---

[1] Zur Lokalisierung der von Anp. genannten Euphratenge s. Streck, OLZ 9, 95-98.

Wenden wir nun diese Einsicht auf C-1/C-2 an, so muß analog gelten: C-1 und C-2 beziehen sich auf dasselbe Ereignis; C-2 ist ungenauer als C-1.

Oben, Abs. 1, habe ich gezeigt, daß Anp. weder über Karkemisch noch über sonstige syrisch-palästinensische Gebiete geherrscht hat. Somit erscheint C-2 als übertrieben, da das zugehörige Prädikat „ich beugte unter meine Füße" lautet, wovon jedoch keine Rede sein kann[1]. Freilich ist auch C-1 übertrieben, aber nicht so maßlos. Man vergleiche z. B. G-1 mit Ann. II 59, wonach Anp. das Land Ḫašmar ebenfalls nicht erobert hat, sondern nur bis zum Paß dieses Landes vordrang. Karkemisch im Westen und Ḫašmar im Osten halten sich also in puncto Genauigkeit die Waage. Beide Länder sind bereits „Ausland"[2].

Die Variante C-1/C-2 fügt sich soweit in das aus den anderen Varianten erschlossene Schema ein, daß auch im letzten verbliebenen Punkt Übereinstimmung angenommen werden kann, darin nämlich, daß C-1 und C-2 sich auf dasselbe Ereignis beziehen. Im Hinblick auf die von Brinkman herangezogenen Standardeinleitungen besteht wohl kein Anlass, daran zu zweifeln, daß Anp. nur eine Expedition zum Mittelmeer über Karkemisch durchgeführt hat[3].

Für diese Ansicht muß schließlich ein weiteres, bisher nicht beachtetes Argument herangezogen werden, nämlich Ann. III 69f.: „Die Könige sämtlicher Länder kamen zu mir und ergriffen meine Füße. Geiseln nahm ich von ihnen, sie wurden vor mir zurückgehalten. Zum Libanon zogen sie (mit)". Dies steht noch in der Karkemisch-Episode; der eigentliche Zug in Richtung auf das Libanongebiet wird erst in III 84ff. geschildert. Trennt man nun den Zug nach Karkemisch zeitlich von der „Libanon"-Expedition, so bleibt die eben zitierte Annalenstelle unverständlich. Anp. müßte die Geiseln zurück nach Assyrien mitgenommen und sie, vielleicht ein Jahr später, endlich zum Libanon mitgeführt haben. Dann müßte weiter der Satz „zum Libanon zogen sie mit" ein späterer Einschub im Text der Annalen sein, denn im Falle zweier Züge müßte dieser Satz natürlich nach III 84 gestanden haben, d. h. in der „Libanon"-Episode.

Ich sehe jedenfalls keine andere Möglichkeit, diesen Schwierigkeiten zu entgehen, als den Zug nach Karkemisch und zum Mittelmeer als ein Unternehmen zu betrachten. Ann. III 69f. erhält unter diesem Gesichtspunkt einen befriedigenden Sinn, denn zweifellos dienten die Geiseln zur Sicherung der Expedition, vor allem des Rückweges.

Nach dieser Analyse des Abschnittes Ann. III 56-88 (bzw. 92) erscheint kaum noch zweifelhaft, daß Anp. in einem Jahr über Karkemisch zum Orontes, von dort weiter südlich bis über das heutige Arīḫā hinaus, zum Mittelmeer und schließlich zum Amanus zog. Der Zweck dieser Expedition kann als rein kommerziell bezeichnet werden. Wie aus III 90-92 hervorgeht, war die Beschaffung von Bauholz für die umfangreichen Projekte Anp. das Ziel dieses Unternehmens. Eine derartige Expedition kann aber nur auf friedlichem Wege durchgeführt worden sein. Der Autor der Annalen stellte jedoch diese Ereignisse in den Traditionszusammenhang der großen Westfeldzüge mesopotamischer Herrscher, vor allem Tiglp. I., an dessen Berichte[4] sich die Schilderung stilistisch anlehnt. Dafür spricht auch die Verwendung eines sehr alten Topos, nämlich die Reinigung der Waffen

[1] Es ist eine deutliche Übertreibung, da Anp. das Libanon-Massiv gar nicht betreten hat. Lewy, OrNS 21, 398ff. sucht die Stadt Aribua (III 81. 83) etwas südlich der heutigen Stadt Arīḫā, sie liegt also noch weit nördlich des Libanon. Anp. fährt fort (III 84f.): *šiddi* KUR*Labnāna lū aṣbat ana tâmdi* (85) *rabīte ša māt Amurri lū ēli* „(den Weg in das) Libanongebiet schlug ich ein. Zum großen Meer des Landes Amurru stieg ich hinauf". Ein Blick auf die Landkarte zeigt, daß Anp. schwerlich zum Libanon gezogen sein kann. Er marschierte wahrscheinlich von Aribua aus nach Westen, um etwa bei Latakia das Mittelmeer zu erreichen. Es zeigt sich, daß *šiddi* KUR*Labnāna* eine sehr dehnbare Ortsangabe ist, da Anp. auf dem vermuteten Weg allenfalls den *Ǧebel al-Ansari* betreten haben kann. Gewiß wäre auch der Bericht weit ausführlicher, wenn Anp. den Libanon tatsächlich erreicht hätte, wie ein Vergleich mit III 88ff. (Amanus-Episode) nahelegt. Vgl. in diesem Sinne auch Arnaud, RHA fasc. 84-85, 47.

[2] Dasselbe gilt für *māt Ḫatti* in KAH I 25 Z. 3; es sei denn, man bezöge sich auf Ann. II 21f., wo u. a. das „Ḫattäerland" als Tributär genannt wird. Man vgl. übrigens den exklusiven Gebrauch von *adi pāṭ* bei TN. I., s. EAK I S. 80f.

[3] Die Varianten in den Standardeinleitungen sind für die Chronologie der Feldzüge nicht brauchbar, wohl aber für die innere Chronologie dieser Inschriften. Diese zu klären, bliebe einer textkritischen Edition vorbehalten.

[4] Weidner, AfO 18, 343f. Z. 16-32; 350 Z. 24-30.

im Meer, die schon für Sargon von Akkad bezeugt ist[1] und auch in den entsprechenden Abschnitten der Annalen Salm. III. (s. unten, Kap. III q, Übersicht) wiederkehrt.

III 88: zu *naḫiru* cf. Weidner, AfO 18, 355f. — III 90: vgl. die Textherstellung bei Le Gac S. 112, wonach zu lesen ist: ^{GIŠ}*gušūrē*(ÙR.MEŠ) ^{GIŠ}*e-ri-ni iš-tu* ^{KUR}*Ḫa-ma-ni na-šá-ku ušālika*(DU-*ka*) *a-na É-šár-ra* „Zedernbalken transportierte ich aus dem Amanus ab, sandte sie zum Ešarra". Die ebenfalls denkbare Lesung *šūluka*(DU-ka) „geeignet für" scheitert an der Disgruenz mit *gušūru*. Vgl. zu dieser Zeile noch Oppenheim bei Pritchard, ANET[3] S. 276 Anm. 20. — III 91: vgl. Adn. II., KAH II 83 Rs. 6-9 mit der Var. zu Rs. 9. Die Expedition in das Land Meḫri wird auch geschildert in AAA 19 Nr. 272 Z. 28-30. — III 93: cf. van Driel, BiOr 27, 175. — III 102: *a-na* am Anfang ist entweder zu streichen oder es ist wie folgt zu verbessern: *ana ālāni ša māt Zamba* <*aqṭirib ālāni*> *ša šiddi ḫūlija ina išāte ašrup* „den Städten des Landes Zamba <näherte ich mich. Die Städte> längs meines Weges brannte ich mit Feuer nieder". — III 104: vgl. Seidmann, MAOG 9/III S. 7 Anm. 1. — III 109 Ende: Lies mit Norris und Le Gac (S. 116) ^{URU}*Al-la-ab-si-a*, nicht *Al-la-ab-ra-a* (King). Parpola, NAT S. 12 ist entsprechend zu korrigieren. — III 113: lies nach Le Gac S. 117: *āla*(URU) *a-na* [*ramā*]*ni*([N]Í)-*ja aṣ-bat.*

Mit III 113a endet der Annalenbericht. Der folgende Abschnitt III 113b-136 entspricht fast wörtlich der Inschrift von der Stadtmauer, AKA S. 177ff., Vs. 1 — Rs. 18a. Diese Urkunde dürfte als Vorlage für den Schlußpassus der Annalen gedient haben, wie wir es entsprechend für den Schlußabschnitt der zweiten Kolumne und die Urkunde AKA S. 209ff. gezeigt haben. Ein Paralleltext zu III 113b-128a ist Le Gac, *Aššur-naṣir-aplu* S. 165 oben, E. 24 (vgl. dazu unten, l). Die Zeilen III 113b-127 und 131-134, 136a entsprechen der Standard-Inschrift (AKA S. 212ff.) Z. 1-13a, 14-17, 17b-18.

III 123: s. zu I 62. — III 126-136: auch bei Bauer, *Akkadische Lesestücke* I S. 81f. — III 130: s. zu I 7. — III 131: Vgl. Le Gac S. 121 und S. XIV zu E. 73c, lies also *ḫur-šá-ni ek-*[*ṣu*]*-te*, was auch der eben genannte Paralleltext AKA S. 177ff. Rs. 4 bietet. — III 133f.: Die Ansiedlung von Deportierten in der wiedererbauten Stadt Kalaḫ wird auch an anderen Stellen berichtet, vgl. AKA S. 184f. Z. 8-12; Standard-Inschrift (AKA S. 212ff.) Z. 15b-17a; Nimrud-Stele, *Iraq* 14, 24ff. Z. 33-36; Le Gac S. 195f. Z. 10-12 und S. 181ff. V 2-6. — III 135: cf. AHw 748a s. v. *nārtu*. Bemerkenswert ist, daß der Name des Kanals in Mon. V 6 (AKA S. 245) ^{ÍD}*Ba-be-lat-ḫegalli*(ḪÉ.GÁL) lautet. Zur Anlage selbst vgl. Lehmann-Haupt, *Materialien* S. 52ff. und Wiseman, *Iraq* 14, 36 zu Z. 37.

Die Parallelen zu III 132ff. (Wiederaufbau der Stadt Kalaḫ) sind oben zu II 131 zusammengestellt.

e Die dritte Kolumne der Annalen Anp. unterscheidet sich von Kol. I und II in einem wesentlichen Punkt: Nur der erste und der letzte der geschilderten Feldzüge sind nach Eponymen datiert, während die beiden ersten Kolumnen jeden Feldzug nach Eponymen datieren. Hingegen finden sich in Kol. III Angaben wie Monat und Tag oder *ina ūmēšūma* „damals". Im folgenden stelle ich die Zeitangaben der dritten Kolumne zusammen, um die einzelnen Feldzüge wenigstens innerhalb eines gewissen Spielraums datieren zu können.

III 1: 22. Siwān, Eponym Dagan-bēl-nāṣir[2] (878)
2: 6. Tammuz
28: 18. Siwān
43: *ina ūmēšūma*
48: *ina ūmēšūma*

---

[1] Hirsch, AfO 20, 35 II 53-55; 40 Z. 30-32; 42 Z. 36-38; 50 Nr. 14 B Z. 9ff. (vgl. S. 4). Vielleicht ist auch die Narām-Sîn-Inschrift ibid. S. 20 Rs.(?) Kol. IV 4'ff. entsprechend zu ergänzen. Vgl. auch Malamat, *Campaigns to the Mediterranean by Jaḫdunlim and other early Mesopotamian Rulers*, AS 16, 365-373.

[2] Nicht *Dagan-bēla-uṣur*, wie Brinkman, PHPKB S. 72 mit Anm. 364 vorschlägt, wegen der Schreibung mit -PAP-*ir* im Eponymenkanon C^{a}, vgl. auch Tallqvist, APN S. 67.

50: 20. Siwān
55: *ina ūmēšūma*
56: 8. Ulūl
63: *ina ūmēšūma*
77: *ina ūmēšūma*
84: *ina ūmēšūma*
92: 20. Ulūl, Eponym Šamaš-nūrī (866)
95: *ina ūmēšūma*

Versuchen wir nun, diese Angaben nach einzelnen Jahren aufzuschlüsseln, so ergibt sich folgendes Bild:

1) Die Ereignisse in III 1-28 fallen in das Jahr 878, das durch die Nennung des Eponymen fixiert ist. Die Datumsangabe in III 2 datiert lediglich den Abmarsch aus der unmittelbar zuvor erreichten Stadt Tabite.

2) Mit III 28 beginnt ein neuer Feldzug, der aber nicht nach einem Eponymen datiert ist. Da in III 1 bereits der 22. Siwān genannt ist, muß der 18. Siwān in III 28 einem anderen Jahre angehören. Nun wurde der in III 28 ff. geschilderte Feldzug durch eine Revolte der Staaten Laqê, Ḫindānu und Suḫi ausgelöst, sämtlich Staaten, die Anp. 878 (III 1 ff.) unterworfen haben will. Wie Brinkman, PHPKB S. 185 f. gezeigt hat, dürfte der Grund für diesen Aufstand in dem geringen Erfolg liegen, den Anp. mit seinem Unternehmen von 878 gehabt hat. Es hat demnach den Anschein, als ob die betreffenden Länder unmittelbar nach den Kämpfen von 878 die Initiative ergriffen hätten, was immerhin durch III 27 f. nahegelegt wird.

Die beiden Feldzüge Anp. gegen die Euphratstaaten stehen also in so engem Zusammenhang, daß für den zweiten eine Datierung in das Jahr 877 wahrscheinlich ist.

Die Schilderung dieses Feldzuges erstreckt sich bis III 50; *ina ūmēšūma* in III 43 und 48 markiert keinen zeitlichen Einschnitt, sondern dient zur Einschaltung einer Nebenhandlung: in III 43 ist es die Tributlieferung eines benachbarten Fürsten und in III 48 ein Jagdausflug am Euphrat und die Gründung zweier Städte. Beide Ereignisse spielen sich im geographischen Rahmen des beschriebenen Feldzuges ab.

3) Ein weiteres Siwān-Datum (hier der 20. dieses Monats) leitet in III 50 den Bericht über einen Feldzug gegen die Stadt Kaprabi in Bīt-Adini ein. Es ist sicher, daß hier wieder ein anderes Jahr gemeint ist, da in III 28 der 18. Siwān angegeben ist. Es liegt auf der Hand, daß nicht bereits zwei Tage später ein neuer Feldzug begonnen haben kann, d.h., wir befinden uns in einem späteren Jahr. In III 55-56 erfahren wir, daß Aḫuni von Bīt-Adini und Ḫabini von der Stadt Til-Abnē ihren Tribut entrichteten. Es besteht kein Anlaß, anzunehmen, daß *ina ūmēšūma* in III 55 einen zeitlichen Einschnitt markieren könnte, da beide Tributäre in enger räum-

licher Nachbarschaft zum Aufenthaltsort Anp. residierten[1]. Als frühester Zeitpunkt für diese Episode (III 50-56) käme das Jahr 876, als spätester das Jahr 867 in Frage, dies jedoch nur, wenn die Kaprabi-Episode in dasselbe Jahr wie die Mittelmeer-Expedition zu datieren wäre.

4) Der Abschnitt von III 92 bis III 113 bietet keine chronologischen Probleme. Er ist durch den Eponymen Šamaš-nūrī in das Jahr 866 datiert. In III 95 begegnet ein weiteres Mal *ina ūmēšūma*, darf jedoch auch hier nicht als Angabe eines zeitlichen Einschnittes verstanden werden, wie ein Vergleich von III 94 mit III 96 erweist.

Aus dieser Untersuchung der Kol. III der Annalen Anp. ergibt sich das folgende chronologische Schema:

III 1- 28: 878
III 28- 50: 877
III 50- 56: zwischen 876 und 868
III 56- 92: zwischen 875 und 867
III 92-113: 866

Abgesehen von den letzten Regierungsjahren, die in den Annalen nicht mehr enthalten sind (865-859), gibt es neun Regierungsjahre, über die uns die Annalen im Dunkeln lassen, nämlich 876-867. In diesen Zeitraum fällt die Kaprabi-Episode und der Zug an das Mittelmeer, der ein Jahr beanspruchte und fast völlig friedlich verlief. Es ist bedauerlich, daß dieses, auch für die Chronologie der Inschriften Anp. so bedeutsame Datum unbekannt ist.

Wenn man sich fragt, weshalb die Zeitangaben in Kol. III so wenig genau sind — im Unterschied zu denen in Kol. I und II — so läßt sich nur vermuten, daß Anp. dadurch das Fehlen rühmenswerter kriegerischer Unternehmungen in den betreffenden Jahren verschleiern wollte. Daß es Jahre der Rückschläge oder einer Bedrohung von außen gewesen seien, wird man kaum annehmen können, da sonst die umfangreichen Bauvorhaben Anp. nicht oder erst Jahre später hätten beendet werden können.

[1] Nur kurz soll hier auf *ina ūmēšūma* in III 63. 77. 84 eingegangen werden: III 63 erwähnt den Empfang des Tributes von Til-Abnē während des Aufenthaltes in Bīt-Adini, kann also nicht als zeitlicher Einschub gelten. Ebenso verhält es sich, mutatis mutandis, mit III 77. Für III 84 hat Brinkman, PHPKB S. 394 eine zeitliche Trennung angenommen, die durch *ina ūmēšūma* ausgedrückt sei. Abgesehen von den oben, d, zu III 84ff. angeführten Argumenten für die Einheit der Karkemisch- und Mittelmeer-Episoden ist zu bedenken, daß *ina ūmēšūma* in Kol. III der Annalen sonst keine zeitlich trennende Funktion hat, diese also für III 84 erst erwiesen werden müßte. Überdies, auch das ein Argument für die Einheit der beiden Episoden, ist schwer einzusehen, weshalb Anp. so kurz vor dem Mittelmeer hätte umkehren sollen. Anp. befindet sich in III 84 längst nicht mehr in Karkemisch, sondern wesentlich weiter südwestlich in der Stadt Aribua im Land Luḫuti (vgl. Lewy, OrNS 21, 402). Von dort zum Mittelmeer zu gelangen, ist keine allzu große Schwierigkeit mehr. Ein Anlaß, der die plötzliche Umkehr Anp. hätte veranlassen können, ist jedoch nicht ersichtlich. Vgl. zu *ina ūmēšūma* noch EAK I S. 82.

f Wie Le Gac, *Aššur-naṣir-aplu* S. I f. erkannt hat, gibt es außer der eben behandelten Fassung A auch eine zweite, kürzere Rezension der Annalen, genannt Annalen B (vgl. oben, c). Darüber hinaus läßt sich zeigen, daß die Ann. A in sich nicht einheitlich sind, sondern in zwei Stufen entstanden:

1) I 1 bis II 125a stellt die früheste uns bekannte Annalenrezension dar (vgl. im einzelnen oben, d zu II 125b-135). Sie wird auch durch den Mon. und den Mon. von Kurkh repräsentiert und stammt aus dem Jahre 879 oder kurz danach.

2) Nach 866 wurde die Kol. III angefügt sowie der Schlußpassus von Kol. II, nämlich II 125b-135. Dies erklärt vielleicht auch, weshalb die Art der chronologischen Angaben in Kol. III von der in Kol. I und II abweicht.

Die Annalen B sind nicht genau datierbar. Freilich spricht die Tatsache, daß in § 2 (s. oben, c) der Libanon und das Mittelmeer genannt werden, für eine relativ späte Entstehung. Die §§ 1-3 und der Anfang von § 4 enthalten eine umfangreiche Titulatur, die aus anderen, bereits vorliegenden Inschriften exzerpiert sein dürfte. § 4 Ende und § 5 machen nicht den Eindruck einer originalen Komposition, denn der Text wechselt übergangslos vom ersten Regierungsjahr (§ 4, 883) in das vierte (§ 5, 880) und bricht kurz nach Beginn des fünften Regierungsjahres (879) ab. Diese Mängel in der Gestaltung des historischen Berichtes und der abrupte Schluß (man vermißt einen Baubericht o.ä.) legen es nahe, in den Ann. B eine nachlässig angefertigte Kompilation aus dem Ende der Regierungszeit zu sehen, die sich einzig auf bereits vorhandene Inschriften stützte.

Sämtliche Textvertreter der Annalen stammen, soweit ihre Herkunft bekannt ist, aus Kalaḫ, ausgenommen der Mon. Kurkh und die Babil-Stele Hawkins, AnSt 19, 111 ff. (s. oben, b).

Die Existenz einer Ninive-Rezension der Annalen kann als wahrscheinlich gelten, nachdem ich oben, b, die beiden aus Ninive stammenden Fragmente Thompson, AAA 19 Nr. 171 und Nr. 303 (Vs. ?) als Duplikate zu den Annalen identifizieren konnte.

g Allgemeine Angaben zum Monolithen aus Nimrud finden sich oben, b. Für Einzelbemerkungen zum Text von Mon. I 12-IV Ende vgl. oben, d zu Ann. I 18b bis II 125a.

I 1-11 enthält eine Aufzählung von Göttern, vgl. auch oben, Kap. I y. Die Überleitung zur Titulatur ist kurz.

I 2-4: in Umschrift auch bei D. Cocquerillat, RA 46, 131 Anm. 2, wo jedoch in I 2 *reš-tu-ú* zu lesen ist. — I 4: lies mit EAK I S. 121 *šaqû*(LAL-*ú*). — I 10: lies *rēštīti*(SAG-*ti*) mit Tallqvist, AGE S. 169.

Die Kol. V enthält in Z. 1-5 einen Bericht vom Wiederaufbau der Stadt Kalaḫ. Für die Parallelen hierzu vgl. oben, d zu Ann. II 131 f.

Der Bau eines Kanals (V 5-7) wird auch berichtet in den Ann. III 135a (s. auch dazu), ferner in AKA S. 185 Z. 13 und der Nimrud-Stele, *Iraq* 14, 33 Z. 36 f.

Die Anlage von Obstgärten[1] und die Darbringung von Erstlingsopfern (V 7-10) ist uns auch bekannt aus Ann. III 135b; AKA S. 185 f. Z. 14-15; Nimrud-Stele, *Iraq* 14, 33 Z. 38-40.

V 9: Hier und Nimrud-Stele Z. 39 lies mit CAD Ṣ 60b und CAD I/J 144f. *aṣ-ḫu-ut* „ich kelterte" (Mon. kollationiert). Der Lautwert *qúp* bei v. Soden-Röllig, *Syll.*^{2} Nr. 66 ist demnach zu streichen, vgl. auch Renger, ZA 61, 39.

Der Bau der Stadtmauer (V 10-12) ist in einer eigenen Inschrift behandelt, nämlich AKA S. 177 ff., besonders Rs. 17 f. Vgl. ferner Ann. III 136b.

Den Hauptteil des Bau- und Tätigkeitsberichtes in Kol. V nimmt die Schilderung des Palastbaues ein (V 12-24). Vergleichbare Nachrichten sind, z.T. wesentlich kürzer, auch in anderen Inschriften enthalten: AKA S. 176 Rs. 12 f.; AKA S. 186 ff. Rs. 18-27 (teilweise gleichlautend); Standard-Inschrift, AKA S. 212 ff. Z. 18-22 und Nimrud-Stele, *Iraq* 14, 33 z. 25-32.

V 24-54 enthält die Anrede an den späteren Fürsten. Der weitaus umfangreichere Rest der Kol. (V 54-103) befaßt sich nachdrücklich mit allen möglichen Freveln gegen das Bauwerk, die für den König, seine Nachkommen und das Land unheilvolle Folgen zeitigen werden.

V 26-45a: cf. CAD E 53. — V 29: „seine Türen, seine Balken und seine Knaufnägel"; das Suffix bezieht sich auf alle Teile der Aufzählung. Vgl. oben, Kap. I f zu Z. 51 und hier zu V 37. — V 30: zu *šukānu* vgl. Thureau-Dangin, TCL 3 S. 61 Anm. 9. — V 31: „in einer anderen Stadt, einem anderen Palast soll er sie (Türen, Balken usw., V 29f.) nicht anbringen". — V 35: cf. CAD E 53. — V 37f.: „seine (des Palastes) Männer und Frauen soll er nicht als Gefangene darin einschließen" mit CAD Ṣ 157b gegen CAD E 53 und 335a. Vgl. auch zu V 29. — V 38f.: „dadurch, daß er nicht hingeht oder (die Leute) entläßt oder (den Palast) nicht repariert, soll er ihn nicht der Auflösung anheim geben". — In V 39 lies *ke-ši-<ri>* mit Lewy, ZA 36, 149. Vgl. noch AHw 713a. — V 40: *ina ki-i*(Text TA, koll.)*-di āli* mit Lewy, ZA 36, 149. — V 41f.: „den Schlüssel zerschlage er nicht", cf. AHw 742a und A. Salonen, *Türen* S. 82 und 86. — V 44: *pa-an* <É.GAL> *kiš-šu-ti-ja* „gegen <den Palast> meiner Majestät (... soll er nichts Böses ins Werk setzen)", vgl. V 26 und CAD E 53. Die Lesung *paraṣ*(GARZA) *kiššūtīja,* vorgeschlagen AHw 493a, dürfte sich nicht bewähren, da *parāku* Š „(Böses) ins Werk setzen gegen" mit *ina/ana pān* konstruiert wird, cf. AHw 829b und vgl. V 64-66. — V 45: *šá* <*kī*> *pî* nach V 54. — V 53: zu U_7 (KI.MIN) vgl. oben, d zu Ann. I 69. — V 60: GIBÍL-*šú* wegen AKA S. 166 Z. 16 besser *iqallū*(GIBÍL)-*šú* zu lesen. — V 65: cf. AHw 41a, *amāru* B. Ähnlich auch Thureau-Dangin, RA 36, 13 Anm. 3. — V 71: cf. Borger, BiOr 22, 166a und AHw 824a gegen CAD Ṣ 133a. — V 74: *ta-mì-ti* „meinen Text". — V 78f.: cf. CAD E 219a. — V 80: *mìm-ma* mit AHw 653a, unten. — V 84: cf. AHw 712b, *naḫarmuṭu* und Meier, AfO 21, 71. — V 91: *lu-*[*na*]-⌞*ki*⌟*-ir* (koll.). — V 97: *an-na-*[*a m*]*i-na* „was ist das?" (koll.) nach AKA S. 172 Z. 18. — V 99: *ši-*[*i*]*-ru* nach Koll. möglich. — V 102f.: cf. CAD Ṣ 87b.

[1] Vgl. dazu Oppenheim, *On Royal Gardens in Mesopotamia,* JNES 24, 328-333.

h Ebenfalls in enger Beziehung zu den Annalen steht der in Kurkh (alt: Tušḫa) gefundene Monolith Assurnasirpals. Die Vorderseite ist mit dem Bildnis des Königs geschmückt; Vorder- und Rückseite sind beschriftet. Der Text wurde kopiert von G. Smith, III R 6; King, AKA S. 222 ff. (mit Bearbeitung) und Le Gac, *Aššur-naṣir-aplu* S. 137 ff. Bearbeitung auch bei Peiser, KB I S. 84 ff. und S. 92 ff. Übersetzung: Luckenbill, ARAB I § 496-502. Vgl. noch Gadd, *Stones* S. 129.

Die Einleitung bildet, ähnlich wie bei dem Mon. aus Nimrud, eine Aufzählung von Göttern, die sich hier freilich nur auf fünf Gottheiten beschränkt (Vs. 1-4). Desto umfangreicher sind Titulatur und Filiation des Königs (Vs. 5-26), worauf die Berufung durch Assur (Vs. 25 f., Legitimationspassus) zum Bericht über den zweiten Feldzug gegen die Nairi-Länder überleitet.

Vs. 7: <*šá*> *ina tukulti Aššur* etc., vgl. zur Konstruktion z. B. Standard-Inschrift, AKA S. 212ff., Z. 2. — Vs. 12f.: cf. EAK I S. 144f., durch Kollation bestätigt. — Vs. 15: cf. Seux, ERAS S. 287; nach Koll. ⌊MÚRU⌋-*šu* gegen Le Gac S. 138 Anm. 1. — Vs. 16: cf. Seux, ERAS S. 55. — Vs. 22: ^{d}*Šam-šu* ≪MAN≫ *kiš-šat* ÙG.MEŠ nach Kollation. — Vs. 23: *ú*-⌊*na*⌋(!)-*pi-ṣu*-⌈*ma*⌉ nach Koll.; vgl. auch Seux, ERAS S. 187.

Anschließend folgt eine eingehende Schilderung des zweiten Feldzuges gegen Nairi (Vs. 27-Rs. 41), der auch in den Annalen überliefert ist, dort freilich in etwas gekürzter Form. Vs. 28-29, 35-Rs. 3 und Rs. 5b-41 wurden in die Ann. II 86-125 übernommen. Für Einzelbemerkungen zu diesen Passagen vgl. oben, d.

Vs. 31: nach KIŠ noch Reste von 5 Zeichen (Koll.). — Rs. 4: *ak-šad* ist entweder Fehler für *ak*-<*ta*>-*šad*, oder die Form steht für *ak-šud* (Aussprache **akšod*, cf. GAG § 9f.) Dieselbe Form auch Vs. 44 und Rs. 28. Lies nach Kollation URU *dan-nu*-⌊*tú*⌋.

Die Inschrift schließt mit einer Zusammenfassung der Maßnahmen, die im Verlauf dieses Feldzuges getroffen wurden: zur Verwaltung (Rs. 42 f., 50 f.; cf. Streck, ZA 18, 198) und zur Siedlungspolitik (Rs. 44-47; zu Rs. 46 cf. Lewy, HUCA 27, 49 Anm. 197; nach Koll. deutlich *na*-AT-LA *ú-šá-aṣ-bi-ta*). Interessant ist, daß zwei der eroberten Festungen von Salm. I. gegründet und später von den Aramäern gewaltsam weggenommen worden sind. Auch hier begegnet uns die auf die Vergangenheit zurückgreifende Legitimierung der restaurativen Expansionspolitik, die wir bereits bei Aššur-dān II. und Adn. II. kennengelernt haben. — Die Stadt Tušḫa und andere Städte erhalten Getreidedepots (Rs. 47 f.). Eine Übersicht über die auf diesem Feldzug eroberten „Länder", die ausgeplündert und zerstört wurden, beschließt den Bericht über diesen Feldzug (Rs. 49).

Lose angefügt ist noch die Nachricht über eine Tributlieferung des Landes Šubrû (Rs. 52 f.) und ein kurzes Unternehmen gegen die Stadt Šūru in Ḫanigalbat (Rs. 53 f.) auf dem Rückweg.

Die Stele dürfte bald nach Abschluß dieses Feldzuges von 879 beschriftet und errichtet worden sein. Die Tatsache, daß die Annalen gewisse Kürzungen gegenüber dem Mon. Kurkh aufweisen, zeigt, daß der Mon. Kurkh der Annalenfassung von 879 (einschließlich) sehr nahe gestanden haben muß. Die fraglichen Kürzungen sind wahrscheinlich bei der Redigierung der ersten Fassung (nach 879) vorgenommen worden, da auch der Mon. von Nimrud diese Kürzungen bereits enthält. Für die Annahme, daß der Mon. Kurkh und der Mon. aus Nimrud sich zeitlich nahe stehen, spricht auch die Beobachtung, daß Mon. und Mon. Kurkh einen sehr großen Teil der von den Annalen abweichenden Lesarten gemeinsam haben. Nach der Babil-Stele, die (nach) 882 entstanden ist[1], ist der Mon. Kurkh, zusammen mit dem Mon. von Nimrud, mit seiner Entstehungszeit (nach) 879 das zweitälteste datierbare Monument aus der Regierungszeit Assurnasirpals.

i Ein weiterer Text, der Auszüge aus den Annalen enthält (s. oben, b), ist die Inschrift auf den Stier- und Löwenkolossen aus Kalaḫ, die King, AKA S. 189 ff. erstmals veröffentlicht hat. Es handelt sich um die Inschriften auf vier Stier- bzw. Löwenkolossen (cf. Gadd, *Stones* S. 124 f. und 127), deren Text zwar gleichlautend, jedoch nicht gleichlang ist. Nr. 77 (so nach King, AKA S. 189 Anm. 1) enthält noch einen Zusatz, veröffentlicht AKA S. 201 ff. (IV 17 ff.). Ein noch weiter reichender Zusatz findet sich in der ansonsten gleichlautenden Inschrift Layard, ICC pl. 43-45, wiederholt von Le Gac, *Aššur-naṣir-aplu* S. 172 ff. Bearbeitung von Z. 13-24 bei Peiser, KB I S. 124 f. Das Original, eine große Steinplatte, wurde von Layard an Ort und Stelle belassen und dort 1951 von der britischen Nimrud-Expedition wiedergefunden[2]. Die Platte befindet sich seither im Museum zu Mosul.

Photos: Budge, *Sculptures* pl. IV und V; ein weiteres Exemplar ist abgebildet in *Guide*[3] pl. VII nach S. 28. Übersetzung: Luckenbill, ARAB I § 514-520.

Zwei andere Kolosse, nämlich je ein Stier- und Löwenkoloß, befinden sich im Metropolitan Museum zu New York, cf. Gadd, *Stones* S. 234. Die Inschriften sind unpubliziert[3].

I 1 bis III 16a *(ušaškin)* ist Duplikat zur Standard-Inschrift, AKA S. 212 ff. Z. 1-14.

Die folgenden Zeilen (III 16b-IV 4a) enthalten weitere rühmende Phrasen; in IV 4b-13 folgt schließlich der Legitimationspassus (vgl. oben,

---

[1] Vgl. Hawkins, AnSt 19, 119f.

[2] S. Wiseman, *Iraq* 14, 66 ND. 1122. Die angekündigten Kollationen sind meines Wissens noch nicht veröffentlicht.

[3] Das von Gadd, ibid. zitierte *Bulletin of the Metropolitan Museum* 1933 enthält keine Textpublikation. — Gehört hierher auch das von Reade, *Iraq* 30, 69 Anm. 2 erwähnte Exemplar?

Kap. I y und hier, d, zu Ann. I 31), der zum Bericht über die Mittelmeer-Expedition überleitet.

Auf Geheiß Assurs und Ninurtas (IV 14 f.) zieht Anp. zum Mittelmeer. Der Passus IV 16-39 ist auch in den Annalen III 84b-88a enthalten, vgl. dazu oben, d.

IV 40-47 erwähnt, daß man dem König große und kleine Äffinnen geschenkt habe; vgl. zu diesem exotischen Standardgeschenk oben, Kap. I f zu Z. 48.

Die Fortsetzung der Inschrift ist von hier ab nur auf „Bull No. 77" und bei Layard, ICC pl. 43-45 vorhanden. Der Text der drei übrigen Kolosse endet hier. IV 17-76 (Zeilenzählung nach King) enthält Mitteilungen über die Anlage eines Zoos (IV 17-50), in den die vom König gefangenen Tiere verbracht worden seien. Für frühere Vorbilder s. oben, Kap. I ff.

IV 23: cf. oben, Kap. I c zu FwA S. 166 Z. 18. — IV 35: cf. AHw 655a s. v. *mindinu(m)*.

IV 50-61 enthält die Anrede an den späteren Fürsten mit der Aufforderung, die Tiere nicht „schlecht zu behandeln". Für *ṭapālu* vgl. Meissner, MAOG 11/I-II, S. 46 f.; Ebeling, MAOG 2/III S. 47; Zimmern, *Akkadische Fremdwörter* S. 25.

IV 60 f.: Abweichend von der Übersetzung Luckenbills schlage ich vor: *napištu*(ZI) *ši-i libluṭ* „vor Assur möge diese Kreatur am Leben bleiben!". GI statt ZI bei Layard dürfte ein Kopierfehler sein.

Zum Jagdbericht IV 62-76 vgl. EAK I S. 129. Der Text von „Bull No. 77" bricht mit Z. 76 unvermittelt ab; alleinige Fortsetzung ist nun Layard, ICC pl. 43-45 Z. 23 ff.

Es folgt dort, Z. 25-33, die aus den Annalen III 56 f. und 65-76 in gekürzter Form übernommene Karkemisch-Episode, vgl. dazu auch oben, d.

Layard, ICC pl. 45 Z. 34-37 und der von Layard nicht mehr kopierte Rest der insgesamt 62 Zeilen umfassenden Inschrift ist Duplikat zur Standard-Inschrift (AKA S. 212 ff.), Z. 14 Ende bis Schluß.

Diese Inschrift scheint aus anderen, bereits vorliegenden Texten kompiliert worden zu sein. Dafür spricht, daß die Karkemisch- und die Mittelmeer-Episode in umgekehrter Reihenfolge geschildert werden, während die Annalen die richtige Reihenfolge aufweisen. Auch die Kürzungen gegenüber den Annalen erweisen den Text als sekundär, der als Prunkinschrift nach dem Baukastenprinzip aus anderen Inschriften montiert wurde, freilich ohne besonderes Geschick. Man wird diesem Zeugnis keinen sonderlichen historischen Wert zuerkennen dürfen.

j Von großer Bedeutung ist die Inschrift auf einer Stele, die 1951 von den englischen Ausgräbern in Nimrud gefunden wurde. Sie befand sich in ihrer ursprünglichen Position in der Nähe des Zugangs zum Thronsaal im Nord-West-Palast[1]. Die Vorderseite trägt auf einem versenkten Bildfeld eine Darstellung des Königs; daneben und darunter befindet sich die Inschrift, die die Vorderseite in ihrer ganzen Breite bedeckt. Die Rückseite ist ebenfalls beschriftet, jedoch in zwei Kolumnen. Eine vierte Kolumne befindet sich auf der linken Seite der Stele.

Die Inschrift wurde von Wiseman, *Iraq* 14, 24 ff. publiziert; Photos ibid. Pl. II, IIIb und VI. Übersetzung: Oppenheim bei Pritchard, ANET³ S. 558 ff., auch Laessøe, *People of Ancient Assyria* S. 103 ff. Vgl. auch Mallowan, *Nimrud and its Remains* I S. 57 ff. (mit Photo).

Die Einleitung der Inschrift (Z. 1-20a) entspricht der Standard-Inschrift (AKA S. 212 ff.) Z. 1-3a, 4b-5 Ende und 8-11 *(amnu)*. Für Z. 10-20 vgl. Brinkman, PHPKB S. 390 ff. und die Verbesserungen zur Edition Wisemans ibid. S. 391 Anm. 2188.

Z. 3: am Anfang *šarri*(MAN) *dan-ni* nach dem Photo auf Pl. II. — Z. 19: ᵁᴿᵁ⁽ᴵ⁾*Ba-bi-te*.

Der Legitimationspassus (Z. 20 f.) leitet über zum Bericht vom Wiederaufbau der Stadt Kalaḫ.

Z. 21: cf. Borger, *Asarhaddon* S. 97 (nach dem Photo ist jedoch È-*a* deutlich, also *uṣâ*; vgl. auch Ann. I 31 *ú-ṣa-a*/È-*a*).

Zum Baubericht vgl. die oben, d, zu Ann. II 131 f. genannten Parallelstellen.

Z. 23: *tillu*(DU_6) *la-be-ru*, Umschrift Wisemans zu berichtigen.

Daran anschließend nennt Anp. die Paläste, die er in Kalaḫ gebaut hat (Z. 25-32). Sieben davon bezeichnet er namentlich, gibt als Gesamtzahl aber acht (Schreibfehler?). Als Paläste sind hier wohl nur die einzelnen Komplexe seiner Palastanlage in Kalaḫ zu betrachten, die nach den in ihnen verwendeten Holzarten benannt sind. Vergleichbar ist der „Palast aus Zedernholz" bei Tiglp. I., vgl. Weidner, AfO 18, 352 f. Z. 73. 77. 87. 90, weiter ibid. S. 358 Z. 4 und den Kommentar Weidners zu Z. 72 ff., sowie KAH I 22 Z. 2 Auch Aššur-bēl-kala hat im „Zerbrochenen Obelisken" vier Paläste nach Holzarten benannt, vgl. Weidner, AfO 18, 356 zu Z. 71. Der Palastbau wird auch andernorts in den Inschriften Anp. erwähnt, s. oben, g zu V 12-14.

Z. 27: füge *ú-si-im* nach *ad-di* ein (in Wisemans Umschrift ausgelassen). — Z. 29: *ú-re-ti*, Kopie richtig; lies ferner *si-kât* (Kopie richtig). — Z. 30: *šá pi-rík* nach dem Photo deutlich.

[1] Für Details und eine Skizze des Fundortes s. Wiseman, *Iraq* 14, 24.

Die Besiedlung der neu erbauten Stadt mit Deportierten (Z. 33-3 , überwiegend aus dem Westen, ist ebenfalls ein häufig wiederkehren s Thema der Inschriften Anp., vgl. oben, d zu Ann. III 133 f.

Z. 23 Ende: ^{URU}[*Kap*]-*ra-bi* mit Parpola, NAT S. 195. — Z. 34: *u* KUR *Šub-re-e* Parpola, NAT S. 337.

Für den Kanalbau (Z. 36 f.) s. oben, g zu V 5-7, wo die Parallelstellen finden sind.

Z. 36: lies *nārtu*(ÍD-*tu*) *ištu*(TA) ^{ID}*Za-ba elî*(AN.TA), vgl. CAD E 114a. — Z. 37: *z pi-šu*.

Daran anschließend (Z. 38-40) folgt der bereits bekannte Bericht üb die Anlage von Obstgärten etc., s. im einzelnen oben, g zu V 7-10.

Waren die bisher in dieser Inschrift übermittelten Nachrichten scho aus anderen Texten bekannt, so beginnt in Z. 40 ein Abschnitt, der uns Wissen von der Tätigkeit Anp. in Kalaḫ wesentlich erweiterte. Die Zeile 40-52 enthalten eine detaillierte Aufzählung von Pflanzen, die der Köni von seinen Feldzügen mitbrachte und in einem eigenen Garten an pflanzte. Für die Namen der einzelnen Pflanzen verweise ich auf die Wör terbücher; darüber hinaus ist immer noch Thompson, DAB wertvoll.

Z. 43: vielleicht ^{GIŠ}*ṭar-pu-'u-u*(?); statt *duk-du* lies hier und Z. 132 *lud-du/di* mit AHw 561b. — Z. 47: lies mit Oppenheim bei Pritchard, ANET^3 S. 559: GIŠ.ḪAŠḪU[R] GI[Š.G]I = *ḫašḫur-api* „swamp-apple". — Z. 48: v. Soden, AHw 434b s. v. *kanaktu* liest ^{GIŠ}*kanaktu*(ŠIM.GIG) *ṣa-lim-tu* „schwarzer Weihrauch(?)", während CAD Z 74b *za-a'-tu* liest, was Oppenheim bei Pritchard, ANET^3 S. 559 mit „resinous" übersetzt. Hier wäre Kollation angebracht. — Die Zeilen 48 bis 52 sind kollationsbedürftig; vgl. vorerst die Übersetzung Oppenheims, die freilich an einigen Stellen zu frei erscheint, sowie CAD Ḫ 54b (Z. 49); CAD Ṣ 186b (Z. 50 und 51) und CAD Ḫ 76a, wo allerdings statt *uḫ-* (Z. 52) das Zeichen 'A auf dem Photo deutlich ist; ebenso deutlich ist dort statt *-ma* (in *ki-ma*) PI zu erkennen (Umschrift Wisemans richtig).

Das literarische Vorbild für den eben behandelten Abschnitt ist, wie so oft, bei Tiglp. I. zu finden, s. EAK I S. 130 zu VII 17-27.

Zu Beginn der zweiten Kolumne (Z. 53-78) gibt die Nimrud-Stele einen Überblick über die von Anp. in Kalaḫ errichteten Tempel und ihre Ausstattung. Dies ist die ausführlichste der über dieses Thema vorhandenen Nachrichten, s. oben, d zu Ann. II 132b-135. Vgl. dort auch zu den Bauberichten vom Ninurta-Tempel, in dem sich der König durch ein kostbares Standbild verewigte (Z. 76-78).

Z. 55: *ina qé-reb-šú*, Kopie richtig. — Z. 58: *bīt*(É) ^{d}*Kid$_9$-mu-ri ekurrāt*(É.KUR.MEŠ) *ilāni*(DINGIR.MEŠ) *rabûti*(GAL.MEŠ), Kopie richtig. Vgl. v. Soden-Röllig, *Syll.*^{2} Nr. 67 und die aufschlußreichen Belege bei Deller, OrNS 31, 190. — Z. 59: *ina lìb-bi* (so durchgehend zu verbessern) *ad-di šu-bat ilāni*(DINGIR.MEŠ) ..., Kopie richtig. Vgl. auch die Übersetzung Oppenheims bei Pritchard, ANET^3 S. 559. — Z. 70: übersetze „Bronzetafeln" mit Wiseman gegen Oppenheim, ibid. S. 559. — Z. 74f.: cf. CAD I/J 196a, wonach die Übersetzung Oppenheims zu berichtigen ist. — Z. 78: *ina ma-ḫar*, Kopie richtig.

Die Fürsorge für sein Land schildert Anp. in Wendungen, die uns zum il aus den Inschriften früherer Könige bekannt sind; zu Z. 78 cf. Lewy, JCA 27, 49. Wiederaufbau und Besiedlung verfallener Städte (Z. 78-81) hen an erster Stelle; es folgt der Bau von Palästen im ganzen Land (Z. -83), vgl. dazu EAK I S. 129 zu VI 94-99. Die Anlage von Getreide-rräten ist der dritte Punkt (Z. 83b-84a), vgl. EAK I S. 129 zu VI 101b-4.

Zum Jagdbericht (Z. 84-94) s. die Parallelstellen in EAK I S. 129. Auch er folgt Anp. dem von Tiglp. I. eingeführten Vorbild.

Z. 88: cf. Borger, AfO 18, 416f. — Z. 90: *ú-na-ki-is* Umschrift Wiseman, während die opie eher *ú-na-pi-iṣ* zu intendieren scheint. Wisemans Lesung auch AHw 721a. Die telle bleibt kollationsbedürftig. Am Ende der Zeile lies *ina šub-ti* nach Grayson, *Fs. ppenheim* S. 93. — Z. 93f.: Auch diese beiden Zeilen sind kollationsbedürftig.

Z. 95-100a enthält die aus der Inschrift auf den Stier- und Löwenkolos-en (s. oben, i) bekannte Nachricht von der Anlage eines Zoos in Kalaḫ, gl. auch oben, Kap. I ff.

Z. 100-101 ist ebenfalls ein traditioneller Topos, vgl. EAK I S. 129 zu VII 31-32. An unserer Stelle ist eine geringfügige Erweiterung vorhanden (Z. 101), die ich nach Wisemans Kopie *a-na kit-*[*ri*] *ú-rad-di* lesen möchte, also „zur Verstärkung fügte ich hinzu", vgl. aber auch CAD A/II 502 a.

Der ganze restliche Text (Z. 102-154) befaßt sich sehr ausführlich mit dem zehn Tage dauernden Gastmahl, das der König zur Einweihung der Stadt Kalaḫ gab. Unter den aufgeführten Pflanzenprodukten sind viele noch nicht identifiziert; soweit dies möglich ist, gibt die Übersetzung Oppenheims Auskunft. Vgl. auch Bottéro, „Getränke" in RLA III S. 302 ff. und Borger, „Getreide" ibid. S. 308 ff.

Z. 111: cf. Landsberger, WO 3, 252ff. — Z. 112: *mesukku* = „Wildgans" nach AHw 648a. — Z. 114: cf. Landsberger bei Weidner, AfO 18, 353 zu Z. 12. — Z. 115: 10 *lim kusāpi*(NINDA.MEŠ) nach Landsberger, AfO 18, 338b. — Z. 127: am Ende lies 1 *me dišpu*(LÀL.MEŠ) mit Oppenheim bei Pritchard, ANET^3 S. 560. — Z. 128: lies 1 *me* ^{ŠE}*ab-ši* mit CAD A/I 66b. — Z. 132: s. zu Z. 43. — Z. 138: cf. Landsberger, AfO 18, 337a. Lies ferner ^{GIŠ}*ḫa-še-e* mit CAD Ḫ 145a. — Z. 139: cf. AHw 863 s. v. *pillu* II. — Z. 143: ^{LÚ}*šap-ra-a-te*, Kopie richtig. — Z. 152: eine gewisse Schwierigkeit bietet ŠÉŠ.MEŠ-*šú-nu-ti*, da man *upaššis*(ŠÉŠ.MEŠ)-*su!-nu-ti* erwartet. Die Kopie hat jedoch eindeutig ŠÚ. Vgl. immerhin Lambert, AnSt 11, 152 zu Z. 9.

Zum Abschluß sei noch bemerkt, daß Wisemans und Mallowans Datierung der Stele auf (post) 879 (*Iraq* 14, 25 f. bzw. *Nimrud* I S. 62) nicht zutreffend ist, wie Brinkman, PHPKB S. 186 f. Anm. 1143 richtig gesehen hat.

k Die sogenannte Standard-Inschrift Assurnasirpals ist eine „Prunkinschrift", die in nicht genau feststellbarer Anzahl auf den Reliefplatten im Palast Anp. in Kalaḫ angebracht war. Sie läuft, bei unterschiedlicher Zeilenzahl, quer über die bildlichen Darstellungen hinweg.

Eine vollständige Übersicht aller erhaltenen Exemplare und eine kritische Ausgabe des Textes ist ein Desiderat. Diese Lücke kann freilich in der vorliegenden Arbeit nicht geschlossen werden; es ist eine Aufgabe, die eine eigene Monographie erfordern würde. Hinderlich ist vor allem die Tatsache, daß die Platten in Museen aller Herren Länder verstreut und nur zum geringeren Teil so publiziert sind, daß die Inschriften für den Philologen verwertbar wären. Um wenigstens eine gewisse Vorarbeit zu leisten, gebe ich im folgenden eine Bibliographie[1] von Veröffentlichungen, die sich mit einem oder mehreren Exemplaren der Standard-Inschrift befassen:

Aitken, JAOS 32, 130-134
Bezold, ZK 1, 269f.
Bezold, ZA 2, 229
Bezold, ZA 18, 101
Boissier, *Notice* S. 12-14 (3 Expl., verwertet von Schrader, *Inschrift Asurnaṣirhabal's*, s. unten)
Budge, *Sculptures* pl. XXXVIII/2 (BM 102487, nicht bei King)
Budge, *Sculptures* pl. XXXIX/2 (Nimrud Gallery Nr. 31, nicht bei King)
Budge, *Sculptures* pl. XLVIII/1 (Nimrud Gallery Nr. 78, nicht bei King)
Budge, *Sculptures* pl. XLVIII/2 (Nimrud Gallery Nr. 79, nicht bei King)
de Clercq, CdC II S. 132ff. und pl. XVII
Barnett-Falkner, *Sculptures* pl. CXXI (! BM 118930)
Barnett-Falkner, *Sculptures* pl. CXXVII (Berlin, VA 952)
Gadd, *Stones*, passim
Jastrow, PAOS May 1889 S. CXXXVIII-CXL
Jeremias, ZA 1, 48f.
King, AKA S. 212ff. (Nimrud Gallery Nr. 2 = Budge, *Sculptures* pl. XI)
King, AKA S. 212ff. (Nimrud Gallery Nr. 17 = Budge, *Sculptures* pl. XXVI)
King, AKA S. 212ff. (Nimrud Gallery Nr. 18 = Budge, *Sculptures* pl. XXVII)
King, AKA S. 212ff. (Nimrud Gallery Nr. 19 = Budge, *Sculptures* pl. XXVIII)
King, AKA S. 212ff. (Nimrud Gallery Nr. 20 = Budge, *Sculptures* pl. XXIX)
King, AKA S. 212ff. (Nimrud Gallery Nr. 21 = Budge, *Sculptures* pl. XXX)
King, AKA S. 212ff. (Nimrud Gallery Nr. 22 = Budge, *Sculptures* pl. XXXI)
King, AKA S. 212ff. (Nimrud Gallery Nr. 23 = Budge, *Sculptures* pl. XXXII)
King, AKA S. 212ff. (Nimrud Gallery Nr. 24 = Budge, *Sculptures* pl. XXXIII)
King, AKA S. 212ff. (Nimrud Gallery Nr. 25 = Budge, *Sculptures* pl. XXXIV)
King, AKA S. 212ff. (Nimrud Gallery Nr. 26 = Budge, *Sculptures* pl. XXXV)
King, AKA S. 212ff. (Nimrud Gallery Nr. 32 = Budge, *Sculptures* pl. XXXIX/1)
King, AKA S. 212ff. (Nimrud Gallery Nr. 33 = Budge, *Sculptures* pl. XL)
King, AKA S. 212ff. (Nimrud Gallery Nr. 34, nicht bei Budge)
King, AKA S. 212ff. (Nimrud Gallery Nr. 35 = Budge, *Sculptures* pl. XLI)
King, AKA S. 212ff. (Nimrud Gallery Nr. 39 = Budge, *Sculptures* pl. XLV)
King, AKA S. 212ff. (Nimrud Gallery Nr. 40 = Budge, *Sculptures* pl. XLVI)
King, AKA S. 212ff. (Nimrud Gallery Nr. 41 = Budge, *Sculptures* pl. XLVII)
King, AKA S. 212ff. (Nimrud Gallery (?) Nr. 864, nicht bei Budge)
King, AKA S. 212ff. (Nimrud Gallery (?) Nr. 865, nicht bei Budge)
Knudtzon, ZA 12, 256
Laessøe, JCS 7, 5ff.
Legrain, UMB 10/III-IV S. 8ff.
Ley, RT 17, 55f. und 199; Tf. nach S. 96; cf. Streck, ZA 19, 258

[1] Vgl. auch die Zusammenstellungen bei Bezold, *Literatur* S. 71; Streck, ZA 19, 258; Olmstead, *Assyrian Historiography* S. 19f. Anm. 5; Borger, HKL I S. 218f.

Lidzbarski, *Ephemeris* 3, 184f. (= Z. 2-12, cf. oben, b)
Lidzbarski, *Ephemeris* 3, 185f.
Mallowan, *Nimrud and its Remains* I Abb. 46, 48, 49
Müller, WZKM 14, 169f.; cf. Streck, ZA 19, 258
Peiser, OLZ 7, 37 Nr. 8 = Weidner, *Reliefs* S. 15, A 1
Pottier, *Antiquités* pl. II Nr. 3 und 4, pl. V Nr. 7 und cf. S. 49-60
Ravn — Falkner — Weidner, AfO 16, 231ff. und 244ff.
Reade, *Iraq* 30, 69 mit Tf. XVIIIa-b (Stierkolosse, Text nicht mitgeteilt)
Schrader, *Inschrift Asurnaṣirhabal's* (Berlin 1879)
Sheeler, *The great king, king of Assyria* (mir unzugänglich)
Speleers, RIAA Nr. 319-327 (Nr. 322: Photo Goossens, BMRAH 28, 33; Nr. 327: Photo ibid. S. 34)
Stearns, *Reliefs from the Palace of Ashurnaṣirpal*, AfO Beih. 15, passim (enthält die beste Übersicht über den Bestand an Reliefs, insbesondere in amerikanischem Besitz, doch leider berücksichtigt die Arbeit die Inschriften überhaupt nicht.)
Stephens, YOS 9, Nr. 130-133
Talbot, RP VII S. 9ff. (Übers. eines Exemplars in Edinburgh)
Tournay, *Vivre et penser* 2, 315ff.
Weidner, *Reliefs* S. 10, 11, 11 Anm. 42, 14 Anm. 50, 15 A 1 (Text bei Peiser, OLZ 7, 37 Nr. 8!), 15 A 2 (unsicher, vgl. Abb. 12), 96-98, 101f., 103, 112, 119f., 126, 130, 133f., 151f. und 163. Vgl. dazu:
Weidner, AfO 15, 138-140, 143; AfO 17, 183f., 184a, 194a; AfO 18, 438; AfO 20, 202b.
Winckler, OLZ 1,76 (BM 81–2–4,184)
Winckler, ZA 3, 424
Unsicher, da mir nicht zugänglich: Anonymus, *Memorial Art Gallery of the University of Rochester Handbook*, Rochester 1961, S. 7 (Relief, geflügelter Genius aus Nimrud, Palast Anp.)

Kopien: Layard, ICC pl. 1-11; King, AKA S. 212 ff. (mit Bearbeitung); Le Gac, *Aššur-naṣir-aplu* S. 153-164. Übers.: Luckenbill, ARAB I § 485-490.

Nun zum Inhalt der Standard-Inschrift: Nach der offiziellen, nur geringfügig erweiterten Titulatur mit Filiation (Z. 1-2a) folgen, angeschlossen durch einen Relativsatz *(eṭlu qardu ša ...)* weitere rühmende Phrasen (Z. 2b-4a). In Z. 4b-5 rühmt sich der König, „alle Länder" erobert, ihren Tribut erhalten und Geiseln von ihnen genommen zu haben. Der Legitimationspassus (Z. 5-6) leitet über zu einer Aufzählung der eroberten Gebiete[1] (Z. 6b-11). Der Passus schließt mit der Mitteilung, daß Anp. über diese Länder Statthalter eingesetzt und ihnen Gehorsamspflicht und Frondienst auferlegt habe (Z. 11b-12a). Mit dem Namen des Königs eingeleitet, folgt eine weitere Reihe von Epitheta (Z. 12b-14). Den Schluß der Inschrift bildet der Bericht vom Wiederaufbau der Stadt Kalaḫ, ihrer Besiedlung mit Deportierten und der prunkvolle Bau des Palastes (Z. 14-22).

Auszüge, Zitate und thematische Parallelen finden sich in praktisch jeder Inschrift Anp. aus Kalaḫ. Sie sind zu den einzelnen Texten notiert; hier gebe ich nur eine Übersicht der betreffenden Stellen, ohne auf Einzelheiten einzugehen.

---

[1] Vgl. dazu Brinkman, PHPKB S. 390ff., doch s. auch oben, d zu Ann. III 84-88.

Z. 1-2, 8b-11a = Ann. II 125b-131a; mit gekürzter Titulatur auch AKA S. 167ff. (aus Imgur-Ellil) Vs. 1-6a, 6b-19; ebenso AKA S. 173ff., Vs. 1-6a, 6b — Rs. 6; ebenso AKA S. 162ff., Vs. 1-5, 6-18a. Vgl. auch unten, 1 zu Le Gac S. 166-168.
Z. 1-11 = (gekürzt) Nimrud-Stele, *Iraq* 14, 24ff., Z. 1-20a;
Z. 1-13a = (gekürzt) AKA S. 177ff., Vs. 1-34a;
Z. 1-13a, 14-17, 17b-18 = Ann. III 113-127, 131-134 und 136a;
Z. 1-14a = AKA S. 189ff., I 1 — III 16a (Inschrift auf Stier- und Löwenkolossen);
Z. 1-18a = AKA S. 209ff., Z. 1-17a;
Z. 2b-12a = AKA S. 206ff., II 1 — IV 13;
Z. 5 (Ende) — 14 = Ann. B § 2 (s. oben, c)
Z. 8 ist in gekürzter Form reflektiert in AKA S. 161 Z. 4b-8;
Z. 14f.: vgl. die Parallelen oben, d zu Ann. II 131f.
Z. 14-22 = Layard, ICC pl. 45 Z. 34ff.
Z. 18-22: vgl. oben, g zu Mon. V 12-24.

Abgesehen vom Bericht über den Wiederaufbau der Stadt Kalaḫ und den Palastbau (Z. 14 ff.) finden sich verwandte Elemente auch in den Inschriften aus Ninive (s. unten, u-gg), Assur (s. unten, ii) und anderen Orten (s. unten, mm-nn). Typisiert sind neben der Titulatur und den Epitheta auch die Angaben über die eroberten Länder, wenngleich in diesem Punkt gewisse Abweichungen feststellbar sind.

Der Aufbau der Standard-Inschrift, den sie mit den Bauinschriften aus Kalaḫ (und nicht nur diesen) teilt, zeigt, daß sie eigentlich in die Kategorie der Bauinschriften gehört. Diese Gruppe von Texten, auch aus Ninive, Imgur-Ellil usw., hat das folgende Schema gemeinsam: Titulatur - Filiation - Epitheta - Eroberungen - eventuell weitere Epitheta - Baubericht, im vorliegenden Falle speziell des Palastes in Kalaḫ[1]. Die Bezeichnung „Standard-Inschrift" ist somit etwas unglücklich gewählt; „Palast-Inschrift" wäre treffender gewesen, doch sollte aus praktischen Gründen die bisherige Bezeichnung, die auf Layard zurückgeht, beibehalten werden.

Die zahlreichen Berührungspunkte der Standard-Inschrift mit anderen Texten (s. oben) machen deutlich, daß die Inschriften Anp. im allgemeinen aus vorformulierten Bestandteilen zusammengesetzt wurden. Unter diese Versatzstücke sind vor allem die nur geringfügig variierenden Blöcke Titulatur, Epitheta und Eroberungen zu rechnen. Parallelpassagen können bei diesem Baukastensystem ebenso gut auf eine gemeinsame Vorlage wie auf Entlehnung zurückgehen, so daß Abweichungen durchaus ohne chronologische Aussagekraft sein können.

Zur Datierung der Standard-Inschrift läßt sich somit nur feststellen, daß sie nach der Mittelmeer-Expedition (s. dazu oben, d zu III 84-88 und e), also irgendwann nach 875-867 entstanden sein muß.

---

[1] Damit soll nicht gesagt werden, daß die Palastbau-Berichte in der Nimrud-Stele und im Mon. Kol. V geringeren dokumentarischen Wert besäßen als der betreffende Abschnitt in der Standard-Inschrift. Beide Inschriften sind jedoch keine Bauinschriften im engeren Sinne und können somit hier außer Betracht bleiben.

l Eine gewisse Bestätigung für die eben vorgetragene Ansicht erbringen die Texte, die Le Gac, *Aššur-naṣir-aplu* S. 165-169 veröffentlicht hat. Hierbei handelt es sich um kürzere Fassungen der Standard-Inschrift.

Le Gac S. 165 oben (E. 24) = Ann. III 113b-128a, oder Standard-Inschrift Z. 1-13. Derselbe Aufbau begegnet auch in der längeren Inschrift AKA S. 177 ff., s. unten, m.

Le Gac S. 165 unten (E. 89) = Standard-Inschrift Z. 1-5 *(kalīšina mātāti)*; unmittelbar darauf folgt der Bericht vom Wiederaufbau der Stadt Kalaḫ, entsprechend Standard-Inschrift Z. 14-22.

Eine Anzahl von Texten enthält nur Standard-Inschrift Z. 1-14a, verzichtet also auf den Baubericht. Diese Exemplare hat Weidner, *Reliefs* S. 117 Anm. 224 zusammengestellt, vgl. auch Layard, ICC pl. 8 Anm. 2.

Le Gac S. 166-168 (mit der Variante S. 168 unten) repräsentiert eine weitere Kurzfassung der Standard-Inschrift. Zwei ebenfalls hierhergehörige Exemplare wurden von Jones, AJSL 58, 326 angezeigt. Der Schlußpassus Le Gac S. 168 unten ist der der Inschrift AKA S. 173 ff., Z. 8b-13. Diese letztere Inschrift ist im übrigen mit Le Gac S. 166-168 gleichlautend, die Abweichungen sind nur gering. Eine Übersetzung gibt Luckenbill, ARAB I § 505-506.

Für Le Gac S. 169, K. 2838 Vs. 1-11 s. unten, z und ii.

Diese Kurzfassung findet sich, abgesehen vom Baubericht, auch an den oben, k zu Standard-Inschrift Z. 1-2, 8b-11a verzeichneten Parallelstellen, s. auch dazu.

m Die Inschrift von der Stadtmauer in Kalaḫ gehört ebenso wie die unten, n-q behandelten Texte zur Kategorie der mit der Standard-Inschrift verwandten Bauinschriften. Außer den von King, AKA S. 177-188 bearbeiteten drei Exemplaren sind noch folgende Duplikate bekannt geworden: Wiseman, *Iraq* 12, 187 ND. 201; *Iraq* 13, 118 ND. 816 und 817, ibid. S. 119 ND. 820 und *Iraq* 14, 66 ND. 1121. Ein Paralleltext zu Vs. 1 — Rs. 6a auf einer „foundation box" aus Apqu[1] wurde von Speiser, *Art and Archaeology* 30, 190 f. mitgeteilt und übersetzt[2]. Daß der abschließende Baubericht aus Kalaḫ in dieser Urkunde fehlt, ist durch ihre Herkunft verständlich. Duplikat zu Rs. 23 f. ist das bisher unidentifizierte Alabasterbruchstück K. 8543, kopiert von Bezold, *Cat.* III S. 938. Übers.: Luckenbill, ARAB I § 507-513.

Der Text entspricht von Vs. 1-Rs. 18a den Annalen III 113b-136 und

[1] Vgl. Stephens, JCS 7, 74 und unten, nn.

[2] Die von Speiser gebotene Lesung *Danana* (Var. zu Z. 22 bei King) ist in KUR *Lab-na-na* zu verbessern. Für die Kollation möchte ich auch an dieser Stelle Prof. Moran herzlich danken.

hat wahrscheinlich als Vorbild für diesen Abschnitt der Ann. gedient, vgl. oben, d zu Ann. III 113b-136.

Zu Rs. 18b-27a vgl. die oben, g zu V 12-24 gesammelten Stellen (Palastbau).

Die Inschrift schließt mit der Anrede an den späteren Fürsten (Rs. 27b-32) und den üblichen Segens- und Fluchformeln.

n Auf der Rückseite der bereits oben, d zu Ann. II 125 ff. behandelten Platte [Nimrud Gallery] Nr. 30 befindet sich eine Bauinschrift vom Ninurta-Tempel in Kalaḫ, die King, AKA S. 209-211 veröffentlicht hat. Übers.: Luckenbill, ARAB I § 525.

Die Zeilen 1-17a entsprechen der Standard-Inschrift Z. 1-18a. Der Bau des Ninurta-Tempels und die Einrichtung zweier Feste wird in Z. 17b-23a geschildert. Die Schlußzeilen (23b-27) enthalten ein kurzes Gebet um langes Leben und Erfüllung der Wünsche.

Z. 22: cf. E. Reiner, AfO 23, 89ff. — Z. 24: Anfang mir unklar. — Z. 25: [*ki*]-*ni-iš li-pár-da-a* nach Salm. III., *Iraq* 24, 95 Z. 39, cf. Kinnier Wilson, ibid. S. 114. — Z. 26: wohl besser [*šangū*]*tī*([SANGA]-*ti*) *li-ra-am*, wie ein Vergleich mit Ann. I 37f.; AKA S. 198 IV 15; Nimrud-Stele (*Iraq* 14, 34) Z. 84; Aššurdān II., AfO 3, 160 Rs. 23 usw. nahelegt.

o Die Inschrift für Bēlat-māti auf einer Löwenskulptur wurde von King, AKA S. 206-209 auszugsweise publiziert und fast vollständig kopiert von Le Gac, *Aššur-naṣir-aplu* S. 181-186. Diese Ausgabe ist im folgenden zugrunde gelegt. Ein Duplikat zu I 1-7 ist der Text Norris, II R 66 Z. 1-10. Eine Übersetzung (nur des bei King vorhandenen Textes) findet sich bei Luckenbill, ARAB I § 521-524; der einleitende Hymnus an Bēlat-māti wurde übersetzt von v. Soden, SAHG Nr. 11. Zu dem Monument selbst vgl. Gadd, *Stones* S. 126 f. Photos: Budge, *Sculptures* pl. VI; Hall, *Sculpture* pl. XIX; Strommenger, *Mesopotamien* Abb. 200.

Nach dem Hymnus an Bēlat-māti (I 1-7a) führt sich in Z. 7b der König mit Namen und preisenden Epitheta ein, wobei die Anrede an Bēlat-māti zunächst beibehalten wird (I 7b-II 1). Dieser Übergang erinnert von I 7 *(qā'išat)* bis II 1a sehr stark an den entsprechenden Passus am Ende des Ninurta-Hymnus Ann. I 1-9, wo die Attribute der beiden Gottheiten und die preisenden Phrasen, die sich auf den König beziehen, fast wörtlich übereinstimmen (Ann. I 9b-12a). Dabei sind die Abweichungen praktisch nur dadurch bedingt, daß einmal Ninurta (Annalen) und einmal Bēlat-māti angesprochen wird. Hier ist wiederum die bereits oben, k, festgestellte Baukastentechnik zu beobachten. Derselbe Passus begegnet uns ferner in der leider fragmentarischen Inschrift Le Gac S. 195 f., s. unten, q.

Mit diesem Übergangspassus ist der Anschluß zur Standard-Inschrift hergestellt, die im folgenden (II 1-IV 13) ausgiebig zitiert wird (Z. 2b-21a).

Zum Bericht über den Wiederaufbau der Stadt Kalaḫ (V 1-7a) vgl. oben, d zu Ann. II 131 f.

Nach dieser mehr allgemeinen Einleitung in die Bauaktivitäten des Königs folgt der Bericht vom Bau und der Ausgestaltung der Tempel in Kalaḫ (V 7b-13). Weitere Stellen sind oben, d zu Ann. II 132b-135 zu finden.

Die Inschrift endet mit der Anrede an den späteren Fürsten, wobei hier nur Segenswünsche für den zukünftigen Erneuerer des Bauwerkes ausgesprochen werden.

I 6: cf. Schott, ZA 42, 120. — I 13: nach der Kopie von Le Gac S. 182 könnte Raum für *i-ṭi-bu-ú-[ma]* vorhanden sein, cf. Ann. I 12. — V 10: *[si]-kát kar-[ri]*. — V 11: am Ende *ú-ma-am siparri*(ZABAR) *el-[li]* „Tierfiguren aus heller Bronze". — V 12: *ina* É *[na-ma]-ri-ši-na* „in ihren (sc. der Tempel) Tortürmen". Am Ende der Zeile erg. NA4*[pa-ru-te]* nach Le Gac S. 168 Z. 9 u. ö. — V 14: *an-ḫu-ut ekurri*(É.KUR) *šú-a-[ti uddiš]*, Imp. wegen *šumka* „deinen Namen" und *tēr*(GUR) V 15, vgl. auch AKA S. 172 Rs. 14f. und AKA S. 165 Rs. 3-8. — V 15f.: zu ergänzen nach AKA S. 173 Rs. 24 bis Rd. Z. 2, AKA S. 162ff., Rs. 10; AAA 19, 100f. Z. 17f. und Le Gac S. 195f. Z. 21(!). Vgl. noch TN. II., KAH II 89 Rs. 10(f.).

p Die Erneuerung des Tempels der Bēlat-kidmuri ist Gegenstand der Inschrift AKA S. 162-167, erneut bearbeitet von Michel, WO 2, 404-407. Übers.: Luckenbill, ARAB I § 526-529.

Die Zeilen Vs. 1-18a entsprechen der Standard-Inschrift Z. 1-2, 8b-11a (mit gekürzter Titulatur), vgl. auch oben, k. Die Parallelen zu Vs. 18 f. sind oben, d zu Ann. II 131 f. aufgeführt.

Mit Vs. 19 setzt der Bericht vom Wiederaufbau der verfallenen Kultstätte der Bēlat-Kidmuri ein. Der König habe eine Darstellung der Göttin als Schutzgottheit[1] aus Gold anfertigen lassen und Opfer für sie festgesetzt. Zu den Berichten über Anp. Bautätigkeit an den Tempeln in Kalaḫ vgl. oben, d zu Ann. II 132b-135.

Die Anrede an den späteren Fürsten (Rs. 2-23) enthält Segenswünsche und Fluchformeln.

Rs. 5: cf. CAD E 272b, wo nach v. Soden bei Michel, WO 2, 406f. mit Anm. 26 zu verbessern ist. — Rs. 10f.: vgl. die Parallelen oben, o zu Le Gac S. 181ff., V 15. — Rs. 21: gewiß gegen Michel, WO 2, 406 *su-un*(sic!)*-qu* zu lesen.

q Eine fragmentarische Inschrift von ähnlichem Aufbau wie die oben, o, behandelte für Bēlat-māti ist Le Gac, *Aššur-naṣir-aplu* S. 195 f. Es handelt sich um einen Abklatsch, dessen Vorlage zweifellos aus Kalaḫ stammt. Der Text ist unbearbeitet.

---

[1] Lies in Vs. 25: *lamassat*(LAMÁ-*at*) d*Ištar*(INANNA), vgl. AKA S. 210 Z. 19 und Ann. II 133.

Der Anfang der Inschrift fehlt. Sie dürfte, ebenso wie die Annalen und die Inschrift für Bēlat-māti durch einen Hymnus an eine Gottheit eingeleitet worden sein. Vorläufig läßt sich aus Z. 4 nur schließen, daß es eine männliche Gottheit gewesen sein muß. Daß der in Z. 1 genannte ᵈ*Áb-ú* gemeint sein könnte, halte ich nicht für wahrscheinlich, da er in Ann. I 9 als Erscheinungsform Ninurtas betrachtet wird, so daß er zu dieser Zeit also kaum noch als eigenständige Gottheit verehrt worden sein dürfte.

Was von der Einleitung noch erhalten ist (Z. 1-5a), kann nach Ann. I 9b-12a und dem Paralleltext Le Gac S. 181 ff. I 7b-II 1 ergänzt werden, wie Seux, ERAS S. 92 Anm. 92 gesehen hat.

Z. 5 (Ende) bis Z. 7 enthielt den Legitimationspassus; vgl. zu Ann. I 31. In Z. 6 dürfte am Ende eine Form von *nabû* zu ergänzen sein, cf. AAA 19 Nr. 272 Z. 10.

Zu Z. 8 vgl. oben, I y und hier, d zu Ann. I 32 f. Am Ende der Zeile vielleicht [... ᵁᴿᵁ*Kalḫu maḫrâ ša Šulmānu-ašared*] (9) [MAN] KUR *Aš-šur rubû*(NUN-*ú*) *a-lik pa-*[*ni-ja* ...], usw. nach Standard-Inschrift Z. 15. In Z. 10 (Anfang) wohl [*ab*]-⌞*ni*⌟ (!). Wie das Ende von Z. 10 zu ergänzen ist, ist mir unklar; jedenfalls dürften in Z. 10-12 die Herkunftsorte der Deportierten genannt sein, die in Kalaḫ angesiedelt wurden (vgl. oben, d zu Ann. III 133 f.). Zu Z. 11 vgl. Ann. III 134, also etwa [*ana si-ḫír*]-*ti-šá šá* ᵁᴿᵁ[*Sir-qu* (?) ...]. Zu Z. 12 vgl. Nimrud-Stele, *Iraq* 14, 33 Z. 35.

Der den Tempelbau betreffende Abschnitt (Z. 13-17) kann ungefähr nach Nimrud-Stele, *Iraq* 14, 33 f. Z. 54-71 ergänzt werden, doch war unser Text gewiß kürzer. Vgl. noch die Parallelstellen oben, d zu Ann. II 132b-135.

Der Text schließt mit der Anrede an den späteren Fürsten. Z. 18: [*rubû*] *ar-ku-ú ina šarrāni*(MAN.MEŠ-*ni*) [(meinen Nachkommen), den Assur zum Hirtenamt über Assyrien beruft] (19) [möge], was an [diesem] Tempel verfallen ist, [erneuern ...] usw., vgl. Le Gac S. 181 ff. V 13 ff.

Z. 21: ergänzbar nach den oben, o zu V 15f. genannten Parallelen. — Z. 22: [GN] *an-nu ki-i-nu* [*ip*]-*pal-*[*šu* ...], sonst bei Anp. nicht belegt, doch vgl. für *apālu* + *annu kīnu* CAD A/II 135b, AHw 53a. — Z. 24: [*ina ašri*] *šá-ni-ma i-šá-ka-nu* [...], vgl. AKA S. 166ff., Rs. 15 u. ö. — Z. 25: cf. AKA S. 172 Z. 19f., doch sind auch andere Ergänzungen denkbar.

r Die kleineren Inschriften aus Kalaḫ:

1) Die Bruchstücke eines Obelisken aus schwarzem Basalt, gefunden in Nimrud, enthalten Inschriftreste, die Le Gac, *Aššur-naṣir-aplu* S. 207 ff. kopiert hat. Zum Monument vgl. Gadd, *Stones* S. 128 f. (Photo ibid. Tf. 6) wo freilich die Kopie von Le Gac übersehen wurde (s. Weidner, AfO 12, 377a). Eine Umschrift von I 6 und II 1-3 gibt Gadd, *Stones* S. 128 f. Zu I 2 cf. Schott, *Vorarbeiten* S. 145 Anm. 3. Ein 1953 gefundenes Bruchstück,

das zu diesem Obelisken gehören könnte, publizierte Mallowan, *Iraq* 16, 119, Photo auf Pl. XXVII (ND. 3219), wiederholt Mallowan, *Nimrud* I S. 182, Abb. 118.

2) Auf einer Statuette des Königs, gefunden in dem Tempel der Bēlat-māti, befindet sich eine achtzeilige Inschrift, die Titulatur, Filiation und eine kurze Übersicht der eroberten Gebiete enthält. Kopien: G. Smith, III R 4 Nr. 8; Le Gac S. 201; Bearbeitung; King, AKA S. 161. Übersetzungen: Schrader, KAT² S. 184; Luckenbill, ARAB I § 503 f. Photos z.B. in *Guide*³, pl. XVII; Budge, *Sculptures* pl. I. Vgl. auch Gadd, *Stones* S. 128. Die Zeilen 4-8 erinnern an Standard-Inschrift Z. 8.

3) Die dreizeilige Votivinschrift für Šarrat-Kidmuri auf einem Keulenknauf wurde kopiert von King, CT 33, 50 (BM 104411) und bearbeitet von D. Cocquerillat, RA 46, 130 Anm. 5. In Z. 3 lies *šúm-ud šanātī* (MU.MEŠ)-*a*.

4) Layard, ICC 84 D = Le Gac, S. 205 D ist eine zweizeilige Inschrift auf einem Steinobjekt; sie enthält den Vermerk „Palast Anp.", kurze offizielle Titulatur und die Filiation.

5) Eine Ziegelinschrift von vier Zeilen mit Namen, Titulatur und Filiation sowie dem Vermerk „Besitz des Ninurta-Tempels" ist Le Gac, *Aššur-naṣir-aplu* S. 203 C. Duplikate: Nassouhi, MAOG 3/I-II S. 11 f., Nr. IV und Wiseman, *Iraq* 14, 67 ND. 1129. Übers.: Luckenbill, ARAB I § 533.

6) Auf einen Tonknauf aufgemalt ist die Inschrift Le Gac S. 203 E, Duplikat hierzu Messerschmidt-Ungnad, VS I Nr. 64. Die Inschrift enthält Namen und Titulatur und den Vermerk „vom Bīt-Kidmuri der Stadt Kalaḫ". Übers.: Luckenbill, ARAB I § 530.

7) Eine Hand aus Ton mit fünfzeiliger Inschrift ist Messerschmidt-Ungnad, VS I Nr. 65. Übers.: Luckenbill, ARAB I § 533; Photo: Unger, *Babylonisches Schrifttum* S. 15 Abb. 22. Duplikate: Lehmann-Haupt, *Materialien* Nr. 10 und Sollberger, AfO 18, 129a. Vgl. auch G. Smith, *Assyrian Discoveries* S. 76. Neben Titulatur und Filiation enthält der Text den Vermerk „Besitz des Ninurta-Tempels".

Für Tonhände aus Ninive vgl. unten, gg. Zur religiösen Bedeutung s. van Buren, *Symbols* S. 57 ff.

8) Eine dreizeilige Ziegelinschrift wurde von Layard, ICC 83 A veröffentlicht, wiederholt von King, AKA S. 155 Nr. 2 (mit Bearbeitung) und Le Gac S. 203 D. Duplikate: Stephens, YOS 9, S. 29 Nr. 128; Wiseman, *Iraq* 12, 197 ND. 285; *Iraq* 13, 119 ND. 827 und 828; *Iraq* 15, 148 ND. 3490 und 149 ND. 3493, 3494. Bei Le Gac S. XX unten dürfte übrigens „G. Smith, Assyrian Discoveries, p. 252" zu lesen sein.

9) Eine Ziegelinschrift aus Nimrud und Kujundschik ist Layard, ICC 83 B und D, wiederholt von King, AKA S. 156 Nr. 3[1] sowie Le Gac S. 204 B und D. Übers.: Luckenbill, ARAB I § 531. Duplikate: Dedekind, WZKM 12, 271 f.; Thompson, *Archaeologia* 79, 122 und pl. XLIV Nr. 59; Lehmann-Haupt, *Materialien* Nr. 9. Drei unpublizierte Exemplare erwähnt Thompson, AAA 18, 99 Anm. 1a.

s Im Gegensatz zu den aus Kalaḫ stammenden und im allgemeinen gut erhaltenen Inschriften Anp. besitzen wir aus Ninive weniger umfangreiche und zumeist überhaupt nur fragmentarische Urkunden[2].

Die beiden Steinfragmente AAA 19 Nr. 171 und 303 sind Duplikate zu den Annalen und wurden bereits oben, b, besprochen.

t Eine Sonderstellung unter den Inschriften Anp. nimmt der sogenannte „Weiße Obelisk" ein, den Unger, MAOG 6/I-II ausführlich publiziert hat. Das Monument wurde von Unger Anp. I. zugewiesen, wogegen Landsberger, *Sam'al* S. 57 f. eine Datierung in die ersten Regierungsjahre Anp. II. wahrscheinlich gemacht hat. Neuerdings ist von archaeologischer Seite die Datierung in die Zeit Anp. I. wieder aufgenommen worden, vgl. North, OrNS 37, 229 f.; Boehmer, BJVF 8, 207 ff. Zur Fundgeschichte vgl. Gadd, *Stones* S. 124.

Die Inschrift von 36 Zeilen wurde von Unger, MAOG 6/I-II S. 11-14 bearbeitet; Kopie: ibid. Tf. XVI, Photos: Tf. I-XV, jedoch nur zum Teil für epigraphische Zwecke brauchbar. Für eine neuere Abbildung s. Moortgat, *Die Kunst des Alten Mesopotamien*, Köln 1967, Abb. 251.

Der näheren Betrachtung des Textes sei vorausgeschickt, daß dieser vollständig kollationsbedürftig ist. Eine Neubearbeitung durch Sollberger ist in Vorbereitung.

Die Zeilen 1-2 dürften, wie Unger im Prinzip richtig gesehen hat, die Titulatur und eine Datierung enthalten haben: „[... Zu Beginn meiner Königsherrschaft, im ersten Jahre, nachdem ich den Königsthron] (3) feierlich bestiegen hatte ...", vgl. Ann. I 43f., s. auch Tadmor, JCS 12, 30 Anm. 69. Mit dieser Datierung stimmt überein, worauf Landsberger, *Sam'al* S. 57f. hingewiesen hat, daß nämlich Anp. im ersten Regierungsjahr Pferde als Tribut des Landes Gilzānu erhalten hat (Z. 4-5, vgl. Ann. I 57f.). — Z. 4: lies *la-ma-ri* mit CAD B 169a, vgl. CAD A/II 319a. — Z. 7: lies nach Ḫalḫalauš ⸢*x*⸣ (eine Zahl?) [UR]U.-MEŠ-*ni* [EN.MEŠ] *ḫi-i-ṭí* [...]. — Mit Z. 8 wird das zweite Regierungsjahr erreicht (882), doch scheint die Handlung bis Z. 12 inhaltlich eine Fortsetzung der Ereignisse des ersten Jahres zu sein. — Z. 14: *Šá* ⸤*a*⸥-[*n*]*a* KUR *Šub-re-e* usw. — Z. 15: wohl nach Z. 29 zu ergänzen. — Z. 16: [*dan*]-*niš* oder [*ki*]-*niš*? — Z. 17: Die Kopie Ungers möchte ich mit Vorbehalt wie folgt lesen: *ina li-me* ᵐ*Šá-ilim*(DINGIR!)-[*ma*]-[*dam*]*qa*([SI]G_5) [...]. Sollte dieser Lesungsvorschlag durch Kollation bestätigt werden, wäre der Obelisk in das Jahr

[1] Bei King, AKA S. 156 Anm. 1 ist mit Borger, HKL I S. 218 zu lesen: pl. 83, B(!) and D.

[2] Die von Thompson in *Archaeologia* 79, AAA 18 und 19 veröffentlichten Texte werden der Übersichtlichkeit halber ohne Verfassernamen zitiert.

879 bzw. kurz danach zu datieren. — Z. 23: [...] x x *ina išā*[*te*(IZI[.MEŠ) *ašrup*(?)]. — Z. 27: wohl eher *mu-ši-ta*(!) zu lesen. — Z. 33: [KU]R *Dan-nu-na* sicher? Dieser Ländername ist bei Anp. sonst nicht belegt, vgl. Anm. 26. Für Literatur vgl. Donner-Röllig, KAI II S. 39. — Z. 35f.: cf. Thompson, AAA 19, 102 Anm. 2 und *Iraq* 1, 102.

Soweit sich erkennen läßt, befaßt sich die Inschrift mit den Ereignissen des ersten (Z. 3-7), des zweiten (Z. 8-12) und eines weiteren Regierungsjahres, das sich vorläufig noch nicht näher bestimmen läßt (vgl. oben zu Z. 17). Wörtliche Entsprechungen zu den Annalen aus Kalaḫ bestehen nicht, doch gibt es sachliche Berührungspunkte, vgl. oben zu Z. 4-5 für das erste Regierungsjahr. Die in Z. 7 genannten Städte scheinen erst im folgenden Jahr erobert worden zu sein; so verstehe ich jedenfalls Z. 8 ff. Der zweite hier berichtete Feldzug (Z. 13-34) ist möglicherweise nach Z. 17 zu datieren (vgl. oben), immerhin richtete er sich gegen das Kašjari-Gebirge, das Anp. in seinem zweiten Regierungsjahre (882, cf. Ann. I 106 f.) und im Jahr 879 (Ann. II 94 ff.) durchzogen hat. Eine weitere kurze Berührung fand im Jahr 866 statt (Ann. III 109 ff.). Die historischen Fakten sprechen also eher für als gegen eine Zuweisung an Anp. II. gegen Unger, MAOG 6/I-II S. 23 f.

Die zwei Bruchstücke eines Obelisken aus Ninive, AAA 18 pl. XXVI Nr. 1, könnten von Anp. stammen, doch ist die Zuweisung unsicher. Dasselbe gilt für das Reliefbruchstück AAA 19 pl. LXII Nr. 7, wo in Z. 2' [. . .] ⌞KUR⌟ *Kaš-ši-*[*i* . . .] zu lesen ist, vgl. Ann. III 17.

Ebenfalls unsicher ist die Zuweisung der von Thompson, *Iraq* 4, 44 ff. publizierten Steinbruchstücke (eines Obelisken?). Ein zusammenhängender Text läßt sich aus den geringen Resten nicht gewinnen.

u Die Hauptgruppe der Inschriften Anp. aus Ninive bilden die Bauinschriften, von denen zunächst die auf Steinplatten behandelt werden sollen.

Eine umfangreiche Bauinschrift vom Ištar-Tempel, die aus zahlreichen Fragmenten rekonstruiert wurde, ist AAA 19 pl. LXXXV-LXXXVII Nr. 272, bearbeitet von Thompson, ibid. S. 107-112.

Die Inschrift ist wie folgt aufgebaut:
Name und offizielle Titulatur des Königs (Z. 1)
Epitheta (Z. 2-10)
Legitimationspassus (Z. 10-12a)
weitere preisende Phrasen (Z. 12b-16)
Filiation und Epitheta der Vorgänger (Z. 17-19a)
Übersicht der eroberten Gebiete (Z. 19b–27)
Expedition in das Land Meḫri (Z. 28-30)
Baubericht vom Ištar-Tempel in Ninive (Z. 30-37)
Anrede an den späteren Fürsten, Segens- und Fluchformeln (Z. 38-43)

Ein Vergleich mit dem Aufbau der Standard-Inschrift aus Kalaḫ (s. oben, k) und den mit ihr verwandten Texten zeigt, daß auch die Bauinschriften aus Ninive sich im wesentlichen an dieses Schema halten. Was speziell den vorliegenden Text heraushebt, ist die in Z. 28-30 geschilderte Expedition in das Land Meḫri, die einen Auszug aus Ann. III 91 f. darstellt. Die übrigen Bestandteile sind, wenngleich nicht immer vollzählig, auch in den Bauinschriften aus Kalaḫ vorhanden, vgl. oben, k-q.

Z. 2f.: vgl. Standard-Inschrift (AKA S. 212ff.) Z. 2. — Z. 3: cf. Seux, ERAS S. 127; vgl. auch Stummer, AfO 13, 320. — Z. 5: LU.GAL *mātāti*(KUR.KUR) steht für *šar*(LU=GAL) *mātāti*, cf. Seux, ERAS S. 316 mit Anm. 263 und RA 63, 180, 15. — Z. 8: cf. Ann. I 39. — Z. 9: cf. Seux, ERAS S. 46 unten. — Z. 15: vgl. Ann. I 49, II 40f. — Z. 16: cf. Borger, EAK I S. 53 Anm. 3; AHw 50b s. v. *andullu*. — Z. 17-19 entsprechen fast wörtlich Ann. I 28b-30a. — Z. 35: *ištu uššē*(URU$_4$)*-šu*. — Z. 36: cf. CAD A/II 239a. — Z. 40: nach Anm. 34 auf pl. LXXXVII zu rekonstruieren: *k*[*iš-šu*]*-te u e-tel-lu-*[*t*]*e l*[*i-ir*]*-ta-du-šu/šú*. — Z. 42: Die Ergänzung Thompsons [*ina ašar šûmi*](*i*) ist grammatikalisch nicht möglich. Es wäre zu überprüfen, ob der eben zitierte Passus auf einem Textvertreter erhalten ist, der am Anfang der Zeile einzuordnen wäre, parallel zu *šumī* (MU-*i*) *ša*[*ṭra*](S[AR]); dann wäre am Ende der Zeile die Lücke zu streichen und zu lesen: *šá šumī*(MU-*i*) *šaṭ-ra*/S[AR] *i-pa-ši-ṭu-ma šum*(MU)*-šú i-šaṭ-ṭa-ra* usw.

Ein weiterer, von Thompson nicht identifizierter Textvertreter ist das Bruchstück AAA 18 pl. XX Nr. 43 (= Z. 17-19).

Mit dem eben behandelten Text eng verwandt ist Le Gac, *Aššur-naṣir-aplu* S. 196 ff., auch Layard, ICC 81 A (s. Borger, HKL I S. 299). Zu *sangu* „Bergweg" (Z. 5) vgl. Deller, OrNS 37, 466 und Thompson, AAA 19, 110.

Für weitere Fragmente, die Duplikate oder Paralleltexte zu AAA 19 Nr. 272 sind, vgl. Thompson, AAA 19, 112.

v Gleichfalls vom Ištar-Tempel in Ninive stammt die Bauinschrift *Archaeologia* 79 pl. XLI Nr. 4-10, bearbeitet von Thompson, ibid. S. 118, und AAA 18 pl. XVIII Nr. 22-23, vgl. Weidner, AfO 7, 280a. Zur Einordnung der einzelnen Textvertreter s. Borger, HKL I S. 536. Der Text ist weitgehend nach AAA 19 Nr. 272 zu ergänzen. Er ist etwas kürzer gefaßt und zeigt Abweichungen in den Fluchformeln am Ende der Inschrift (lies in Nr. 9 Z. 4': [... *erreta*] *ma-ru-*[*ul-ta* ...], vgl. Mon. (AKA S. 252) V 91 ff.).

AAA 19 pl. LXXXIX Nr. 305 ist eine Bauinschrift vom Ištar-Tempel, vgl. Thompson, ibid. S. 113. Vorder- und Rückseite sind zu vertauschen. Die Vs. (!) ist ergänzbar nach AAA 19 Nr. 272 Z. 21-23. Der Baubericht der Rs.(!) dürfte identisch sein mit dem von AAA 18 Nr. 9 usw., s. sogleich.

AAA 18 pl. XVII Nr. 9 ist eine Inschrift vom Ištar-Tempel, die neben Titulatur und Filiation einen mit AAA 19 Nr. 305 (s. oben) übereinstimmenden Baubericht enthalten dürfte. Das Duplikat AAA 19 Nr. 304 (cf. Borger, HKL I S. 526) berichtigt Thompsons Rekonstruktion von AAA 18

Nr. 9 und 10, womit die Bedenken gegen die Duplizität dieser beiden Texte entfallen. Zur Schreibung *gaba-dip-pi-šú* in AAA 18 Nr. 9 Rs. 4' vgl. ibid. Nr. 56 Z. 3': [... *ga*]*ba-dip-pi*(!)-*šú*. Auch dieses kleine Fragment dürfte von Anp. stammen, vgl. hh.

AAA 19 pl. LXXXIX Nr. 306 bildet wohl einen indirekten Join mit *Archaeologia* 79 Nr. 2 (Borger). Der Text ist eine Votivinschrift für Ištar, vgl. Thompson, AAA 19, 113 und Seux, ERAS S. 208 Anm. 245.

Übersetzung: (1) Assurnasirpal, der mächtige König, [König (...) des Landes] Assur, Auserwählter deines Vaters (2) Ellil, dessen Worte [..., der] beschwerliche Wege, das Gefüge (3) mächtiger Berge [durchzog(?) ...], und dessen Hand alle ihm Unbotmäßigen (4) erfaßte [...] ... Ištar (5) ... [...].

Z. 1f.: vgl. die Epitheta *nišīt* ^{d}*Ellil u* ^{d}*Ninurta* und *nišīt* ^{d}*Ellil*[1]. — Z. 2: vgl. etwa Ann. I 5? Vgl. ferner AAA 19 Nr. 272 Z. 5. — Z. 2f.: vgl. IAK S. 114 Z. 31; ITn S. 2 II 11f., wo ebenfalls [*ḫuršāni*] zu ergänzen sein dürfte. — Z. 3f.: vgl. Ann. I 39.

Eine Bauinschrift vom Ištar-Tempel könnte auch AAA 19 pl. LXXVII Nr. 182 sein, vgl. Thompson, ibid. S. 113.

Vs. 2': [... *bīt* ^{d}*Ištar ša* ^{URU}*Ni-na*]-⌞*a*⌟ *bēlti*(NIN)-[*ja* ...], vgl. AAA 19 Nr. 272 Z. 31. — Vs. 5': lies [*ašaršu ú-m*]*e-s*[*i* ...]. — Rs. 3': [... *gab*]*a-dib-b*[*i-šu*]. — Rs. 4': [*ar-ṣip*] *ú-šak*-[*lil* ...].

Unsicher ist die Zuweisung des Steinfragmentes AAA 19 pl. LXXXIII Nr. 265, das die Anfänge von zehn Zeilen enthält.

w *Archaeologia* 79 pl. XLII und S. 119 Nr. 17 mit den Duplikaten ibid. Nr. 34 (cf. Weidner, AfO 7, 280a) und AAA 18 pl. XVII Nr. 8 (vgl. ibid. Nr. 6, wo die Titulatur abweicht, und Thompson, AAA 19, 112) stammt vom Palast Anp. in Ninive. Der Text enthält Titulatur, Filiation und die Übersicht der eroberten Gebiete, die AAA 19 Nr. 272 Z. 19 ff. entspricht.

Vom Viehhof des Palastes ist eine Inschrift erhalten, deren ausführlichstes Exemplar von Nassouhi, MAOG 3/I-II S. 10 f. Nr. III veröffentlicht wurde. Kürzere Exemplare sind Le Gac, *Aššur-naṣir-aplu* S. 202 4 A, Duplikat hierzu Böhl, MLVS III S. 4 f., und schließlich Le Gac S. 202 f. E. 398. Der Inhalt besteht aus Titulatur, Filiation und dem Vermerk „vom Viehhof des Palastes".

x Im Bereich des Nabû-Tempels in Ninive wurde ein Fragment gefunden, das in *Archaeologia* 79 pl. XLII und S. 119 mit Anm. 1 Nr. 22 veröffentlicht wurde. Der Text enthält einen Teil der Übersicht der eroberten Gebiete.

Archaeologia 79 pl. XLII und S. 119 Nr. 23 wurde ebenfalls im Nabû-Tempel gefunden. Vorder- und Rückseite sind zu vertauschen.

---

[1] Die Belege sind bei Seux, ERAS S. 208f. mit Anm. 246 zu finden.

Vs.(!) 1': [... ŠA]GINA [...], vgl. AAA 19 Nr. 272 Z. 18. — Vs.(!) 2': [... *l*]*a ma*-[*gi-ri-šu* ...], vgl. ibid. Z. 19. — Rs(!) 1': [... KUR].KUR <*Na*>-*i*-[*ri* (??) ...], vgl. ibid. Z. 22. — Rs(!) 2': [...] KUR *S*[*u*(!)-*ḫi* ...], vgl. ibid. Z. 23. — Rs.(!) 3' [... *ana* GÌR].MEŠ-*j*[*a* ...]. vgl. ibid. Z. 23. — Rs.(!) 4': [... U]RU(!) *Gíl-za-ni* [...].

y Unsicher ist AAA 18 pl. XIX Nr. 38, doch vgl. zu Z. 2' AAA 19 Nr. 272 Z. 8 und zu Z. 3' AKA S. 214 Z. 4.

Belanglos ist das Fragment *Archaeologia* 79 pl. XLII Nr. 25. Vgl. Thompson, ibid. S. 119 Anm. 1.

Mit einiger Sicherheit Anp. zuzuschreiben ist *Archaeologia* 79 pl. XLII und S. 120 Nr. 42. Die Zeilenreste der Rs. können nach AAA 19 Nr. 272 Z. 30-33 ergänzt werden.

Rs. 1': [...] *b*[*īt* ...]. — Rs. 2': [... ^{URU}]*Ni-n*[*a*(?)-*a* ...]. — Rs. 3': [... ^{md}*Šam-ši*]-^{d}*Adad* (IŠKUR) [...]. — Rs. 4': [... *a-lik pa-ni*]-*ja* [...]. — Rs. 5': [... *i*]-*na* [...]. Die Lesung von Vs. 2' und 4' bleibt jedoch unklar.

Hierher gehört wohl auch K. 8549, eine zweizeilige Inschrift auf einem Alabastergefäß, die Bezold, Cat. III S. 938 kopiert hat.

z Inschriften Anp. auf Tontafeln sind selten, zudem wohl spätere Abschriften.

Nicht ganz sicher ist dies freilich bei K. 4526 (Le Gac S. 194 f.) + 82-5-22, 499 (unpubliziert, cf. Winckler, OLZ 1, 70). Ein weiteres Fragment dieser Tafel ist K. 13835. Eine Bearbeitung dieses Textes durch den Verfasser ist in Vorbereitung. Die Kopie von Le Gac ist an mehreren Stellen unrichtig; für Z. 3' vgl. Bezold, Cat. II S. 639.

Ohne auf Einzelheiten eingehen zu wollen, sei gesagt, daß der Text in der Übersicht der eroberten Gebiete von den Fassungen abweicht, die sonst aus Kalaḫ, Ninive oder Assur bekannt sind. Daß der Text, oder die Vorlage dazu, aus Kalaḫ stammt, scheint mir sicher wegen des Berichtes vom Wiederaufbau der Stadt Kalaḫ, der auf dem unpublizierten Zusatzstück 82-5-22, 499 Rs. 2 ff. enthalten ist.

Ein weiteres unpubliziertes Fragment mit einer Inschrift Anp. ist K. 13656. Es enthält einen Teil der Übersicht der eroberten Gebiete. Eine Bearbeitung durch den Verf. ist vorgesehen.

K. 2763, kopiert von Le Gac, *Aššur-naṣir-aplu* S. 193 f. und übersetzt von Luckenbill, ARAB I § 548-549, ist demgegenüber mit Gewißheit eine spätere Abschrift. Dies geht aus Rs. 1' hervor: *ištu*(TA) *muḫḫi*(UGU) *ṣalam*(NU) *šarri*(MAN) *ša šiddi*(ÚS) ^{íD}*ḫi-rit ša* ^{URU}[...] „von einem Bildnis des Königs an der Seite des Stadtgrabens der Stadt [...]". Der Text beginnt mit einer Invokation von Göttern (Vs. 1-6), läßt in Vs. 7-12a Namen und Epitheta des Königs folgen, worauf sich in Vs. 12b-14 ein Legitimationspassus anschließt. Vs. 15-16 leiten über zu der nicht mehr erhaltenen Übersicht der eroberten Gebiete. Der Aufbau ähnelt dem der Babil-Stele (s. oben, b), des Mon. (Kol. I) und des Mon. Kurkh. Für entsprechende Einleitungen bei den Vorgängern Anp. vgl. oben, Kap. I x.

Vs. 1: zu erg. nach Mon. I 1. Die Schreibung AN.ŠÁR statt der zu dieser Zeit gebräuchlichen *Aš-šur* zeigt, daß es sich um eine spätere, keinesfalls kontemporäre Abschrift handeln muß. — Vs. 2: zu erg. nach Babil-Stele (Hawkins, AnSt 19, 111ff.) Z. 3. Danach auch zu ^{d}EN.<LÍL> zu verbessern. — Vs. 3: zu erg. nach Mon. I 3f. — Vs. 4: zu erg. nach Babil-Stele Z. 6, also *ḫé*(!)-*g*[*ál-li* ...]. — Vs. 5f.: zu erg. nach Mon. I 9 und 11. — Z. 7-12: Duplikat zu Ann. I 18b-21, danach zu ergänzen. — Z. 13: cf. Seux, ERAS, Additions et Corrections zu p. 289. — Z. 14: cf. Seux, ERAS S. 338 Anm. 19 und vgl. AAA 19, 108 Nr. 272 Z. 11. — Z. 16: vgl. Standard-Inschrift (AKA S. 212ff.) Z. 2bff.

Aus Ninive stammt auch die Sammeltafel K. 2838, kopiert von Le Gac, *Aššur-naṣir-aplu* S. 169 f. Vs. 1'-11' ist Duplikat zu KAH I 25, s. unten, ii. Vgl. auch EAK I S. 111 und 133.

Titulatur und Filiation Anp. finden sich auf dem Kolophon von K. 14884, Oppenheim, *Dreams* S. 322.

aa Die Bautätigkeit Anp. in Ninive ist aus einer großen Anzahl von Tonknäufen ersichtlich, deren Inschriften vor allem den Bau des Ištar-Tempels E-maš-maš zum Gegenstand haben. Dazu gehört auch die mit 19 Zeilen umfangreichste Tonknauf-Inschrift aus Ninive, Tompson, AAA 19, 100 ff. Der Text ist aus zahlreichen Fragmenten rekonstruiert; im einzelnen läßt er sich aus folgenden Bruchstücken wiederherstellen:

AAA 19 Nr. 95 (Borger, HKL I S. 527 und Thompson, AAA 19, 100 Anm. 2 und 9)
AAA 19 Nr. 96, 97, 98, 121, 124, 131, 178, 221;
AAA 19 Nr. 230 (Borger, HKL I S. 527, vgl. Thompson, AAA 19, 100 Anm. 11)
Archaeologia 79 Nr. 122 P (s. Borger, HKL I S. 527). Nicht hierher gehören dagegen folgende Bruchstücke:
AAA 19 Nr. 85 (gegen Thompson, AAA 19, 100 Anm. 13 und 15)
AAA 19 Nr. 86, 87, 90, 125 (gegen Thompson, ibid. Anm. 19)
AAA 19 Nr. 122, 136, 179, 223 (vgl. Borger, HKL I S. 527 und unten, Kap. V m)
AAA 19 Nr. 123 (gegen Thompson, ibid. Anm. 1)
AAA 19 Nr. 126 (vgl. Seux, ERAS S. 208 mit Anm. 248 und unten, ee)
AAA 19 Nr. 247 (gegen Thompson, ibid. S. 100)

Diese Inschrift folgt in ihrem Aufbau der oben, u, behandelten Steininschrift vom Ištar-Tempel in Ninive. Der Unterschied besteht in gewissen Kürzungen bzw. Abwandlungen im Detail sowie dem Fehlen des Legitimationspassus und der Meḫri-Episode. Ausgelassen ist ferner der in Nr. 272 vorhandene Einschub weiterer Epitheta nach der Filiation, so daß die Übersicht der eroberten Gebiete unmittelbar anschließen kann. Der Baubericht — hier mit einer etwas anderen Vorgeschichte des Bauwerks — und die Anrede an den späteren Fürsten bleiben im Rahmen des Erwarteten. Die Gliederung sieht also wie folgt aus:

Titulatur (Z. 1)
Epitheta (Z. 1-6)

Filiation (Z. 6b)
Übersicht der eroberten Gebiete (Z. 7-14a)
Baubericht (Z. 14b-16)
Anrede an den späteren Fürsten, Segens- und Fluchformeln (Z. 17-19)

Dieses Schema, oder Teile davon, findet auch in den übrigen Tonknaufinschriften aus Ninive Anwendung. [s.s. 141]

bb Eine kürzere Bauinschrift vom Ištar-Tempel wurde publiziert von King, AKA S. 158 f., Nr. 2. Sie enthält nur Titulatur und Filiation (Z. 1) sowie unmittelbar daran anschließend den Baubericht (Z. 2-4). Kopien finden sich bei G. Smith, III R 3 Nr. 10 und Le Gac, *Aššur-naṣir-aplu* S. 200, eine Übersetzung bei Luckenbill, ARAB I § 544-545. Das von King, AKA S. 158 Anm. 3 unter anderen erwähnte Duplikat 56-9-9, 152 ist jetzt zusammengeschlossen mit 56-9-9, 159, vgl. Streck, ZA 19, 258 und Schott, *Vorarbeiten* S. 27. Für 56-9-9, 157 = G. Smith, III R 3 Nr. 2, zitiert von King, AKA S. 159 Anm. 1 vgl. EAK I S. 145.

Duplikate sind: *Archaeologia* 79, Nr. 122 J; AAA 19 Nr. 81 (Borger, HKL I S. 526), 93, 99 (Z. 4!), 114, 115 (Z. 1 f.) und 168 (?). Verwandt ist *Archaeologia* 79, Nr. 122 G (Borger, HKL I S. 537).

Z. 3: lies *eli*(UGU) *maḫ-re-e ú-šá-*[*tir*], vgl. AAA 19, 110 Nr. 272 Z. 36 und öfter.

cc Eine vierzeilige Inschrift mit Titulatur und Filiation (Z. 1-3) sowie einer kurzen Mitteilung über den Bau des Ištar-Tempels (Z. 4) ist auf zahlreichen Tonknaufbruchstücken erhalten. Es handelt sich um folgende Exemplare: *Archeaologia* 79 Nr. 122 H (Borger, HKL I S. 526), Duplikat hierzu AAA 19 Nr. 82(!); *Archaeologia* 79 Nr. 122 Q (Borger, HKL I S. 526); AAA 19 Nr. 19, 39(?), 45-47, 50, 51, 53-56, 60(?), 61, 64, 69, 72, 75, 77-80, 176, 231, 258 und 259. Für AAA 19 Nr. 81 s. oben, bb. Bearbeitung: Thompson, AAA 19, 100.

Titulatur und Filiation wie im eben behandelten Text und der Vermerk „Besitz des Ištar-Tempels in Ninive" ist der Inhalt der vierzeiligen Inschrift auf Tonknäufen, die Thompson, AAA 19, 99 als Nr. 2 bearbeitet hat. Zu den von Thompson genannten Textvertretern ist Nr. 30 nachzutragen, vgl. Borger, HKL I S. 526. Nr. 31 enthält eine etwas abweichende Titulatur (Z. 2').

dd Eine fragmentarische Tonknaufinschrift vom Adad-Tempel in Ninive ist Thompson, AAA 19 Nr. 148, Bearbeitung ibid. S. 103 Nr. 9. Zur Zuweisung an Anp. vgl. Seux, ERAS S. 93 Anm. 97. Hierher gehören mit einiger Wahrscheinlichkeit noch AAA 19 Nr. 109 (Z. 1-5), 247 (Z. 2-7), Nr. 137 (Z. 3-7) und Nr. 88 (Z. 2'-3' = Z. 4 f.). Nr. 148 enthält Z. 3-9. Nr.

137 und 247 ergeben möglicherweise einen Join, doch ist dies nicht überprüfbar, da sich Nr. 137 nicht im British Museum befindet. Ein Paralleltext ist wohl auch AAA 19 Nr. 103.

Zur Titulatur vgl. Thompson, AAA 19, 99 Nr. 5-18 usw., mit Anm. 3 und 5. Der Text AAA 19 Nr. 103 enthielt in Z. 1 eine abweichende Titulatur. — Z. 4f.: ergänzt nach AAA 19 Nr. 103 Z. 4; vgl. auch oben, aa Z. 7. — Die Übersicht der eroberten Gebiete (Z. 5b-7a) ist kürzer als die in der Inschrift vom Ištar-Tempel (Z. 8ff., vgl. aa), auch ist die Reihenfolge der Aufzählung hier anders. Eine wörtliche Ergänzung ist daher nicht möglich. In AAA 19 Nr. 103 Z. 5 lies: [... GÌ]R(!).MEŠ-*šu*. — Z. 6f.: vgl. AAA 19 Nr. 103 Z. 6: [... *a*]-⌜*di*⌝(!) ⌞*šùl*⌟(!)-*mu*. — Z. 7-9: vgl. oben, aa Z. 14-16 und bb zu Z. 3.

ee Aus Ninive stammen ferner noch folgende Tonknauffragmente, deren Zuweisung an Anp. zum Teil gänzlich unsicher ist:

AAA 19 Nr. 85 enthält in Z. 2'-4' eine Übersicht der eroberten Gebiete; Z. 6' vielleicht: [... *ša* ^{URU}*Ni-nu*]-*a bēltī*(NIN)-[*ja* ...], dann erwartet man in Z. 5' [... *É-maš-m*]*aš bīt*(É) ^{d}*Iš*[*tar*(IN[ANNA)], was jedoch mit der Kopie Thompsons nicht zu vereinbaren ist.

Den Ištar-Tempel erwähnen mit einiger Wahrscheinlichkeit noch AAA 19 Nr. 123 (Z. 2': [... *qāt-s*]*u ik-šu-d*[*u* ...]; Z. 3': [... *bīt* ^{d}]*Ištar* (INANNA) *ša* [^{URU}*Ninua* ...]) und AAA 19 Nr. 223 (Z. 2', *É-maš-m*[*aš*]).

AAA 19 Nr. 128 erwähnt das Bīt-natḫi. Die Fortsetzung des Textes nach rechts könnte AAA 19 Nr. 87 enthalten, doch ergeben die beiden Stücke keinen Join[1].

AAA 19 Nr. 129 enthält Titulatur, Filiation und die Übersicht der eroberten Gebiete. Paralleltext ist wohl AAA 19 Nr. 127, vgl. Borger, HKL I S. 527. Nr. 127 Z. 5' [...] ^{GIŠ}*e*(!)-*ri*-[*ni* ...]; Fortsetzung nach links auf Nr. 129 Z. 7, vgl. Ann. III 90. Nr. 129 Z. 9 ist mir unverständlich, sollte am Anfang der Zeile [... *bīt n*]*a-at*(!)-*ḫi* zu lesen sein? In Z. 10 lies: [... *ālik p*]*a-ni*-[*ja* ...].

AAA 19 Nr. 89 enthält Teile der Titulatur und der Übersicht der eroberten Gebiete.

AAA 19 Nr. 108 erwähnt in Z. 3' [... ^{m}]*Adad*(U)-*nērā*[*rī*(ERÍN.G[AB) ...].

AAA 19 Nr. 126 enthält in Z. 1-6 Titulatur und Filiation, die Namen sind jedoch nicht erhalten. Vgl. Seux, ERAS S. 208 mit Anm. 248.

Fragmente von Bauberichten sind schließlich AAA 19 Nr. 86, Nr. 90, Nr. 116 (lies in Z. 2': [...] x *it-ti* ^{N}[$^{\mathrm{A4}}$*narê-ja* ...]), Nr. 125 (Z. 1': [... *a-š*]*ar-šu ú-m*[*e-si* ...]; Z. 2': [...] °*ú-šar-riḫ*(!) *e*[*li*(U[GU) ...])[2], Nr. 220 (völlig unsicher) und Nr. 253 (Z. 2': [...] *ak*-[*šud*]; Z. 3': [... *ú-si*]-*im* [fehlt nichts]).

---

[1] Für diese Auskunft habe ich Dr. Sollberger vom British Museum, London, zu danken.

[2] Ein unveröffentlichtes Duplikat hierzu ist BM 128190, cf. Lambert-Millard, Cat. 2nd Spl. S. 53.

ff Nur Titulatur und Filiation enthalten die Tonknäufe *Archaeologia* 79 Nr. 122 C, E, K und L, bearbeitet von Thompson, ibid. S. 134.

Eine dreizeilige Tonknaufinschrift ist King, AKA S. 157 f. Das von Streck, ZA 19, 258 zu dieser Inschrift gestellte Fragment 56-9-9,152 + 159 ist in Wirklichkeit Duplikat zu AKA S. 158 f., wo 56-9-9, 152 allein verwertet ist (vgl. Le Gac S. XX und Schott, *Vorarbeiten* S. 27).

Kopie auch bei Le Gac, *Aššur-naṣir-aplu* S. 203 f.; Übers. Luckenbill, ARAB I § 532. Seither wurden in Ninive zahlreiche neue Duplikate gefunden, die Thompson, AAA 19, 99 Nr. 1 bearbeitet hat. Folgende Textvertreter gehören jedoch nicht hierher: AAA 19 Nr. 30 und 66 (s. Borger, HKL I S. 526), Nr. 82 (s. oben, cc) und vielleicht Nr. 14 (einzeilig? den Zeichenrest am Ende links kann ich nicht deuten). Neu hinzugekommen sind die Exemplare AAA 19 Nr. 135A (?), 163 (?), 167A, 233, 235 (Z. 1': [...] ⌜*apil*⌝ (⌜A⌝) [...]; Z. 2': [... ^{d}B]E SANGA [*Aššur* ...]), 236, 237 ([^{m}*Aššur-naṣir*]-⌜*apli*⌝(⌜A⌝) ⌜GAR⌝ ^{d}BE SANGA [...]), 242 (?).

gg Aus Ninive stammen ferner einige beschriftete Hände aus Ton. Die umfangreichste Inschrift trägt das von King, *Cat. Spl.* S. 75 publizierte Exemplar Th. 1905-4-9,360 = BM 98854, auch Gadd, CT 36 pl. 14; Übers.: Luckenbill, ARAB I § 547. Duplikate sind AAA 18 pl. XX Nr. 58[2] (mehrere Exemplare). Der Text besteht aus Titulatur und Filiation sowie dem Vermerk „Besitz des Ištar-Tempels in Ninive".

Dieser Besitzvermerk fehlt auf der im übrigen gleichlautenden Inschrift (ebenfalls einer Tonhand) AAA 18 pl. XX Nr. 57. Dieses Exemplar ist sehr nachlässig geschrieben.

Nur der Titel „König von Assyrien" erscheint für Anp. und seine beiden Vorgänger in der vierzeiligen Inschrift AAA 18 pl. XX Nr. 55.

Für Tonhände aus Kalaḫ s. oben, r 7.

hh Die Ziegelinschriften aus Ninive:

Vom Ištar-Tempel stammt King, AKA S. 156 f. Nr. 4 (Luckenbill, ARAB I § 546) mit den Duplikaten bzw. Paralleltexten AAA 19 Nr. 289-291, 293, 296; *Archaeologia* 79 Nr. 56 und 57. Weitere unpublizierte Exemplare nennt Thompson, AAA 18, 99 Anm. 1b und 1d.

Den Bau des Ištar-Tempels erwähnt AAA 18 Nr. 26, Paralleltexte ibid. Nr. 29, 33, 56 (Marmor, cf. Borger, HKL I S. 526 und oben, v) und AAA 19 Nr. 299.

Einen Aššur-Tempel in Ninive bezeugt die dreizeilige Inschrift Messerschmidt-Ungnad, VS I Nr. 66.

---

[1] Nicht Nr. 57, wie Borger, HKL I S. 136 und 526 versehentlich angibt.

Vom Bīt-natḫi stammen die Ziegel *Archaeologia* 79 Nr. 58 und AAA 19 Nr. 294.

Als Ziegelinschrift dieses Königs erwies sich Langdon, OECT 1 pl. 29, W.-B. 198, s. Borger, HKL I S. 285.

Weitere, zum Teil fragmentarische Inschriften sind AAA 19 Nr. 292; AAA 18 Nr. 30; *Archaeologia* 79 Nr. 61 (vgl. AAA 18, 99 Anm. 1e) und ibid. Nr. 60. Diese Ziegellegenden enthalten nur Titulatur und Filiation.

ii Aus Assur sind im Gegensatz zu Kalaḫ und Ninive keine Annalentexte von Anp. erhalten. Abgesehen von den kleineren Inschriften besitzen wir nur einige der Standard-Inschrift aus Kalaḫ verwandte Texte.

KAH I 25 ist eine sechszeilige Inschrift auf Orthostatenblöcken. Übers.: Luckenbill, ARAB I § 551; Bearbeitungen: Bezold, SBHAW 1915, 8. Abh. S. 40; Michel, WO 2, 313-316. Ein (von Michel verwertetes) Duplikat ist K. 2838 (Le Gac S. 169 f.) Vs. 1-11[1]. Ein bisher unerkannter Textvertreter ist Assur 17823, Photo bei Andrae, *Stelen* Blatt 2 Abb. 6, vgl. auch ibid. S. 7. Der Text entspricht KAH I 25 Z. 4-6. Weitere Duplikate sind Assur 12696 = Andrae, AAT S. 86 und Assur 11108 = Andrae, AAT S. 88 f. mit Abb. 86 und 87 (Photo), vgl. Schott, *Vorarbeiten* S. 23.

Die Inschrift enthält Titulatur und Filiation (Z. 1) sowie eine Übersicht der eroberten Gebiete (Z. 2-6).

Eine Bauinschrift vom Sin-Šamaš-Tempel enthält das Steinplattenfragment Assur 20371 = KAH II 94, übersetzt von Luckenbill, ARAB I § 552 und bearbeitet von Michel, WO 2, 316-321. Eine Übers. der Rs. auch bei Haller, *Heiligtümer* S. 83 Anm. 157.

Die Vs. enthält noch die Übersicht der eroberten Gebiete. In Z. 4' ist nach KAH I 25 Z. 2 [KUR *Šub-re*]*-e* zu ergänzen. Auf der Rs. folgt in Z. 3'-10'(?) der Baubericht vom Sin-Šamaš-Tempel. Die beiden ersten Zeilen der Rs. könnten das Ende eines Annalenberichtes darstellen („[. . . führte ich] weg, [brachte ich] in meine Stadt Assur", am Anfang der Zeile wohl [. . . *ú-še-ṣ*]*a-a*, vgl. MAOG 6/I-II S. 11 ff. Z. 9). In Rs. 4' wohl besser *ēpuš*[*ūni*](DÙ-[*šu-ni*]).

An den Originalen wäre ferner zu überprüfen, ob das Fragment einer Steinplatte Messerschmidt-Ungnad, VS I Nr. 67 den Anfang bzw. das Ende von KAH II 94 darstellen könnte. Ein direkter Anschluß scheint, auch wenn es sich um ein Stück von demselben Exemplar handeln sollte, nicht möglich. VS I Nr. 67 enthält Titulatur und Epitheta. Zu Vs. 2 cf. Seux, RA 59, 5; zu Vs. 4 vgl. Ann. I 25. Die Rs. enthält ab Z. 5' die Anrede an den späteren Fürsten.

[1] Es handelt sich hierbei um eine Sammeltafel, s. EAK I S. 111 und 133.

jj Zwei Stelen mit Titulatur und Filiation Anp. wurden veröffentlicht von Andrae, *Stelen* S. 12 f. Nr. 6 (Photo Tf. XI, 3) und ibid. S. 19 Nr. 10 (Photo Tf. XIII), cf. Weidner, ITn S. 42 zur Zuweisung. Anp. wäre somit der einzige König, der zweimal in der Stelenreihe in Assur vertreten ist.

Die Grabinschrift Anp. mit Titulatur und Filiation findet sich in mehreren Exemplaren, ein-, zwei- und dreizeilig, auf dem Sarkophag des Königs (= KAH II 95!), auf dem Sockel und zahlreichen Basaltplatten sowie auf der Türe der Gruft (= Haller, *Gräber* S. 180), vgl. auch Andrae, MDOG 54, 41 f. und 43.

kk Ein Tonknauf, der die Filiation bis Aššur-dān II. angibt, wurde publiziert von Andrae, FwA S. 168 Nr. 10b, Photo ibid. Abb. 187. Die von Haller, *Gräber* S. 180 erwähnten Tonknaufbruchstücke aus der Gruft Anp. sind noch unpubliziert.

Eine kurze Inschrift auf einer farbigen Knauffliese findet sich bei Andrae, *Farbige Keramik* Tf. 31 und 32 sowie S. 32a.

Eine dreizeilige Backsteininschrift mit Titulatur publizierte King, AKA S. 155 Nr. 1 = Bezold, ZA 21, 397 mit Anm. 1 (angeblich D.T. 382 weiteres Duplikat). Weitere Duplikate: KAH II 93; Andrae, FwA Tf. XCI, Assur 11652.

ll Ein Loblied auf Ellil und Anp. wurde kopiert von Ebeling, LKA Nr. 64. Der Text ist noch unbearbeitet. Der historische Abschnitt (Vs. 7 ff.) behandelt die Expedition in das Westland, vgl. Ann. III 56 ff. Für einen vergleichbaren Text aus der Zeit von Tukulti-Ninurta I. s. EAK I S. 73 f.

mm Aus Imgur-Ellil (Balawat) besitzen wir eine Bauurkunde vom Tempel des Mamu auf zwei Alabastertafeln. Sie dürften sich ursprünglich in einem ebenfalls aufgefundenen Steinkasten befunden haben, der auf der Oberseite dieselbe Inschrift, wenngleich gekürzt, aufweist. Vgl. Ellis, *Foundation Deposits in Ancient Mesopotamia*, YNER 2, S. 100 ff.

Unpubliziert ist eine weitere, 1956 gefundene Alabastertafel mit derselben Inschrift, vgl. Weidner, AfO 18, 180.

Der Text wurde publiziert von Budge, TSBA 7, 70-79; Pinches, V R 69-70; King, AKA S. 167 ff.; Le Gac, *Aššur-naṣir-aplu* S. 188 ff. Photos: Budge, *Sculptures* pl. VII,2-IX; Übersetzung: Luckenbill, ARAB I § 535 und 537-539.

Die Inschrift läßt sich wie folgt gliedern:
Titulatur und Filiation (Vs. 1-4)
Übersicht der eroberten Gebiete (Vs. 4-20)
Baubericht (Stadt Imgur-Ellil Vs. 20f., Tempel des Mamu Vs. 22 — Rs. 12)
Anrede an den späteren Fürsten (Rs. 12-16)
Segens- und Fluchformeln (Rs. 17-28). Die Fluchformeln (Rs. 19b-28) fehlen auf dem Steinkasten.

Dieses Schema zeigt, daß der Text in die Kategorie der oben, m-q (Kalaḫ) und u-v (Ninive) behandelten Bauinschriften vom Typ der Standard-Inschrift gehört.

Vs. 20: cf. AHw 862b s. v. *piḫātum*. — Vs. 22: cf. Borger, *Asarhaddon* S. 106. — Rs. 1: der Name des Gottes ist ᵈ*Ma-mú* zu lesen, vgl. Deimel, *Pantheon*² S. 69 Nr. 639,36; Tallqvist, AGE S. 359. — Rs. 27ff.: vgl. oben, o, zu V 15f. für die Parallelstellen.

Die Bronzebeschläge der Türen, die in Rs. 7 der Inschrift erwähnt werden, sind bei den Ausgrabungen zum Teil wiedergefunden worden. Die Inschriften auf diesen Beschlägen gibt King, *Bronze Reliefs* pl. LXXVIII-LXXX und S. 35 f., Übers.: Luckenbill, ARAB I § 540-543. Erhalten sind Titulatur und Filiation sowie zwei teilweise zerstörte Beischriften zu den Reliefs.

Bruchstücke von Beschlägen eines anderen Tores wurden 1956 gefunden, vgl. Weidner, AfO 18, 180. Sie sind unpubliziert. Vgl. auch Barnett, *Proceedings of the 26th International Congress of Orientalists*, New Delhi 1964, Vol. II (New Delhi 1968) S. 25.

Vielleicht aus Balawat stammt ein Altar mit vierzeiliger Votivinschrift an Ellil, bearbeitet von Strong, JRAS 1891, 157 ff., King, AKA S. 160 und Nassouhi, RA 22, 88 ff. Übers.: Luckenbill, ARAB I § 535 f. Vgl. noch Gadd, *Stones* S. 130 und Tallqvist, AGE S. 237 (zu Z. 1). Photo: Budge, *Sculptures* pl. VII, 1.

nn Zwei kleine Tafeln, die eine aus Gold, die andere aus Silber, beide mit derselben Inschrift versehen, wurden publiziert von Bottéro, *Semitica* 1, 25 ff. Der Herkunftsort ist mit Sicherheit Apqu, s. Stephens, JCS 7, 73 f. Demnach bildeten sie den Inhalt der beschrifteten Steinkassette (s. oben, m), die in Apqu gefunden wurde. Weitere Literatur: Thompson, *Archaeologia* 79, 109 Anm. 1; Lewy, OrNS 21, 8; v. Soden, OrNS 24, 184 (mit Borger, HKL I S. 35 kaum richtig) und Ellis, *Foundation Deposits* S. 100.

Die Inschrift beginnt mit Titulatur und Filiation (Z. 1-3). Die Übersicht der eroberten Gebiete ist zu einer pauschalen Wendung zusammengedrängt („von Sonnenaufgang bis Sonnenuntergang", Z. 4-6). Die Deponierung der Tafeln im Fundament des Palastes vertritt den zu erwartenden Baubericht (Z. 7-9). Die Rs. (Z. 10-18) enthält die Anrede an den späteren Fürsten, Segenswünsche (Z. 11 f.) und Fluchformeln (Z. 12-18). Die Abweichungen vom Schema der Bauinschriften sind gewiß damit zu erklären, daß das kostbare Material nicht in beliebiger Menge verfügbar war, so daß eine gewisse Knappheit des Ausdrucks geboten schien.

oo Zum Abschluß unserer Übersicht der Inschriften Anp. sollen hier noch die unpublizierten Texte genannt werden, soweit sie in der Literatur erwähnt werden.

Aus Nimrud stammt ein Entengewicht Anp., vgl. Mallowan, *Nimrud* I S. 338 (ND. 2505). Vgl. auch Mallowan, *Iraq* 15, 36.

Eine Übersicht der unpublizierten Texte aus Ninive im British Museum gab Streck, ZA 19, 258. Einige davon wurden mittlerweile von Le Gac publiziert, so daß von Strecks Aufzählung noch folgende Texte verbleiben:

K. 2336, vgl. Winckler, OLZ 1, 60 (dort fälschlich als 2663 aufgeführt)
K. 4526, verwertet bei Le Gac, *Aššur-naṣir-aplu* S. XIX, ist nach Winckler, OLZ 1, 70 und 76 zusammengeschlossen mit 82-5-22,499; vgl. oben, z.
K. 4529, vgl. Winckler, OLZ 1, 70.
K. 13835, vgl. Winckler, OLZ 1, 73
BM 56-9-9,176
BM 81-2-4,184, vgl. Winckler, OLZ 1, 73
BM 56-9-9,159+152, vgl. oben, bb.

Von den bei King, Cat. Spl. S. 230 genannten Texten sind unpubliziert:

K. 15273
Ki. 1904-10-9,158 könnte auch eine Inschrift von TN. II. sein.
Th. 1905-4-9,60
Th. 1905-4-9,61

Auch das Second Supplement von Lambert und Millard nennt (S. 95) eine große Anzahl von Tonknäufen Anp., von denen die folgenden unpubliziert sind:

BM 121131, 121143, 128157, 128158, 128163, 128166, 128167, 128168, 128169, 128172, 128175, 128176, 128180, 128181, 128182, 128183, 128187, 128188, 128190 (vgl. oben, ee), 128193, 128196, 128197, 128205, 128206, 128210, 128211, 134813.

D. T. 382 (Nummer wohl unrichtig) ist nach Bezold, ZA 21, 397 Anm. 1 Duplikat zu King, AKA S. 155 Nr. 1.

Auch aus Assur sind mir einige unveröffentlichte Texte bekannt geworden:

Ass. 22939, 22952, 22971, Zuweisung unsicher, erwähnt bei Haller, *Heiligtümer* S. 82.
Bruchstücke von Tonknäufen (Fund-Nr. nicht genannt) aus der Gruft Anp. erwähnt Haller, *Gräber* S. 180.
Ein kurzes Zitat aus einer Inschrift Anp. findet sich EAK I S. 73, VAT 9638.
Fragmente einer „Lamassu-Figur" Ass. 346 (MDOG 21, 17), 349+370 (MDOG 21, 16f.), 350 (MDOG 21, 17) und vielleicht Ass. 7341 (unbeschrifteter Lamassu-Kopf, vgl. MDOG 29, 41) wurden von den Ausgräbern unserem König zugewiesen.
Eine Emailfliese Anp. ist Ass. 28, übersetzt MDOG 20, 21; vgl. auch MDOG 21, 11.
Inschriften Assurnasirpals auf Steinblöcken sind Ass. 35 (Übers. MDOG 20, 21), 328 (MDOG 21, 16; Zuweisung unsicher), 347 (MDOG 21, 16; Zuweisung unsicher).
Für den Ziegelstempel Ass. 123 vgl. MDOG 20, 21 und 25; MDOG 21, 11.
Einen Ziegel (Ass. 17885) erwähnt Weidner, IAK S. 130f Anm. 6

Speiser berichtet in BASOR 40, 11-14 von Ziegelinschriften aus Tell Billah. Ferner erwähnt er ein Prismenbruchstück mit einer Inschrift im Stile Assurnasirpals II., vgl. Weidner, AfO 7, 64 und Speiser, BASOR 41,

19. Da von Anp. jedoch keine Prismen bekannt sind, ist Skepsis angebracht.

Der von Le Gac, *Aššur-naṣir-aplu* S. 202 B, E. 395 kopierte Text stammt von Salm. III., vgl. Schott, *Vorarbeiten* S. 37 und Gadd, AfO 18, 313.

Ebeling, KAR 334, ein Hymnus eines Anp. an Ištar, wird gewöhnlich Anp. I. zugeschrieben, vgl. Borger, HKL I S. 103; unentschieden Seux, ERAS S. 104.

pp Nach dieser Übersicht der Inschriften Anp. wenden wir uns dem Aufbau und der Topik der Texte zu.

Mit einer Invokation von Göttern beginnen Mon. (AKA S. 242 ff., I 1-11), Mon. Kurkh (AKA S. 222 ff., Vs. 1-4), Babil-Stele (Hawkins, AnSt 19, 111 ff., Z. 1-14a) und K. 2763 (Le Gac S. 193 f., Vs. 1-5). Die Götterreihe auf der Babil-Stele wird später von Salm. III. auf dem Schwarzen Obelisken wörtlich übernommen. Am kürzesten ist dieses Element auf dem Mon. Kurkh, wo nur Assur, Adad, Sin, Šamaš und Ištar ohne weitere Epitheta aufgeführt werden. Da auch K. 2763 den Text einer Stele enthält (vgl. oben, z), ist diese Einleitung ausschließlich auf diesen Inschrifttypus beschränkt, anders als bei den oben, Kap. I x behandelten Fällen. Da von Anp. jedoch keine kontemporären Tontafelinschriften erhalten sind, darf diese Beobachtung nicht überbewertet werden. Vor allem das Fehlen größerer Assur-Texte fällt hierbei ins Gewicht.

An die Stelle einer Invokation mehrerer Götter tritt in einigen Inschriften ein Hymnus an eine Gottheit, nämlich Ninurta (Ann. I 1-9a, vgl. auch oben, d zur Stelle), Bēlat-māti (Le Gac S. 181 ff., I 1-7a) und eine unbekannte Gottheit (Le Gac S. 195 f.; s. oben, q). In diesen drei Fällen bestehen Übereinstimmungen in dem Abschnitt, der von dem Hymnus zur Titulatur des Königs überleitet, s. im einzelnen oben, o und q.

In diesen Zusammenhang gehört auch die kürzere Anrufung Ellils in LKA 64 Vs. 1-3.

Der Vollständigkeit halber sei hier noch an die Votivinschriften erinnert, die naturgemäß mit einer knappen Anrufung der Gottheit beginnen: AKA S. 160 Z. 1-2 (Ellil); RA 46, 130 Anm. 5 Z. 1 (Šarrat-kidmuri = Bēlat-māti) und AAA 19 Nr. 306 Z. 1 (Ištar).

qq Auf diese Einleitungen folgen Titulatur, Filiation und Epitheta des Königs. Die übrigen Texte (ohne Götteranrufung) beginnen an diesem Punkt. Es erscheint wenig sinnvoll, hier alle Stellen zu nennen, an denen Titulatur, Filiation oder Epitheta belegt sind. Statt dessen behandeln wir nur den betreffenden Abschnitt der Annalen (I 9b-43a), der fast alle vorkommenden Epitheta einschließt.

Den Übergang von dem einleitenden Hymnus an Ninurta zu den Epitheta bildet zunächst in I 9 eine namentliche Nennung des Königs, wobei in den folgenden Zeilen (bis I 12) die 2. Person, also die Anrede an Ninurta, beibehalten wird. Dieser geschickte Anschluß führt dann weiter zu einer Reihe von Aussagen über den König, die durch Relativsätze erweitert sind (I 12 *eṭlu qardu ša* ... bis I 16 *bilassunu imḫuru*) und in I 16b-17a in zwei Nominalsätzen ausklingen, wobei die Stilmittel des parallelismus membrorum und der Alliteration angewandt werden.

Ein neuer, längerer Abschnitt wird eröffnet durch *enūma* „als" (I 17), das zuerst in I 31, weiter in I 38 durch *ina ūmēšūma* „damals" aufgenommen wird, bis schließlich diese lange Periode durch die Wiederholung des Anfangs in I 40 f. neu begonnen und in den Annalenbericht übergeleitet wird. Dadurch werden die rühmenden Aussagen über den König syntaktisch verklammert und die sonst selbständigen Komplexe der Filiation und des Legitimationspassus mit eingeschlossen.

In I 17 und 18 führt sich der König in der 1. Person ein, die aber in den folgenden Einschüben nicht beibehalten wird. Erst in I 31, nach der Aufnahme von *enūma* durch *ina ūmēšūma*, wird wieder die 1. Person verwendet. Somit umfaßt I 17-31 die durch zahlreiche Epitheta erweiterte Titulatur, die der Filiation (I 28-31) üblicherweise vorausgeht. Die Charakterisierung der königlichen Vorgänger durch ihre Epitheta erscheint originell, doch ist es leider nicht möglich, sie auf ihren historischen Gehalt hin zu überprüfen. Auch in Ninive erhielten TN. II. und Adn. II. in der Filiation wörtlich dieselbe Charakterisierung, vgl. AAA 19 Nr. 272 Z. 16-19.

Wie oben erwähnt, wird die in I 17 mit *enūma* begonnene Periode in I 31 weitergeführt: aus dem Munde der großen Götter seien Königtum und Herrschaft an ihn ergangen. Die Eigenschaften, die er somit besitzt, werden in I 32 f. in der Form von Stativen der 1. Person aufgezählt (vgl. auch oben, Kap. I y). In I 32-36 folgen weitere rühmende Phrasen, die sich auf die herrscherlichen und kriegerischen Aspekte des Königtums beziehen. Wie in I 36 nochmals betont wird, sind diese schicksalsmäßigen Eigenschaften aus dem Mund der großen Götter an ihn ergangen. Mit einer speziellen Berufung auf Ištar (I 37) in ihrer Funktion als Kriegsgöttin wird dieser Punkt beschlossen.

In I 38 vollzieht ein weiteres Mal *ina ūmēšūma* mit erneuter Nennung des Königs den Anschluß an den vorhergehenden Passus. Die inhaltliche Anknüpfung bildet der Hinweis darauf, daß Ellil (oben, I 37 f., Ištar) ihm seinen Wunsch erfüllt habe und er dadurch zu Eroberung und Sieg befähigt sei (I 39 f.). Mit denselben Worten wie in I 17 f. beginnt in I 40 ff. schließlich der letzte Teil dieser kunstvoll konstruierten Periode, die insgesamt nur als Vordersatz zu dem in I 42 f. sich anschließenden Hauptsatz dient (*ina tukulti Aššur* ...), der bis I 45 *(adke)* zu verfolgen ist, sich im Annalenbericht jedoch in viele asyndetisch aneinandergereihte Hauptsätze auflöst.

Ein Element dieser Einleitung haben wir bisher nur am Rande erwähnt, nämlich den Legitimationspassus. In den Inschriften der Vorgänger Anp. (s. oben, Kap. I y) kommt diesem Thema jeweils ein eigener Abschnitt zu, was hier nicht der Fall ist. Vielmehr begegnen uns die charakteristischen Wendungen an mehreren Stellen der Einleitung, nämlich I 17b-18a, I 31b, I 36b-38a und I 40b-42. Wir haben oben gesehen, daß gerade diese Stellen die syntaktischen Verstrebungen sind, die das ganze Satzgefüge tragen. Die Idee und der Anspruch, von den Göttern legitimiert zu sein, ist dementsprechend die inhaltliche Grundvorstellung, die die ganze Einleitung durchdringt und trägt. Es besteht kein Zweifel, daß diese Einbettung von Titulatur, Filiation und Epitheta in den Legitimationsgedanken eine nicht nur formale Neuerung darstellt. Wir können vielmehr daraus ersehen, daß der Machtzuwachs Assyriens ein neues, gesteigertes Selbstbewußtsein des assyrischen Königtums hervorgebracht hat. Der politische Erfolg ist zwar durch den speziellen göttlichen Herrschaftsauftrag begründet, doch bedingt dieser auf der anderen Seite wiederum einen Herrschaftsanspruch, der in der weiteren Entwicklung eine universale Ausweitung erfährt. Die ersten Schritte dahin lassen sich in der Annaleneinleitung Anp. erkennen, wenn auch Anspruch und Realität noch weit auseinanderklaffen.

Der Legitimationspassus findet sich in einigen anderen Inschriften Anp. in nicht so dominierender Art wie in den Annalen, sondern auf einen Absatz in der Einleitung der Inschriften beschränkt. Es handelt sich um Texte, die alle viel kürzer als die Annalen sind, so daß hier von vornherein eine knappere Ausprägung der einzelnen Elemente erwartet werden kann. Es sind folgende Stellen:

Mon. Kurkh, Vs. 25f.; AKA S. 189ff., II 5-7, IV 4b-13; Nimrud-Stele Z. 20b-21; AKA S. 212ff. Z. 5-6; AKA S. 177ff. Vs. 14-16; Le Gac S. 195f. Z. 6-7; AAA 19 Nr. 272 Z. 10-12a; Le Gac S. 196ff. Z. 12-13; *Archaeologia* 79, Nr. 4-10 Z. 2-3; Le Gac S. 193f. Z. 14.

rr Im Anschluß an den Legitimationspassus finden wir häufig eine Übersicht der eroberten Gebiete; dieses Element begegnet auch in Inschriften, die auf den Legitimationspassus verzichten und folgt dann auf die Epitheta, die sich an Titulatur und Filiation anschließen. Eine Zusammenstellung der betreffenden Abschnitte in den Inschriften aus Kalaḫ gibt Brinkman, PHPKB S. 390-394. Zur Kritik der von Brinkman, PHPKB S. 393 f. gezogenen Schlüsse s. oben, d, zu Ann. III 84-88. Unter Einschluß auch der nicht aus Kalaḫ stammenden Texte sind folgende Stellen zu nennen:

Ann. II 127b-131a, III 121-125a; AKA S. 189ff. II 7b-III 5; Nimrud-Stele Z. 10-20a; AKA S. 212ff. Z. 6b-12; Le Gac S. 166ff. Z. 3-7; AKA S. 173ff. Vs. 6 — Rs. 8; AKA S. 177ff., Vs. 17-32; Le Gac S. 181ff. III-IV 13; AKA S. 162ff. Vs. 6-18; AKA S. 161 Z. 4-8; AAA 19 Nr. 272 Z. 19b-27; Le Gac S. 196ff. Z. 15-24; *Archaeologia* 79, Nr. 4-10 Z. 6-8; AAA 19 Nr. 305 Vs.(!) 1'-7'; *Archaeologia* 79 Nr. 17 usw. Vs. 1'-11' und Rs. 1'-10'; *Archaeologia* 79 Nr. 22 Vs. 1'-5'; *Archaeologia* 79 Nr. 23 Rs.(!) 1'-4'; Le Gac S. 194f. Z. 4 und 7-13; AAA 19 Nr. 95-98, Z. 8-14a; AAA 19 Nr. 148 Z. 5-7; AAA 19 Nr. 85 Z. 2'-4'; AAA 19 Nr. 123 Z. 1'-2'; AAA 19 Nr. 129 (// Nr. 127) Z. 6 und 8; AAA 19 Nr. 89 Z. 5; KAH I 25 Z. 2-6; KAH II 94 Vs. 1'-14'; AKA S. 167ff. Vs. 4-20; *Semitica* 1, 25ff. Vs. 4-6 (gekürzt).

Ein Abschnitt mit weiteren preisenden Phrasen wird in den unten genannten Texten von den zur Titulatur gehörenden Epitheta durch den Legitimationspassus bzw. die Übersicht der eroberten Gebiete getrennt. Die Reihenfolge der einzelnen Elemente ist schwankend; es scheint, als ob die Schreiber einigen Spielraum bei der Komposition der Texte hatten. Die Stellen sind:

Ann. III 25b-26a (Zitat aus einer nicht erhaltenen Inschrift?); III 126-132; AKA S. 189ff. III 6-IV 4; AKA S. 212ff. Z. 12-14a; Le Gac S. 165 oben; AKA S. 177ff. Vs. 32-Rs. 6; Le Gac S. 195f. Z. 8 (Stative); AAA 19 Nr. 272 Z. 12b-16; *Archaeologia* 79 Nr. 4-10 Z. 3b-5a; Le Gac S. 193f. Z. 15f.

ss Für die annalistischen Berichte ist naturgemäß die große Annaleninschrift aus Kalaḫ die Hauptquelle, daneben der Mon. Kurkh, soweit er nicht Duplikat zu den Annalen ist. Einige weitere Inschriften enthalten kurze Auszüge aus den Annalen:

AKA S. 189ff. IV 14-39; Le Gac S. 177ff. Z. 25-33; AAA 19 Nr. 272 Z. 28-30; Le Gac S. 194f. Z. 5-6 und 14; AAA 19 Nr. 129 Z. 7 // Nr. 127 Z. 5'; KAH II 94 Rs. 1'-2' (?); LKA 64 Vs. 7-Rs. 11.

Ein gegenüber dieser Gruppe eigenständiger Annalenbericht ist der des Weißen Obelisken (s. oben, t), Z. 3-34.

Im folgenden gebe ich einen Überblick über die wichtigsten Topoi in den Feldzugsberichten (vgl. auch oben, Kap. I aa).

— Der Feldzug erfolgt auf Befehl (mit der Hilfe) Assurs (anderer Götter): Ann. I 42. 70. 76f. 99. 104. II 25f. 50. 65. 103. III 46. 52. 92; AKA S. 189ff. IV 14f.; MAOG 6/I-II S. 11ff. Z. 19f.; Mon. Kurkh Vs. 25ff.

— „mit den erhabenen Kräften" (eines Gottes): Ann. II 27f. 105.

— „meine Streitwagen und Truppen bot ich auf": Ann. I 45. 77. 104. II 26, vgl. II 51. 86; MAOG 6/I-II S. 11ff. Z. 3. 20f., vgl. Z. 24.

— Der Marsch führt durch schwieriges Gelände: Ann. I 45f. 49ff. II 40f. 60f. 62f. 76f. 95f.

— Itinerar-Angaben (*attumuš – aqṭirib – bēdāk*): Ann. II 48. 52ff. 87ff. 92ff. III 1ff.

— Der König unternimmt einen Jagdausflug: Ann. III 48f.; Mon. Kurkh Vs. 33f.

— Der Schreckensglanz Assurs wirft die Feinde nieder; sie fürchten sich, ergeben sich: Ann. I 57. 80f. II 46. 80f. 98f. 113. 119f. III 23f. 46f. 73. 88. 103f.; Le Gac S. 177ff. Z. 26f. 31; LKA Nr. 64 Vs. 14f.

— Der König erhält Tribut: Ann. I 54-56. 57f. 74. 77-79. 94f. 96f. 100f. 106. II 12-14.

21-23. 46f. 52f. 75f. 81. 87. 88. 92. 93. 96f. 99. 101f. 120-125. III 1f. 4. 5. 6f. 8f. 9f. 11. 13. 47. 55f. 57f. 59f. 61f. 63. 65-68. 71. 73-76. 77f. 85-88. 93. 94ff.; AKA S. 189ff. IV 22 – „18"; Le Gac S. 177ff. Z. 26. 29. 31-33; LKA Nr. 64 Vs. 15f.; MAOG 6/I-II S. 11ff. Z. 4f.; Mon. Kurkh Rs. 52f.

— Die Feinde rebellieren: Ann. I 75f. 102f. II 15f. 24. 118. III 27f.

— Sie verweigern den Tribut: Ann. II 50; MAOG 6/I-II S. 11ff. Z. 6f.

— Sie verbünden sich miteinander: Ann. I 112f. II 24f.

— Sie halten ehemals assyrisches Gebiet besetzt; andere historische Nachrichten: Ann. I 100. 102ff. II 84; Mon. Kurkh Rs. 43f. 45f.

— Die Feinde fürchten sich, fliehen: Ann. I 48. 62. II 35. 40. 61f. II 113. III 44.

— Der König verfolgt sie: Ann. I 48f. 63. II 35f. 41. 63f. 65f. 82. 114. III 41.

— Sie kehren um, ergeben sich, werden begnadigt, angesiedelt: Ann. I 66f. 72f. 81. II 9f. 78. 90. 99. III 56. 69. 76f.

— Die Feinde ziehen sich in ein Gebirge (über einen Fluß) zurück: Ann. I 48. 62f. II 16f. 30f. 35. 40. 48f. 62. 68. 82f. 113. III 18f. 40f.

— Sie vertrauen auf ihre Streitkräfte, ihre Festungen: Ann. I 114f. II 16f. 27. III 34-36. 38f. 51f.; MAOG 6/I-II S. 11ff. Z. 15f.

— Kampf, Niederlage der Feinde: Ann. I 51f. 64. 115. II 27f. 55. 66. 70f. 105f. III 17f. 36. 39; MAOG 6/I-II S. 11ff. Z. 28-30.

— Der Rest der feindlichen Truppen geht zugrunde u. a.: Ann. I 53. 64f. II 18. 37. 108. III 36f. 41f. 113.

— Ein Blutbad, Gemetzel wird unter den Feinden angerichtet, sie werden gefoltert, verstümmelt: Ann. I 47f. 52. 53. 61. 64. 71. 107f. 109. 111f. 116 – II 1. 17f. 18f. 20f. 28f. 32. 36. 37f. 41f. 43. 45. 55f. 57. 57f. 58. 66. 71f. 74. 83. 89. 94. 107f. 108f. 109f. 110. 111. 114f. 116. III 21. 30. 32f. 36. 38. 39f. 41. 42. 53. 83f. 98. 106. 107ff. 111. 112f.; MAOG 6/I-II S. 11ff. Z. 30; Mon. Kurkh Rs. 4f. 49. 54.

— Ihre Länder, Städte, Festungen werden erobert, zerstört, geschleift, niedergebrannt: Ann I 46f. 53f. 59-61. 65f. 71f. 107. 110. II 1f. 17. 20. 21. 28f. 31f. 34f. 37. 38. 39f. 42f. 44. 45. 49. 56f. 57. 58. 59. 69f. 73f. 83. 84. 89. 93. 94. 95. 100. 102. 107. 109. 110. 111f. 116. 117. III 19. 23. 30f. 32f. 37f. 38. 44. 52f. 54. 83f. 91. 98f. 100f. 102. 111; AAA 19 Nr. 272 Z. 18f.; MAOG 6/I-II S. 11ff. Z. 4. 21. 31-33; Mon. Kurkh Rs. 3f. 5. 49. 50. 53.

— Das besiegte Gebiet wird geplündert, der König macht Beute: Ann. I 48. 52. 61. 65. 72. 112. 116. II 18. 21. 30. 32. 36. 38. 42. 45. 56. 57. 58f. 62. 64f. 66-68. 84. 89. 95. 108. 111. 115f. 116. 117. III 21-23. 30f. 38. 40. 42f. 53. 98f.; LKA Nr. 64 Vs. 11f.; MAOG 6/I-II S. 11ff. Z. 8f. (vgl. KAH II 94 Rs. 2'!). 34; Mon. Kurkh Rs. 5. 50.

— „machte ich zu einem öden Ruinenhügel": Ann. II 60. 70. 100. 102f. 109. 117. III 103; Mon. Kurkh Rs. 50.

— Der König beschafft sich Bauholz: Ann. III 88f. 90. 91f.; LKA Nr. 64 Rs. 7f; AAA 19 Nr. 272 Z. 29f.; AAA 19 Nr. 129 Z. 7 // Nr. 127 Z. 5'.

— Der König ergreift Besitz von dem Land, der Stadt: Ann. II 8f. III 82f. 101. 107. 113; Mon. Kurkh Rs. 44f. 54.

— Er weiht einen Palast ein: Ann. II 87. 101.

— Er gründet neue Städte, besiedelt verfallene neu: Ann. I 69. II 3ff. 84ff. III 49 .; Mon. Kurkh Rs. 45f.

— Er errichtet eine Stele, deponiert eine Urkunde: Ann. I 68f. 97-99. 104f. II 5-7. 91. III 24-26. 89; Le Gac S. 194 Z. 6; LKA Nr. 64 Vs. 13.

— Er reinigt seine Waffen im Meer, bringt Opfer dar: Ann. III 85. 89; AKA S. 189ff. IV 18-21; LKA Nr. 64 Vs. 21. Rs. 6; MAOG 6/I-II S. 11ff. Z. 35f.

— Er übergibt die besiegte Stadt seinen Magnaten: Ann. I 83.

— Aufzählung von Beutegut oder Tributlieferungen: Ann. I 55f. 57f. 78f. 83-89, 94f. 96f. II 14. 22-23. 64f. 66-68. 75. 88. 92. 93. 96f. 101f. 120-125. III 4. 6f. 8f. 9f. 11. 13. 21-23. 42f. 47. 55f. 57f. 59f. 61f. 63f. 65-68. 71. 73-76. 77f. 85-88. 94ff.; AKA S. 189ff. IV 22-„18"; Le Gac S. 177ff. Z. 29. 31-33; LKA Nr. 64 Vs. 15f.; Mon. Kurkh Rs. 52f.

— Die Besiegten müssen Tribut liefern, Geiseln stellen, Frondienste leisten: Ann. I 56. 67. 73. 95f. II 10-12. 15. 47. 78-81. 90f. 100. III 47f. 56. 64. 69. 77. 104; Le Gac S. 177ff. Z. 27; Mon. Kurkh Rs. 43. 50f.

— Der feindliche König, Fürst (seine Magnaten) werden gefangen, gefoltert, getötet: Ann. I 67f. 81f. 89-93. 108ff.; Mon. Kurkh Rs. 42.

— Das Land wird Assyrien einverleibt, die Bewohner deportiert: Ann. II 31. 33. III 43f. 45f. 53f. 113; Mon. Kurkh Rs. 46f.

— Ein assyrischer Statthalter wird eingesetzt: Ann. I 89. III 104; Mon. Kurkh Rs. 51.
— „meine Machtfülle richtete ich auf" u. ä.: Ann. I 93f. II 112. III 23f. 54; Mon. Kurkh Rs. 51.
— *pâ ištēn ušaškin*: Ann. II 47.
— Votivschenkung von Beutestücken: Ann. III 91f.; MAOG 6/I-II S. 11ff. Z. 11f.

Ein Vergleich mit der Übersicht in Kap. I aa zeigt, daß die Kriegsberichte mit praktisch denselben Worten wie bei den Vorgängern Anp. geschildert werden. Dies gilt vor allem für den Themenbereich der Eroberung und Zerstörung von Städten und das grausame Vorgehen gegen die Besiegten. Soweit sich Abweichungen zeigen, haben sie inhaltliche Gründe, z.B. in der Tatsache, daß die oben behandelten Könige nicht das Mittelmeer erreichten, so daß die entsprechenden Wendungen bei ihnen zwangsläufig fehlen müssen. Hier tritt bei Anp. das Vorbild der älteren Herrscher Tiglp. und Abk. ein. Auch in diesem Punkt wurde auf eine neue Fassung des Themas verzichtet.

Die literarische Neuerung, die sich in der Gestaltung der Einleitung zu den Annalen zeigt, ließ die Kriegsberichte unangetastet. Diese sind konventionell und bleiben im Rahmen der Überlieferung. Positiv ist zu beurteilen, daß die ermüdenden Auszüge aus den Itineraren („brach auf — näherte mich — machte halt und übernachtete") auf ein erträgliches Maß reduziert sind. Dies gilt vor allem für Ann. III 1 ff. im Vergleich zu dem Bericht Tukulti-Ninurtas II. (Ann. Vs. 41 ff.).

tt Die Fürsorge des Königs für sein Land ist das Thema folgender Passagen: Ann. II 7b-11; Mon. Kurkh Rs, 45 f., 47 f.; Nimrud-Stele Z. 78-84 und Z. 100 f. Gegenüber den oben, Kap. I dd, behandelten Stellen wurde bei Anp. die überlieferte Form aufgegeben. Auf ältere Vorbilder geht nur Ann. II 7b-11 zurück, ein Abschnitt, der uns fast wörtlich so schon bei Aššur-dān II. begegnet ist (s. oben, Kap. I cc), und Nimrud-Stele Z. 100 f. Das Vorbild hierfür ist Tiglp. I., vgl. EAK I S. 129.

Die beiden anderen Stellen befassen sich mit der Siedlungspolitik: Nach Nimrud-Stele Z. 78-84 habe der König verfallene Städte neu aufgebaut und besiedelt, ferner ältere Paläste renoviert und Getreidevorräte in ihnen angelegt. In Mon. Kurkh Rs. 45 f. und 47 f. wird dasselbe berichtet, freilich speziell für ein bestimmtes Gebiet.

Aussagen dieser Art sind in gewissem Sinne neu; sie finden sich in den früheren Königsinschriften nur als Einschübe in den Kriegsberichten (z.B. Adn. II., KAH II 84 Z. 36-38), während ihnen bei Anp. mehr allgemeine Bedeutung zuzukommen scheint.

uu Jagdberichte enthalten die Inschriften AKA S. 189 ff. IV 62-76 und Nimrud-Stele Z. 84-94. Diese Stellen entsprechen dem seit Tiglp. I. gültigen Vorbild (vgl. EAK I S. 129 und oben, Kap. I ee). Daneben sind zu nennen Ann. III 48 f. und Mon. Kurkh Vs. 33 f., zwei Jagdepisoden, die in die Kriegsberichte eingefügt sind.

Die Anlage eines Zoos in Kalaḫ erfahren wir aus der Nimrud-Stele Z. 95-100 und aus AKA S. 189 ff. IV 40-„50". Ältere Beispiele kennen wir von Adn. II. (s. oben, Kap. I ee), Abk. und Tiglp. I.

Wie wir aus der Nimrud-Stele Z. 40-52 ersehen, hat Anp. daneben auch einen botanischen Garten angelegt, in dem er zahlreiche Pflanzen aus fremden Ländern ansiedelte. Auch dies hat sein Vorbild bei Tiglp. I., vgl. EAK I S. 130 zu VII 17-27.

Eine Neuerung ist schließlich die Schilderung des großen Gastmahls, mit dem die wiederaufgebaute Stadt Kalaḫ eröffnet wurde (Nimrud-Stele Z. 102-154).

vv Die Bauberichte Anp. zerfallen in zwei Gruppen. Die Bauinschriften aus Kalaḫ unterscheiden sich deutlich von denen aus Ninive und anderen Orten.

Die Bauberichte aus Kalaḫ weichen von den traditionellen Bauinschriften insofern ab, als sie über den Bau eines einzelnen Objektes hinausgehende Maßnahmen überliefern. Sie erwähnen fast alle auch Baumaßnahmen, die mit dem betreffenden Objekt nichts zu tun haben.

Fast alle Bauberichte aus Kalaḫ schildern den Wiederaufbau dieser Stadt (Stellen oben, d zu Ann. II 131 f.) und ihre Besiedlung mit Deportierten (s. oben, d zu Ann. III 133 f.). Den Bericht vom Bau eines Kanals besitzen wir ebenfalls mehrfach, s. oben, g zu V 5-7, wie auch den über die Anlage von Obstgärten (s. oben, g zu V 7-10). Für die Nachrichten über den Bau der Stadtmauer s. oben, g zu V 10-12. Dort sind zu V 12-24 auch die verschiedenen Berichte über den Palastbau gesammelt (vgl. auch oben, j zu Z. 25-32). Die umfassende Bautätigkeit Anp. an den Tempeln ist gleichermaßen mehrfach überliefert, s. oben, d zu Ann. II 132b-135 und j zu Z. 53-78.

Aus Ninive und anderen Orten gibt es folgende Bauberichte:

MAOG 6/I-II S. 11ff. Z. 35f.; AAA 19 Nr. 272 Z. 30-37; *Archaeologia* 79 Nr. 4-10 Z. 9-11; AAA 19 Nr. 305 Rs.(!) 1'-5'; AAA 19 Nr. 182 Vs. 1'-6'; Rs. 1'-4'; AAA 18 Nr. 9-10 Vs. 13(?) — Rs. 6'; *Archaeologia* 79 Nr. 42 Rs. 1'-5'; AAA 19 Nr. 95-98 Z. 14-16; AKA S. 158f. Z. 2-4; AAA 19 Nr. 45-47 Z. 4 (*ša … ēpušma arṣip*); AAA 19 Nr. 148 Z. 7-10(?); AAA 19 Nr. 123 Z. 3'-5'; AAA 19 Nr. 223 Z. 2'-5'; AAA 19 Nr. 128 Z. 2'-6'; AAA 19 Nr. 87 Z. 2'-5'; AAA 19 Nr. 129 Z. 10; AAA 19 Nr. 86 Z. 1'-4'; AAA 19 Nr. 90 Z. 1'-2'; AAA 19 Nr. 125 Z. 1'-2'; AAA 19 Nr. 220 Z. 1'-3'; AAA 19 Nr. 253 Z. 1'-4'; AKA S. 156f. Z. 4-5; AAA 18 Nr. 26 Z. 3-5; VS I Nr. 66 Z. 2-3; KAH II 94 Rs. 3'-10'; AKA S. 167ff. Vs. 20 – Rs. 12; *Semitica* 1, 25ff. Z. 7-9.

Im Gegensatz zu den Bauberichten aus Kalaḫ ist hier nur jeweils ein Bauwerk Gegenstand der Darstellung. Damit bleiben sie im Rahmen der traditionellen Bauinschrift, wie wir sie bereits bei den Vorgängern Anp. kennengelernt haben (s. oben, Kap. I ff). Um dies zu verdeutlichen, betrachten wir den Baubericht vom Ištar-Tempel in Ninive, AAA 19 Nr. 272 Z. 30-37.

Der Baubericht beginnt mit einem durch *enūma* „als" eingeführten Temporalsatz, der über den Standort und die Vorgeschichte des Bauwerks Auskunft gibt. Mit *bītu šuātu* „dieser Tempel (also)" wird der Temporalsatz nach der Unterbrechung durch den Relativsatz wieder aufgenommen (Z. 32) und mit der Feststellung beendet, daß der Tempel alt und baufällig geworden sei. Durch die Weisheit, die Ea ihm verliehen habe (Z. 33 f.), habe der König die Baustelle ausfindig gemacht und den Tempel an dieser Stelle wieder erbaut. Bei diesem inhaltlich neuen Einschub ist es dem Verfasser nicht geglückt, ihn in das Schema zu integrieren. Dies zeigt sich in Z. 34, wo der Bezug etwas abrupt mit *bītu šuātu* als casus pendens wiederhergestellt wird. Die in Z. 35 f. folgenden Termini sind freilich wieder stereotyp. Abschließend erfahren wir, daß der König für die Göttin ein arattäisches É.KÙ (vgl. CAD A/II 239a) geschaffen habe, daß er die Göttin in ihrer Cella habe Platz nehmen lassen und sie dadurch zufriedengestellt habe. Mit der Anrede an den späteren Fürsten endet die Bauinschrift.

Der Text enthält also nur zwei Neuerungen: die syntaktisch nicht ganz geglückte Nachricht von der durch Ea verliehenen Weisheit (Z. 33 f., vgl. übrigens Tiglp. III., II R 67 Rs. 17') und den eben genannten Anschluß Z. 36 f. Der erste Punkt fehlt in den älteren Inschriften, übrigens auch in den anderen Bauinschriften der hier besprochenen Gruppe, während man in Z. 36 f. eine Nachricht über die Deponierung von Urkunden erwartet, wie sie z.B. in AAA 19 Nr. 95-98 am Ende des Bauberichtes steht.

Zusammenfassend läßt sich sagen, daß die Bauinschriften aus Kalaḫ neue Wege beschreiten, da in ihnen die Bautätigkeit an den einzelnen Objekten stets in den Gesamtzusammenhang des Wiederaufbaus der ganzen Stadt einbezogen wird. Dieser Wiederaufbau wird als Einheit dargestellt, eine Absicht, die auch in der feierlichen Eröffnung der Stadt zum Ausdruck kommt. Dadurch verlieren aber die einzelnen Baukomplexe an Bedeutung, so daß auch in den Inschriften nach einem Ausdruck für diese Auffassung gesucht werden mußte. Demgegenüber ist die Bautätigkeit Anp. in Ninive, Assur usw. auf einzelne Objekte beschränkt, wie es auch früher im allgemeinen der Fall war. Damit läßt sich erklären, warum hier die traditionelle, auf die Tätigkeit an nur einem Objekt zugeschnittene Form des Bauberichtes beibehalten wurde.

ww Mit einer Anrede an den späteren Fürsten schließen die folgenden Texte:

Mon. V 24-102; AKA S. 189ff. IV 50-61; AKA S. 177ff. Rs. 27-32; Le Gac S. 181ff. V 13-16; AKA S. 162ff. Rs. 2; Le Gac S. 195f. Z. 18-25; AAA 19 Nr. 272 Z. 38-43; *Archaeologia* 79 Nr. 4-10 Z. 12(?)-14; AAA 19 Nr. 95-98 (s. oben, aa) Z. 17-19; AAA 19 Nr. 223 Z. 6'; AAA 19 Nr. 128 Z. 7'; AAA 19 Nr. 86 Z. 5'; AAA 19 Nr. 90 Z. 3'-4'; AAA 19 Nr. 116 Z. 2'; AAA 19 Nr. 253 Z. 5'; VS I Nr. 67 Rs. 5'-8'; AKA S. 167ff. Rs. 12ff.; *Semitica* 1, 25ff. Z. 10-18.

Weitaus am umfangreichsten ist dieser Passus im Mon. Die Aufforderung, das verfallene Bauwerk zu erneuern, ist nur kurz, ebenso die in Aussicht gestellte Gebetserhörung durch Aššur (V 25 f.). Den Hauptteil nimmt eine lange Aufzählung dessen ein, was nicht mit dem Bauwerk geschehen soll (V 26-47). Wer diese Vergehen vermeidet, wird von den Göttern belohnt werden (V 47-54). Der Abschnitt von V 54-88 nennt eine Reihe von Handlungen, die die Strafe der Götter nach sich ziehen (V 89-102).

In den kürzeren Ausprägungen dieses Themas wird gewöhnlich nur zur Erneuerung des Bauwerks aufgefordert; die Inschriften sollen an ihren Platz zurückgebracht werden. Daran schließen sich meist Segenswünsche und Fluchformeln an.

xx Votivformeln mit der Bitte um langes Leben und Wohlergehen der Nachkommenschaft sowie des Landes enthalten die Texte AKA S. 160 Z. 3-4 und RA 46, 130 Anm. 5 Z. 3 sowie 82-7-14, 1040 Z. 4-6 (unpubliziert, Abschrift Zimmern).

yy Besitzvermerke in Ziegellegenden finden sich bei Le Gac S. 203 C Z. 4; ibid. E Z. 2; VS I Nr. 65 Z. 5; Le Gac S. 202 f. E. 398 Z. 4-5; AAA 19 Nr. 1-4 Z. 4; CT 36, 14 z. 4-5; AAA 19 Nr. 291, 293 Z. 3'; AAA 19 Nr. 294 Z. 2-3(?); *Archaeologia* 79 Nr. 58 Z. 3. Die Notiz lautet entweder *namkūr* ... oder einfach *ša* ... (Name des Bauwerks).

KAPITEL III

SALMANASSAR III. (858-824)

a Die Regierungszeit Salmanassars III. ist einer der Höhepunkte der assyrischen Geschichte. Die Eroberungen greifen weit über das assyrische Kernland hinaus, sogar eine militärische Intervention in Babylonien wird erfolgreich durchgeführt (vgl. Brinkman, PHPKB S. 193 ff.). Erfolge stellten sich im Osten und im Norden ein. Die Bemühungen jedoch, den mächtigen Staat von Damaskus und seine Alliierten zu besiegen, scheiterten trotz immer wieder vorgetragener Angriffe. Dennoch war die Machtbasis Assyriens zu dieser Zeit nicht mehr in Frage gestellt — nur wenig fehlte, daß Assyrien als die Hegemonialmacht Vorderasiens hätte auftreten können. Auf der anderen Seite verdeckte die lang anhaltende stabile Lage eine gefährliche Entwicklung, nämlich das zunehmende Eigengewicht der durch Eroberungen immer weiter verstärkten Provinzen. Vorboten dieser Entwicklung zeigen sich am Ende der Regierungszeit Salmanassars, als der Aufstand seines Sohnes Aššur-dannin-apla weite Teile des Reiches erfaßte und erst von Šamši-Adad V. niedergeworfen werden konnte. Hier wurden innenpolitische Fehlentwicklungen sichtbar, die durch das hergebrachte System der Provinzialgliederung bedingt sind. Die Reformen, die diesen Mißstand hätten beheben können, wurden erst hundert Jahre später von Tiglatpileser III. in Angriff genommen.

b Die Annalen Salm. III. sind uns in mehreren Rezensionen erhalten. Wir versuchen, die einzelnen Texte zu klassifizieren und, soweit möglich, einer bestimmten Rezension zuzuweisen.[1]

Rezension A

Der Hauptvertreter ist der Monolith (Mon.). Er umfaßt das Akzessionsjahr, die Jahre 1-4 und 6, datiert nach Eponymen. Das fünfte Regierungsjahr fehlt. Die Entstehungszeit liegt also nach 853. Diese Fassung ist die früheste der uns erhaltenen.

Kopie: G. Smith, III R 7-8.
Übers.: Luckenbill, ARAB I § 594-611.
Übersetzungen in Auszügen: Winckler, *Textbuch* S. 14-17 (mit Umschrift, II 78-102); Ebeling bei Gressmann, ATAT² S. 340f. (II 78-102); Oppenheim bei Pritchard, ANET³

[1] Überwiegend mit historischen Problemen und Datierungsfragen der Salm.-Texte beschäftigen sich die z. T. veralteten Arbeiten von J. Peñuela, *Sefarad* 3 (1943) 251-287; 4 (1944) 119-146; 6 (1946) 331-354; 9 (1949) 3-25; 13 (1953) 217-237; 14 (1954) 3-42.

S. 276ff. (I 29-II 13) und 278f. (II 78-102); Wiseman bei D. Winton Thomas, *Documents from Old Testament Times* S. 47 (II 87-98); Borger bei Galling, TGI^2 S. 49f. (II 90-102).

Bearbeitungen: Craig, *Hebraica* 3, 204ff. (mit Kollationen, s. auch Craig, *Hebraica* 10, 106); Schrader, KAT^2 S. 193ff. (II 78-102), vgl. auch KGF S. 131ff., 165f., 191ff.; Peiser, KB I S. 150ff.; Amiaud-Scheil, *Salmaneser* S. 4ff.; Rasmussen, *Salmanasser*, II S. 2ff. (mit neuer Kopie ibid. I pl. I-X).

Einzelbemerkungen zum Text veröffentlichte Jastrow, *Hebraica* 4, 244ff.

Photos: S. Smith, *Sculptures* Tf. I; Bezold, *Ninive und Babylon* Abb. 50.

Zu dieser Rezension dürfen auch die bisher nicht identifizierten Duplikate zum Mon. aus Ninive gerechnet werden.

a) Thompson, AAA 18 Nr. 14; „Face A" = Mon. I 43 (Ende) bis I 45; „Face B" = Mon. II 33 (Ende) bis II 36.

b) Thompson, AAA 18 Nr. 19; der Text dieses Fragmentes entspricht Mon. II 42-44 (Z. 1': [... *ú-še-ti*]*q* [...]; Z. 2': [... *at-t*]*a-rad* [...]).

Wahrscheinlich stammen die beiden Fragmente von einem Exemplar, da sie beide aus Basalt sind und linierte Zeilen besitzen.

Ein Duplikat zu I 1-12 ist die in Tell Aḥmar (Til Barsib) gefundene Steinplatte Thureau-Dangin, *Til Barsib* S. 159 Nr. 11, Photo *Syria* 10, 197. Leider wurde nur ein kurzer Auszug des Textes umschrieben, doch ergeben sich aus den Zeilen 1-7 (face, nach dem Photo) einige Verbesserungen und Varianten zu Z. 1-3a des Mon. (s. unten).

Die Fortsetzung dieses Textes (tranche Z. 11 ff.) weicht vom Text des Mon. ab. Die Zeilen (tranche) 11-14 wurden von Thureau-Dangin umschrieben und übersetzt. Die Reste von drei weiteren Zeilen konnte ich auf dem Photo nicht lesen. Eine neue Publikation des Textes wäre sicher von Nutzen.

Einige Bemerkungen zum Text: I 1: Var. KUR.KUR.MEŠ *Syria* 10, 197 face Z. 3. — I 2: Am Anfang *er-ṣe-te Syria* 10, 197 face Z. 4. Die von Michel, WO 1, 7 Anm. e vorgeschlagene Lesung *m*[*ud*]*û*(Z[U]-*ú*) ist nach Kollation richtig. *Syria* 10, 197 Z. 5 hat ⌜*mu*⌝-[*d*]*u-ú*. Lies ferner nach *Syria* 10, 197 face Z. 6: ^{d}<*Sîn*> *na-nàr* usw., Schreibfehler im Mon. — I 3: *muš-te-*⌜*šìr*⌝ (Koll.). — I 4: am Anfang [*š*]*á bēlūti* (Koll.), vgl. WO 1, 7 Vs. 5. Zu dieser Zeile vgl. auch CAD Z 115b. — I 5-12a: auch Stierinschrift, Delitzsch, BA 6/I S. 144ff. Z. 1-24. — I 6: zu *ba'ītu* vgl. EAK I S. 53 Anm. 3; Seux, ERAS S. 46. — I 8: [*šá*] *kalîšina* (nach Koll. Raum vorhanden), vgl. Anp., AAA 19 Nr. 272 Z. 13. — I 12: *ina kūn* [ŠÀ]-*šu ina* <*niš*> *ēnīšu* (Koll.), vgl. Bauer, IwA S. 49 Z. 5; Piepkorn, AS 5, S. 64 B V 40; Streck, Asb. S. 376 I 14. — I 13: *ana*⌝ *rē'ût* (Koll.), vgl. Anp., AAA 19 Nr. 272 Z. 10. Lies ferner *ú-pi-*[*ra*] (Koll.) mit Craig, *Hebraica* 3, 231 Anm. 15 gegen AHw 57b. — I 14: *la* ⌞*ma*⌟-[*gi*]-*ru-ut Aš-šur* (Koll.) nach AAA 19 Nr. 272 Z. 11 (Anp.) — I 15: [*šá*] *ina* ^{GIŠ}*kussî*, vgl. Borger, *Asarhaddon* S. 8. — I 19: cf. Borger, ZA 54, 189. — I 28: cf. Hulin, *Iraq* 25, 58; Weidner, *Tell Halaf* S. 1 Anm. 6 und die Parallelstelle WO 1, 458 Z. 41. Nach Kollation G[U] jedoch wahrscheinlich. — I 30ff.: vgl. Ungnad, OLZ 9, 244ff. — I 32: nach Koll.: *ana qabli*(MÚRU), kein Raum für [*epēš*]. — I 36: cf. CAD D 202a. — I 38: *a-be-ek-ti* (Koll.). — I 44: *a-na e-peš túq-ma-ti* (Peiser) nach Koll. richtig. — I 45: *Aš-šur bēlī*(EN) „mein Herr". — I 50: cf. v. Soden, OrNS 16, 70 und 84.

II 5-11: cf. Balkan, *Anum-ḫirbi* S. 34f. — II 10: cf. Borger, BiOr 22, 166b. — II 12: DUMU *Gu-ú-si* nach Koll. — II 13: man erwartet GIŠ.NÁ GUŠKIN KA AM.SI statt ... KA GIŠ.KU (sic, Koll.), Schreibfehler? Lies ferner: *šumī*(MU)-*ja-ma* (Koll.). — II 18: [*išt*]*u*([T]A) ^{URU}*Da-bi-gi at-*[*tu-muš*] (Koll.). — II 20: cf. Landsberger, *Sam'al* S. 31; nach

Koll. KUR *Ḫ*[*at-ti*] etc. — II 21: cf. Hulin, *Iraq* 25, 65. — II 25: ^{GIŠ}*e-ri-ni* [*x*]+ 2 ANŠE ÚŠ.MEŠ etc., kollationiert. — II 30: cf. Lambert, AnSt 11, 154 Anm. 8. — II 31: DUMU *A-di-ni* <*aq-ṭi-rib āla*> *ak-ta-šad*. — II 33: [... ^{UR}]^{U} *Ru*⌝-*gu*-[*l*]*i*-⌜*tú*⌝ *a-na* URU MAN-*ja* (Koll.). — II 35: ^{URU}*Aṣ-bat-la-ku-nu* (Koll.). — II 37: *ú-šá*-⌜*aṣ*⌝-⌜*bit*⌝-⌜*ú*⌝-⌜*ni*⌝ (Koll.). — II 40: cf. Weippert, GGA 224, 159 (nach Koll. richtig). II 40-66 bearbeitet von Lambert, AnSt 11, 146ff., wo allerdings die Kollationen von Craig nicht berücksichtigt sind. — II 44: *ina* ^{URU}*Sa-lu-ri-a* KI.TA *ina qaq-qi-ri e-qi ú-še-ziz* „in der unteren Stadt Saluria, auf dem *ēqu*-Platz, stellte ich es (sc. das Bildnis) auf"; Lesung nach Kollation. Dieser Passus erhellt auch die bisher mißverstandene Stelle in den Annalen Anp., I 68f., wo zu übersetzen ist: „auf dem *ēqu*-Berg(!), in der Stadt Aššur-nāṣir-apli, an der Quelle stellte ich es (sc. das Bildnis) auf". Man beachte die Varianten bei Le Gac, *Aššur-naṣir-aplu* S. 27 Anm. 4, wonach die Schreibung KUR-*e* KUR *e-qi* in E. 41 fehlerhaft ist, d. h. das zweite KUR resultiert aus einem Mißverständnis des Schreibers und ist daher zu streichen. *equ* CAD E 252a und *ēqu* CAD E 253f. sind m. E. unnötigerweise getrennt. — II 45: *ak-t*[*a-ša*]*d* KUR *Su-uḫ-me* mit Rasmussen (Koll.). — II 50: lies *ri-ḫ*[*i-i*]*l-tu* und [KUR]-⌜*a aṣ-ru-up uš-ma*-⌜*ni-šú e-ki-im-šu* (Koll.). — II 53: lies *a-si-ta-a-te* gegen Craig (Koll.). Am Ende der Zeile [... *t*]*i* GAL.MEŠ-*te ina lìb-bi* (Koll.). — II 54: Die Ergänzung Peisers paßt gut zu den Spuren am Anfang. Die Emendationen von Lambert, AnSt 11, 148 sind wohl nicht möglich. — II 57: *a-na* ^{URU}*Za-an-zi-ú-na a*[*q-ṭi-rib* ^{m}x-x]-x-Ú(?)-⌜*te*⌝(?) *šar* (MAN) ^{U}[^{RU}*Za*]-⌜*an*⌝-⌜*zi*⌝-*ú-na tāḫāzi*(MÈ) *e-du-ur* usw. (Koll.). — II 59: vgl. I 26. — II 66: *ina pūt*(SAG) „gegenüber", vgl. Delitzsch, HWb 518a. Zu dieser Zeile vgl. Tiglp. I., AKA S. 119 Vs. 16; Adn. II., KAH II 84: 52f. — II 67: *qu-ra-di-ja* [*ú-šá*]-*al-mì-šu*; nach *mit-ḫu-ṣu* kein Raum für [*šit-mu-ru*] (Rasmussen). — II 69: cf. CAD B 321b. – II 71: cf. Schott, *Vorarbeiten* S. 101 Anm. 2. — II 71f.: cf. Streck, ZA 19, 236f., jedoch ist *i-ḫi-ṭa* richtig. — II 72: *a-na rupuš*(DAGAL) *ummānātē*(ERÍN.ḪI.A.MEŠ)-*šú*, vgl. Deimel, ŠL 237.8. — II 76: lies KUR *Bu-na-is* nach Hulin, *Iraq* 25, 63 zu Z. 40-42. — II 77: cf. Hulin, *Iraq* 25, 64. — II 80f.: cf. Goetze, JCS 18, 116 mit Anm. 21. — II 85: lies mit Rasmussen ^{URU}*Ȧna-Aš-šur-ut-ter-aṣ-bat* (Koll.). Vgl. auch Michel, WO 1, 15 Anm. 15; Weippert, GGA 224, 153; Millard, *Iraq* 32, 169. — II 88: cf. Dhorme, RA 9, 155f. und Astour, OrNS 38, 412ff. — II 90-95; cf. Tadmor, *Azriyau of Yaudi* S. 244ff. und IEJ 11, 143ff. — II 97: cf. Hulin, *Iraq* 25, 61. — II 98: cf. Schott, *Vorarbeiten* S. 97 Anm. 1. — II 100: cf. CAD Ḫ 37b. — II 100 f.: cf. Schott, *Vergleiche* S. 101.

Rezension B

Einziger Vertreter dieser Rezension ist die Inschrift auf den Bronzetoren von Balawat. Sie ist in zwei Exemplaren, jedoch nicht ganz vollständig erhalten. Der Text befindet sich jeweils auf den Schließleisten der beiden Türflügel und ist in sechs bzw. sieben Kolumnen unterteilt.

Der Text stellt keine vollständige Annalenrezension dar, sondern enthält nur (ohne Datierung) die Jahre 1 (858, II 2b-5a), 3 (856, II 5b-III 3a), 4 (855, III 3b-6) sowie, datiert nach Eponymen, die Jahre 8 (851, IV 1-5a) und 9 (850, IV 5b-VI 8). Das Entstehungsdatum dieser Fassung liegt somit nach 850.

Kopien: Pinches, TSBA 7, 89ff. (Typen); Pinches, *Balawat* Appendix S. 1ff. (Typen); Rasmussen, *Salmanasser*, I Tf. XIff.

Bearbeitungen: Lenormant, *Gazette Archéologique* 4, 123f. (nur Kol. I); Pinches, TSBA 7, 89ff.; Pinches, *Balawat* Appendix S. 1ff.; Winckler, KB I S. 134ff. (IV 1 bis Schluß); Amiaud-Scheil, *Salmanasar* S. 30ff. (ab II 5); Rasmussen, *Salmanasser*, II S. 32ff.; de Clercq, CdC II S. 189ff.; Delitzsch, BA 6/I S. 129ff.; Unger, *Zum Bronzetor von Balawat*, Diss. phil. Leipzig 1912, S. 24ff. (I 1-II 6); Unger, *Wiederherstellung* S. 81ff. (I 1-II 6); Michel, WO 2, 408ff. und WO 4, 29ff. Michel verwertete unpublizierte Notizen bzw. Bearbeitungen von Schott und Weidner.

Photos: Pinches, *Balawat*, passim (jedoch nur von den Beischriften); King, *Bronze Reliefs* (ebenso); Lenormant, *Gazette Archéologique* 4, Tf. 24 unten = de Clercq, CdC II Tf. XXVIII (bis) 1, 2-5; Michel, WO 2, Tf. 11.

Übersetzungen: King, *Bronze Reliefs* S. 17ff.; Luckenbill, ARAB I § 615ff.; Oppenheim bei Pritchard, ANET³ S. 277 (I 6-II 5).

Einige Bemerkungen zum Text (in der Bearbeitung von Michel): I 3: cf. Seux, RA 59, 13. — II 1: *šangû*(SANGA)-*ti-ja*, vgl. Ann. Fuad Safar I 13f. — II 2: nach Delitzsch Variante *ki-ma* vorhanden. — II 3: cf. Balkan, *Anum-ḫirbi* S. 34ff. — II 4: *a-qur*. — III 2: *pet-ḫal-lu ma'dūti*(ḪI.A.MEŠ) „zahlreiche Reiterei", vgl. WO 1, 460 Z. 66. — III 5: LÚ vor *ummānātišu* (zweimal) nur in einem Exemplar erhalten, was nicht mit doppelten spitzen Klammern bezeichnet werden sollte. — IV 2: *tu-kúl-ta-šú*. — IV 2f.: cf. Brinkman, PHPKB S. 194 Anm. 1187. — IV 4: cf. Brinkman, PHPKB S. 50f. — VI 4: cf. Brinkman, PHPKB S. 197 Anm. 1203. — VI 6: cf. Michel, WO 1, 69; Brinkman, PHPKB S. 197 Anm. 1205 und 1207. — VI 7f.: cf. Hulin, *Iraq* 25, 65f.

Die Reliefbeischriften wurden bearbeitet von Michel, WO 4, 34 ff., vgl. auch die oben genannten früheren Publikationen. Übers.: Luckenbill, ARAB I § 615 ff. Vgl. noch Lehmann-Haupt, *Armenien* II/1 S. 422 ff.; Streck, ZA 20, 456 ff. (zu Schiene H) und Astour, OrNS 38, 412 ff. (zu Schiene I).

Rezension C

1) Hauptexemplar dieser Rezension ist die vierkolumnige Annalentafel, die Cameron, *Sumer* 6, 6 ff. veröffentlicht hat (Annalen Cameron, Ann. Cam.). Eine neue Bearbeitung gab Michel, WO 1, 454 ff. Photos: Cameron, *Sumer* 6, Tf. nach S. 26 (Vs.), verbessert ibid. vor dem Titelblatt des arabischen Teils; Michel, WO 1, Tf. 22-23; JCS 5, pl. I-II.

Der Text behandelt das Akzessionsjahr und die Regierungsjahre 1-16. Wie aus der Datierung in der Tafelunterschrift hervorgeht, wurde die Inschrift im 17. Regierungsjahr (842), also im nächstfolgenden Jahre abgefaßt.

Bemerkungen zum Text: I 6: cf. oben, Kap. II d zu Anp. Ann. I 1, lies also *sagkalli ili*. — I 36: *tāḫāzī* „meine gewaltige Schlachtformation". — I 70: *um-da-širu*(ŠIR), vgl. auch unten, 6) Z. 13'. — II 12-14: cf. Hulin, *Iraq* 25, 64. — II 28: *ša ši-*<*di*> *tam-di* nach Vs. II 62, Rs. III 5. 28. — II 66: MÈ-*šu-nu* (Druckfehler bei Michel). — III 10: URU*A-pa-ra-a-zu* auf dem Photo deutlich sichtbar. — III 13: SÍG.ZA.GÌN.MEŠ. — III 21: KUR *né-re-bé*. — III 29: *eliš*(AN.TA) *ù šapliš*(KI.TA), da ja nur ein Meer gemeint ist, nämlich das Mittelmeer. — III 48: *li-mì-tu-šu-*<*nu*>, cf. III 51f. und die Parallelstelle KAH II 114 IV 9'. — III 59f.: cf. CAD Ṣ 16f. sub f. — IV 28: *gim-ri-šá*, Druckfehler bei Michel. — IV 41: *ba-'u-ri*, vgl. CAD B 366. — IV 44: 29 AM.SI.MEŠ, Cameron richtig. Vgl. noch Grayson, *Fs. Oppenheim* S. 93.

2) Ein weiterer Vertreter dieser Rezension ist KAH II 109, bearbeitet von Michel, WO 1, 7 f. Übers.: Luckenbill, ARAB I § 665. Photo der Vs.: Michel, WO 1, Tf. 1.

Die Vs. ist ergänzbar nach Ann. Cam. I 1-19; die Rs. 1' nach Ann. Cam. IV 47. Die Ergänzung von Vs. 2 durch Schott, ZA 43, 319 Anm. 4 wird durch Ann. Cam. I 3 bestätigt.

Die Zeilenlänge dieses Textes ist doppelt so groß wie die der Ann. Cam. Daher liegt der Schluß nahe, daß KAH II 109 auf Vs. und Rs. mit jeweils nur einer Kolumne beschrieben war.

3) Hierher gehört ferner KAH II 112, bearbeitet von Michel, WO 1, 9-11; Photo ibid. Tf. 2. Übers.: Luckenbill, ARAB I § 627. Die Länge der Zeilen stimmt weitgehend mit der der Ann. Cam. überein, so daß dieses Exemplar vier Kolumnen enthalten haben dürfte.

Vs. 1'-14' entspricht Ann. Cam. I 24-37 und ist danach ergänzbar. Rs. 1'-13' entspricht Ann. Cam. IV 33b-46. Die Bearbeitung Michels ist entsprechend zu korrigieren. In Rs. 13' lies [*eli ša pa-a*]*n* nach Photo.

4) KAH II 113 wurde bearbeitet von Michel, WO 1, 15-20; Photo ibid. Tf. 5-6. Übersetzungen: Luckenbill, ARAB I § 632-637; Oppenheim bei Pritchard, ANET^3 S. 278 (I 13'-19').

Aus der Kopie Schroeders geht nicht hervor, daß KAH II 113 Fragment einer vierkolumnigen Tafel ist, doch ist dies auf den Photos bei Michel deutlich sichtbar. Spuren von Kol. II sind am unteren rechten Rand der Vs. erkennbar, Reste von Kol. III am oberen rechten Rand der Rs.

Vs. I 2'-30' = Ann. Cam. I 31-58; die Reste von Kol. II und III sind wegen ihrer Geringfügigkeit nicht einzuordnen. Rs. IV 1'-31' = Ann. Cam. III 52-IV 25.

Zu Rs. 17'f. vgl Michel, WO 1, 461 Anm. 38.

5) Als Duplikat zu dem eben, 4) behandelten Text gilt schon seit Schroeder das Fragment KAH II 114. Schroeder verwertete Kol. I bei KAH II 113; Kol. II und III entsprechen ihm zufolge Salm. Co. (Delitzsch, BA 6/I S. 146 ff.) Z. 68-42. Nur Kol. IV wurde als KAH II 114 kopiert. Bearbeitung hiervon Michel, WO 1, 470 Anm. c; Übers.: Luckenbill, ARAB I § 638 f.

KAH II 114, IV 1-24 = Ann. Cam. III 40-IV 6. Die Zeilen IV 25-27 sind nicht eingeordnet, da kollationsbedürftig.

6) Boissier, RT 25, 85 f. blieb bisher weitgehend unbeachtet. Es handelt sich um ein Duplikat zu Ann. Cam. I 57-72. Die Zeilenlänge des Textes ist nur wenig größer als die der Ann. Cam., so daß auch dieses Exemplar vier Kolummen gehabt haben dürfte.

In Z. 13' ist gewiß zu lesen: [... *um*]-*da-še-ru* KUR-*ú*(!) [*marṣu* ...]; vgl. auch oben, 1) zu Ann. Cam. I 70.

7) Unveröffentlicht ist das Fragment einer Tontafel, K. 3106, von Bezold, Cat. II S. 503 bereits richtig als Annalentext Salm. III. identifiziert. Nach der von Michel, WO 1, 64 Anm. k erwähnten Abschrift Bezolds und einer Kopie von Geers lautet der Text wie folgt:

Vs. (1') [...] x [...] (2') [... *qab*]*li*(MÚR]U) *ù tāḫāzi*(MÈ?!) *a-n*[*a* ...] (3') [...] *napištī* (ZI.MEŠ)-*šú a-na* [...] (4') [... *i*]*ṣ-ba-tu-šu*(?) ^{URU}*A*[*r-za-áš-ku-un* ...] (5') [...] *ú-še-ṣi-a* *ālāni*(URU.MEŠ-*ni*) *a*[*p-pùl* ...] (6') [... *kīma til a-bu*]-*bi ás-pu-un ina* KUR *né*-[*re-be* ...] (7') [... *ina* ^{ITU}*ajja*]*ri*(GU]D) UD.13.KÁM *ištu*(TA) ^{URU}*Ni-nu-a* [...] (8') [... ^{KUR}*Ši*-

ta]m-rat ^{KUR}*ú-ba-an šadê* (KUR-*e*) *ša* [...] (9') [... ^{KUR}*ú-ba-na-a*]*t šadê*(KUR-*e*) *a-si-bi ak-ta-šad* ^{m}[*A-ḫu-ni* ...] (10') [...] *a-na ālī*(URU)*-ja* [...]
(11') [... *a*]*t-*[*t*]*u-muš* ^{KUR}*Kúl-la-ar* [...] (12') [... ^{KUR}*I*]*-da-a-a ak-ta-šad* [...] (13') [...] x x x x (x) [...]
Rs. (1') [...] x [...] (2') [... *a*]*m-ḫur* [...]
(3') [... *at-t*]*u-muš* 10-*šú* [...] (4') [...] ^{KUR}*ú-ba-na-at šadê*(KUR-*e*) *a-*[*si-bi* ...] (5') [...] KUR(?) [...]
(6') [... BAL.MEŠ-*j*]*a*(?) *ina* KUR *né-re-be ša* ^{d}*Ištarāte* (INANNA.MEŠ) *ē*[*rub*(K[U$_4$-*ub*) ...] (7') [... *dīkta*]*-šú-nu a-duk šal-la-su-nu* [...]
(8') [... BAL.MEŠ-*j*]*a ma-a-ti rapaštu*(DAGAL-*tu*) *a-na la ma-né-*[*e* ...] (9') [... *ina*] *u*$_4$*-mi-šu-ma* ^{md}*Adad*(IŠKUR)*-id-ri* [...] (10') [... *ša šiddi ta*]*m-di eliš*(AN.TA) *u šapliš* (KI.TA) *ummānātī*(ERÍN.ḪI.A.[MEŠ)*-šú-nu* ...] (11') [... *it-ti-šú-nu a*]*m-daḫ-ḫi-iṣ abikta* (ŠI.ŠI)*-šú-nu áš-k*[*un* ...] (12') [... *unūt tāḫāzī-šú-n*]*u e-kim-šu-nu* [...] (Rest abgebrochen)

Vs. = Ann. Cameron I 67-II 12; Rs. = Ann. Cameron III 14-33.

Die Zeilenlänge ist etwa doppelt so groß wie die der Ann. Cam., so daß es sich bei K. 3106 um eine einkolumnige Tafel gehandelt haben dürfte (vgl. auch oben, 2, KAH II 109).

8) KAH II 115 bearbeitete Michel, WO 1, 63-65; Photo ibid. Tf. 9 Übers.: Luckenbill, ARAB I § 669 f. Der Text entspricht Ann. Cam. I 73-II 9. Da die Zeilenlänge mit der der Annalen Cameron übereinstimmt, dürfte auch diese Tafel vierkolumnig gewesen sein.

9) Boissier, RT 25, 81 ff. gehört ebenfalls dieser Rezension an. Vs. = Annalen Cameron I 72 ([... *aq*]*-qur ina* I[ZI ...]) bis II 43. Die Rs. wurde von Boissier nicht bearbeitet, doch läßt sie sich nach dem beigegebenen Photo (S. 82, Face B) mit Sicherheit einordnen. Rs. 1'-21' = Ann. Cameron II 45 ([... ^{URU}]*Ga-*⌜*na*⌝*-na-a-te* [...]) bis III 11 ([... *ta-ja-a*]*r-ti-*⌞*ja*⌟ [... URU *da*]*n-*⌞*nu*⌟*-*⌞*ti*⌟*-*[*šu* ...]).

Zwischen Vorder- und Rückseite fehlt nur wenig, wahrscheinlich nur eine Zeile am Ende der Vorderseite.

Aus der Zeileneinteilung läßt sich schließen, daß dieses Exemplar einkolumnig war.

10) Vertreter dieser Rezension ist auch KAH II 110. Bearbeitung: Michel, WO 1, 67-71; Photo ibid. Tf. 9. Übersetzungen: Luckenbill, ARAB I § 666-668; Oppenheim bei Pritchard, ANET^3 S. 279 (Z. 6-11). Der Text entspricht Ann. Cam. II 46-70.

Da die Zeilenlänge doppelt so groß wie die von Ann. Cam. ist, muß dieses Fragment zu den Exemplaren mit einer Kolumne gerechnet werden.

11) Während die bisher besprochenen Exemplare dieser Rezension wohl alle aus Assur stammen, ist die Herkunft aus Kalaḫ für ein Tafelfragment gesichert, das Wiseman, *Iraq* 26, 118 und Tf. XXVI (Kopie) publiziert hat.

Vs. = Ann. Cam. I 31-37; Rs. = Ann. Cam. I 43-49. Danach läßt sich die Bearbeitung Wisemans in einigen Punkten verbessern:

Vs. 1' [... *ā*]*la*(U]RU) *a-s*[*i-bi* ...]; Vs. 7' ^{GIŠ}TUKUL.MEŠ-*a* [*da*]*n-nu-*[*ti* ...]; Vs. 9'

[*l*]*u e-li tāḫāzi*(MÈ) *da*[*n*(!)-*nu* ...]; Vs. 10' [... *áš-ku-n*]*u*(!) *si-t*[*a-at* ...]; Rs. 1' [*a-l*]*ik* GIŠ.TUKUL.MEŠ-[*a*] *ina t*[*am-d*]*i* [*ú-lil* ...]; Rs. 4' *a-na* KUR(!)-*e*(!) KUR *Lal-la-*⌜*ar*⌝ [...]; Rs. 7' [D]UMU ᵐ*A-gu*(!)-⌜*si*⌝ [...]; Rs. 8' [*a-p*]*úl a-qur*(!) *ina* [IZI ...]; Rs. 9' [TA URU] *Ni-*[*n*]*u*(!)-*a a*[*t*(!)-*tu-muš* ...].

Zwischen Vs. und Rs. fehlen ca. 6 Zeilen, die Tafel war also einkolumnig. Ob sie bis zum 16. palû reichte, oder eine kürzere Fassung darstellt, ist nicht auszumachen. Allerdings erscheint die letztere Annahme aus Raumgründen wahrscheinlicher, so daß die Zugehörigkeit zu dieser Rezension fraglich bleiben muß.

Unter den Exemplaren, die diese Rezension vertreten, lassen sich neben den vierkolumnigen Tafeln auch einkolumnige feststellen, nämlich Nr. 2, 7, 9 und 10 (Nr. 11 bleibt hier besser außer Betracht, s. oben). Ein Vergleich dieser Exemplare untereinander lehrt, daß wir Fragmente von mindestens zwei derartigen Tafeln besitzen.

Vergleicht man ebenso die vierkolumnigen Exemplare (Nr. 1, 3, 4, 5, 6 und 8) miteinander, so ergibt sich, daß uns außer dem komplett erhaltenen Exemplar Nr. 1 noch die Fragmente von mindestens drei weiteren Tafeln überkommen sind[1]. Die vorliegende Fassung ist somit die am reichsten dokumentierte Rezension der Annalen Salm. mit mindestens sechs Exemplaren. Sie dürften alle, ausgenommen Nr. 11, aus Assur stammen.

Rezension D

1) Diese Fassung der Annalen wird verkörpert durch die sogenannte Stierinschrift, Layard, ICC pl. 12-16, 46 f. Sie reicht bis zum 18. Regierungsjahr, doch ist der Teil, der das Akzessionsjahr und die beiden ersten Regierungsjahre enthalten sollte, zerstört. Bei Wiederbeginn des Textes befinden wir uns im dritten Regierungsjahr. Die Jahre 16 und 17 sind ausgelassen. Der Bericht über das 18. Jahr folgt unmittelbar auf die Einleitung, ist also dem Annalenbericht vorangestellt.

Die Abweichungen in der Schilderung vom 3. Regierungsjahr an bis zum 15. einschließlich gegenüber der Rezension C sind minimal. Der Schreiber verwandte also für die Stierinschrift die Rezension C bis zum 15. Jahr (einschließlich), der er den Abschnitt über das 18. Jahr vorangehen ließ.

Kopien: Layard, ICC pl. 12-16 und 46f.; Rasmussen, *Salmanasser* Tf. XV-XXI.

Bearbeitungen: Delitzsch, BA 6/I, 144ff.; Rasmussen, *Salmanasser* S. 42ff.; Amiaud-Scheil, *Salmanasar* S. 4ff.; Winckler, *Textbuch* S. 18ff. (10., 11., und 14. Jahr).

Übersetzungen: Auszüge bei Schrader, KGF S. 129f., 153f., 229f. und KAT² S. 202f.; Delitzsch, *Paradies* S. 110; Luckenbill, ARAB I § 640ff.; Gressmann, ATAT² S. 341ff. (Z. 67-74, 90-96, 99-102); Oppenheim bei Pritchard, ANET³ S. 279f.

[1] KAH II 115 könnte die Fortsetzung von Boissier, RT 25, 85f. sein, doch ist dies nicht an den Originalen überprüfbar.

Einige Bemerkungen zur Bearbeitung von Delitzsch: Z. 25: *šá šùl-mu*. — Z. 55ff.: jetzt ergänzbar nach Michel, WO 1, 460ff. I 64ff. (Ann. Cam.). — Z. 57: *a-na* [GAB-*ja i*]*d-k*[*a-a* ...]; Ende der Zeile nach Ann. Cam. I 69. — Z. 58: *ištu*(TA) *pā*[*n*(IG[I) *kakkē-j*]*a*/]-*a*(?) *d*[*an-nu-ti* ...], vgl. Ann. Cam. I 69. — Z. 59 Ende: wohl abweichend von Ann. Cam. II 1, es dürfte ein geographischer Name mehr genannt sein. — Z. 61: *ina* ^{IT}[^{U}*ajjari* UD.14. KÁM ...], Ann. Cam. II 3. — Z. 63: [... *ana ālīja Aššur ubla ina šattimma šiāti ištu* URU. ŠÀ].URU ..., Ann. Cam. II 9f. — Z. 64: [... ^{m}*Ni-iq-di-ra* KUR *I-da-a*]-*a ak-ta-šad* usw., Ann. Cam. II 11f. — Z. 67: [... *at*]-*tu-muš a-na* URU.MEŠ-*ni šá ši-di* usw., Druckversehen bei Delitzsch, vgl. Layard, ICC pl. 14 Z. 12. — Z. 101: s. oben, Rezension C, 1) zu III 29. — Der Text endet mit Ann. Cam. III 45, enthält also nicht den vollständigen Bericht über das 15. Regierungsjahr.

2) Ein Bericht über das 18. Regierungsjahr, ohne Einleitung oder Schluß, findet sich auf Abklatschen, die G. Smith im British Museum entdeckte (vgl. *Guide*^{3} S. 47) und in III R 5 Nr. 6 veröffentlichte. Der Text ist von Z. 1-13a Duplikat zu Stierinschrift Z. 41-52, führt jedoch darüber hinaus. Wegen der genannten Übereinstimmung rechnen wir den Text zu dieser Rezension.

Kopien: G. Smith, III R 5 Nr. 6; Delitzsch, AL^{5} S. 60; King, *First Steps* S. 37-39 (Typen); Rasmussen, *Salmanasser* Tf. XXIf.; Abel-Winckler, *Keilschrifttexte* S. 13; Meissner, *Assyrisch-babylonische Chrestomathie* S. 8; Deimel, *Textus cuneiformes* S. 18; Ungnad, *Keilschriftlesebuch* S. 50f.; Böhl, *Akkadian Chrestomathy* S. 17f.; Sarsowsky, *Urkundenbuch* S. 19.
Bearbeitungen: Schrader, KAT^{2} S. 209ff.; Rasmussen, *Salmanasser* S. 56ff.; Winckler, KB I S. 140f. Anm. 1; Delitzsch, *Calwer Bibellexikon* S. 760; Rogers, *Cuneiform Parallels* S. 303f.; Amiaud-Scheil, *Salmanasar* S. 58ff.; Ungnad, *Babylonisch-assyrische Grammatik*^{3} S. 156; King, *First Steps* S. 37ff.; Michel, WO 1, 265ff.; Winckler, *Textbuch* S. 20f.
Übersetzungen: Luckenbill, ARAB I § 671f.; Gressmann, ATAT^{2} S. 343; Oppenheim bei Pritchard, ANET^{3} S. 280.

Rezension E

1) Hauptvertreter dieser Rezension, die bis zum 20. Regierungsjahr reicht, ist die in Assur gefundene Marmorplatte, die Fuad Safar, *Sumer* 7, 3 ff. erstmalig publizierte (Annalen Fuad Safar, Ann. FS). Eine neue Bearbeitung gab Michel, WO 2, 27 ff. Photos: Fuad Safar, *Sumer* 7, Tf. I-III; Michel, WO 2, Tf. 2-4.

Einige Bemerkungen zum Text: I 4: cf. oben, Kap. II d zu Anp. Ann. I 1. — I 9: das Determinativ DINGIR ist gegen Michel nicht zu streichen, da die Schicksale auch sonst als göttlich betrachtet wurden, vgl. Thureau-Dangin, TCL 3, S. 2 Anm. 1; D. Cocquerillat, RA 46, 131 Anm. 2; Schroeder, AfK 1, 41; Seidmann, MAOG 9/III S. 8f. Anm. 7. — I 34: *a-na* ist entweder zu streichen oder als nA nota accusativi zu betrachten, vgl. Riemschneider, *Lehrbuch des Akkadischen* S. 187 (Deller). — II 8: ^{m}*Ni-iq-di-ra* auf dem Photo deutlich, also keine Dittographie. — II 15: *idūku*(GAZ), vgl. Schw. Ob. Z. 55 und Michel, WO 2, 148 Anm. v. — III 2: am Ende der Zeile noch *u*? — III 10: KUR *né-re-bé*. — III 11: die Schreibung KUR-*ti Ja-e-te* ist Sandhi-Schreibung für gesprochenes **māt*(*i*)-*Jaete*. Daß das Länderdeterminativ mitgesprochen werden konnte, beweist auch die Schreibung *Ma-za-mu-a* < **māt Zamua*, vgl. Parpola, NAT S. 382. Mit dem Land *Ja-e-te* unserer Stelle ist gewiß, auch vom geographischen Kontext her, die Stadt *Matjatu* bei Anp. gleichzusetzen (vgl. die Stellen bei Parpola, NAT S. 243f.). Die Doppeldeterminierung durch URU und KUR/*mā*(*t*) ist übrigens in beiden Fällen vorhanden. — III 35: nach dem Photo KUR *Ab-da-da-a-nu* gegen Michel. — III 47: ERÍN.ḪI.<A>.MEŠ, Schreibfehler, vgl. die folgende Zeile. — IV 4: *ku-tal-la-šu* „sein Hinterland", vgl. AHw 518a, 2d. — IV 7ff.: cf. Aharoni, *The Land of the Bible* S. 310. — IV 15: *šarri*(MAN) *rubê*(NUN), so nach Photo.

— IV 22ff.: cf. Lewy, OrNS 21, 290ff. — Zu lk. Rd. Z. 1-3 vgl. Brinkman, PHPKB S. 192, Anm. 1176.

2) Hierher gehört auch die Alabastertafel aus Assur, bearbeitet von Michel, WO 1, 389 ff.; Photos ibid. Tf. 18-20. Wahrscheinlich hatte auch dieses Exemplar vier Kolumnen wie die Ann. Fuad Safar. Vgl. noch Weidner, IAK S. 36 Anm. 3 (Assur 20739).

Die Einleitung, eine Invokation von Göttern, ist gewiß länger als in Michels Rekonstruktion angegeben; es dürften zwei oder drei Zeilen fehlen.

Von Vs. 7'b an ist der Text Duplikat zu Ann. Fuad Safar I 10-24. In Vs. 18' lies: *a-⌊na⌋* [...].

Rs. 1'-16'a ist Duplikat zu Ann. Fuad Safar IV 21-34. In Rs. 1' lies: 2 GUD.[AMAR.MEŠ ...]; in Rs. 9' lies *ištu*(TA) *pūt*(SAG) nach Ann. FS IV 28.

Die Aufzählung von Beute, die in den Ann. FS dem Baubericht vorangeht (IV 34-40), fehlt hier. Der Baubericht ist wahrscheinlich kürzer, auch weichen die Namen der früheren Erbauer von den in Ann. FS genannten ab. Gegenstand ist jedoch in beiden Fällen die Stadtmauer in Assur.

Die Inschrift auf dem linken Rand, Z. 1-2, kann nach Ann. FS lk. Rd. Z. 2 ergänzt werden: Z. 1 Ende: ... XLI[I]; Z. 2: [*pet-ḫal-l*]*u a-na emūqē* (Á.MEŠ) usw. Die beiden folgenden Zeilen enthalten Namen und Maße der Mauer, die in den Ann. FS nicht überliefert sind. Vgl. auch unten, e 2) zu KAH I 30 III 9.

Trotz der Abweichungen gehören beide Exemplare wegen der Übereinstimmung im annalistischen Teil derselben Rezension an.

3) Etwa gleichzeitig mit den beiden eben genannten Exemplaren dürfte die Kurba'il-Statue entstanden sein, die von Kinnier Wilson, *Iraq* 24, 90 ff. publiziert wurde; Photo auch bei Pritchard, ANEP² fig. 819. Zu Z. 3, 12 und 30 vgl. Borger, *Iraq* 26, 125.

Die Inschrift enthält zunächst eine Anrede an den Gott Adad von Kurba'il (Z. 1-9), Titulatur und Filiation (Z. 9 f.) sowie eine Übersicht der eroberten Gebiete (Z. 11-20). Dann folgen Annalenberichte über das 18., 19. und 20. Regierungsjahr (Z. 21-34). Wahrscheinlich sind dies die letzten drei Jahre vor der Fertigstellung der Statue. Die Inschrift schließt mit einer Votivformel und Segenswünschen (Z. 34 Ende-Z. 41).

Dieser Text ist keine Annaleninschrift im eigentlichen Sinne, sondern eine Votivinschrift für Adad von Kurba'il. Da jedoch der Bericht über die Jahre 18-20 als Auszug aus den Annalen betrachtet werden muß, wurde der Text hier aufgenommen.

In Z. 12 lies *šùl-mu,* in Z. 34f.: *ana balāṭ*(TI) (35) *napišti*(ZI.MEŠ)-*a arāk*(GÍD) *ūmē* (UD.MEŠ)-*ja* usw.

Rezension F

1) Diese letzte und umfangreichste Rezension der Annalen — sie endet mit dem 31. Regierungsjahr — vertritt die Inschrift auf dem sog. Schwarzen Obelisken. Zur Fundgeschichte vgl. Gadd, *Stones* S. 147 f.

Kopien: Layard, ICC pl. 87-98; Rasmussen, *Salmanasser* Tf. XXIIIff.; Abel-Winckler, *Keilschrifttexte* S. 7-12, teilweise nachgedruckt von Sarsowsky, *Urkundenbuch* S. 16.

Bearbeitungen: Winckler, KB I S. 128ff.: Amiaud-Scheil, *Salmanasar* S. 2ff.; Rasmussen, *Salmanasser* S. 60ff.; Michel, WO 2, 137ff. und 221ff. (ohne die Kollationen Jastrows, jedoch nach eigenen Photos). Für die Auszüge bei Schrader, KGF und KAT vgl. die Konkordanz bei Jastrow, *Hebraica* 5, 231 Anm. 9 und Bezold, *Literatur* S. 74.

Übersetzungen: Winckler, *Textbuch* S. 24ff. (Auszüge); Ebeling bei Gressmann, ATAT^{2} S. 341ff. (Auszüge); Luckenbill, ARAB I § 553-593; Oppenheim bei Pritchard, ANET^{3} S. 278ff. (Auszüge).

Photos (Auswahl): Pritchard, ANEP^{2} fig. 351-355 (Reliefs und Beischriften); *Guide*^{3} pl. XVIII; Michel, WO 2, Tf. 6-7; D. Winton Thomas, *Documents from Old Testament Times* pl. 3 (nach S. 54); Pritchard, *The Ancient Near East* fig. 100A und B; Strommenger-Hirmer, *Mesopotamien* fig. 208; Moortgat, *Die Kunst des Alten Mesopotamien* fig. 270-271. Am besten lesbar ist die Inschrift bei Hall, *Sculpture* pl. XXIII.

Kollationsergebnisse: Jastrow, *Hebraica* 5, 230ff.

Einige Bemerkungen zum Text: Z. 9: Schott, *Vorarbeiten* S. 115 Anm. 2. — Z. 26: *i-na* (Druckfehler bei Michel). — Z. 38: cf. Jastrow, *Hebraica* 5, 234. — Z. 43: *āl*(URU) *šarrū*-(MAN)-*t*[*i-šú*], vgl. Ann. Cam. (WO 1, 460) I 64. — Z. 44: am Ende der Zeile erwartet man *akšud*(KUR-*ud*), vgl. Ann. Fuad Safar I 48. — Z. 45: zur Fehldatierung vgl. die Literatur bei Michel, WO 2, 146 Anm. m und 147 Anm. 34; Jastrow, *Hebraica* 5, 234f.; Olmstead, *Historiography* S. 24 mit Anm. 3. — Z. 46: [KUR] *Ši-tam-ra*[*t*]. — Z. 47: cf. Jastrow, *Hebraica* 5, 235. — Z. 53: Statt KUR *Šub-ri-a-a,* hat das Orginal (nach Photo) ŠE *Šub-ri-a-a,* Fehler des Schreibers. Layards Kopie ist richtig. — Z. 74: cf. Brinkman, PHPKB S. 193 Anm. 1183. — Z. 84: *a-di* <ÍD> *mar-ra-ti.* — Z. 89: 10-<*šú*>. — Z. 91: am Ende der Zeile erwartet man <*ittīšunu*>, cf. Winckler, KB I S. 140. — Z. 93: Wohl mit Delitzsch, *Lese- und Schreibfehler* S. V. zu ÍD *Za-a-ba* zu verbessern, Zeichen umgestellt. Ein Fluß *A-za-ba* ist sonst nirgends belegt, während die Erwähnung des unteren Zab gut in den geographischen Kontext passen würde, vgl. Z. 110f. — Z. 102: lies 21-<*šú*>. — Z. 104: 22-*šú* nach Rasmussen und Jastrow, *Hebraica* 5, 237. — Z. 107: cf. AHw 293a s. v. *gišnugallu.* — Z. 121: cf. Weidner, AfO 7, 1f. Anm. 3. — Z. 130: cf. Ungnad, OLZ 9, Sp. 224ff. — Z. 156: URU *Ku*(!)-*na-lu-a,* Kopie Layards nach Photo richtig (ANEP^{2} fig. 354). Am Ende der Zeile wohl *ú-še*-≪ŠI≫-*ziz,* da das Errichten einer Stele auch sonst durch *šuzzuzu* ausgedrückt wird. — Z. 168: cf. Jastrow, *Hebraica* 5, 240. — Z. 182: KUR *Šá-áš-ga-na-a-a,* Druckfehler bei Michel. Die Ergänzung KUR *La*[*l-la*]-*ra-a-a* erscheint wenig plausibel. — Z. 189: cf. Schott, *Vorarbeiten* S. 96 Anm. 4. Lies ferner *ina pūt*(SAG) „gegenüber", vgl. Delitzsch, HWb S. 517f. — Z. 190: cf. Borger, AfO 23, 1 (Michel, WO 2, 233 Anm. 54 entsprechend zu korrigieren).

Zu den Reliefs und ihren Beischriften s. zuletzt Michel, WO 2, 137 ff. und vgl. im übrigen die oben genannte Literatur. Gute Photos finden sich bei Pritchard, ANEP^{2} fig. 351-355. Zu Beischrift B vgl. Ungnad, OLZ 9, 224 ff.; zu Beischrift D Brinkman, PHPKB S. 201 Anm. 1234.

2) Ein weiteres Exemplar dieser Rezension ist die nur in einigen Bruchstücken erhaltene Nimrud-Statue Salmanassars, veröffentlicht von Laessøe, *Iraq* 21, 147 ff. Photos auch bei Mallowan, *Nimrud* I S. 88 f.

Bemerkungen zum Text: Die Fragmente A und B (Kopie *Iraq* 21, 149) enthalten Titulatur und Filiation (Z. 1-5) und den Bericht über das erste bis achte Regierungsjahr.

Z. 3: lies *rē'û*(SIPA) *ke-nu* mit Seux, ERAS S. 245. — Z. 4: als Ergänzung wäre möglich: *šá si-[kip-ti lā māgirišu iltakkanūma māḫira lā išû]*, Anp. AAA 19 Nr. 272 Z. 18f. oder [... *iltakkanūma ipēlu gimra*], Anp. Ann. I 30, in beiden Fällen auf Adn. II. bezogen. — Z. 5: *šá [kullat zā'irīšu inērūma ispuna abūbāniš]*, vgl. die Stellen bei Seux, ERAS S. 199. — Z. 6-8a: ergänzt nach Ann. FS (WO 2, 28) I 19-23; Schw. Ob. Z. 22-26. — Z. 8b-11: ergänzt nach Ann. FS I 23-29; Schw. Ob. Z. 26-31. Z. 11 Ende: [*ú-še-ziz ina šanê palêja* ÍD*Idiglat*], vgl. Mon. I 13f. — Z. 12-14a: ergänzt nach Ann. FS I 31-36; Schw. Ob. Z. 32b-35a. In Z. 12 also: *ālā[ni ša* m*Aḫūni mār Adini akšud*]. — Z. 14b-20: ergänzbar nach Schw. Ob. Z. 35b-44 (zu Z. 44 s. oben, 1); vgl. für Z. 16f. auch Mon. II 85f. — Z. 20b-26a: der Bericht über das vierte palû beginnt wohl noch in Z. 20. Z. 21ff. ist, wie der ganze Abschnitt, ergänzbar nach Schw. Ob. Z. 46ff. bzw. Ann. FS I 50ff., also: (21) ... [... KUR *Šitamrat ubān šadê ša aḫāt*] (22) [Í]D.A.RAT *a-n[a dan-nu]-ti-*⌜*šú*⌝ [*iš-kun* ...] (23) *a-di* DINGIR.M[EŠ-*ni-šu* GIŠ-GIGIR].MEŠ-[*šú* ANŠE.KUR].RA.[MEŠ-*šú* ...]. Z. 24 besser nach Schw. Ob. Z. 50, Ann. FS II 6f. zu ergänzen. — Z. 25: *ša* <m>*Ni-[iq-di-ra* KUR *I-da-a-a* m*Ni-iq-di-ma*], vgl. Schw. Ob. Z. 51f. und Hulin, *Iraq* 21, 63. — Z. 26b-27: ergänzt nach Ann. FS II 9-12, Schw. Ob. Z. 52b-54a. — Z. 28-37: Der Bericht über das 6. Regierungsjahr zeigt einige Abweichungen gegenüber den anderen Fassungen, so in Z. 29 und 30. In Z. 30 lies *áš-šá-[a* ...] „schleppte ich weg". Z. 31 ist ergänzbar nach Schw. Ob. Z. 58f.; Z. 32f. nach Schw. Ob. Z. 60f.: [... *adi* 12 *šarrāni ša māt Ḫatti*] (33) *ù a*(!)-*ḫat tam-ti* usw. — Z. 35: man erwartet (34) ... [... *ina qibit Aššur bēli*] (35) *rabî*(GAL) *bēli*(EN)-*ja it-ti-šú-nu am-da[ḫ-ḫi-iṣ* ...]; sollte das rätselhafte ŠIT-*ti-ja* am Anfang von Z. 35 ein Fehler des Schreibers sein? — Z. 36b-37 weicht ebenfalls von den vergleichbaren Texten ab, vgl. Schw. Ob. Z. 64-66 und Ann. FS II 22-25, ist jedoch ergänzbar nach KAH I 30 I 19-21. — Z. 37b-43a (7. Regierungsjahr) kann wiederum vollständig nach dem Schw. Ob., Z. 67-72, ergänzt werden. Z. 39 Ende: [... *ša* ÍD*Idiglat ašar mūṣû ša mê šaknu allik* GIŠ*kakki Aššur*] (40) *ina lìb-bi ú-lil niqê*(UDU.SISKUR.MEŠ) [*ana ilānija aṣbat naptan ḫudūtu*] (41) *áš-kun ṣa-lam šarrū*(MAN)-*ti-ja [šur-b]a-a [ēpuš tanatti Aššur bēlija alkakāt*] (42) [*q*]*ur-di-ja mi-[im-ma ša ina māt*]*āti*(KUR].KUR) [*ēteppuša* ...]. Die Zeilen 43b-45 lassen sich vorläufig keinem der bekannten Berichte über das 8. Regierungsjahr zuordnen.

Die Fragmente C und D sind bei Laessøe nicht kopiert oder bearbeitet. Das Photo auf Tf. XLI reicht für eine Umschrift nicht aus.

Fragment E (Kopie *Iraq* 21, 153) setzt mit dem 20. Regierungsjahr ein. Der Text ist von Z. 1-8 nunmehr ergänzbar nach Ann. FS IV 24-34.

(1) [...] *ad-ke* KUR *Ḫa-m[a]-a-nu* (2) [... *ša* m*Ka-te-i* KUR *Qa-ú-a*]*-a at-ta-[r]a-*<*da*> URU [*Lu*]-*sa-[an-da*] (3) [... URU.MEŠ-*ni dan-nu*]*-te a-di* URU.MEŠ-[*ni*] (4) [... *a-di qa-na*] URU.MEŠ-*ni-šú* KUR-*ud* [(fehlt wohl nichts)] (5) [GAZ-*šú-nu a-duk šal*]*-la-[su-nu áš-lu-la*] 2 *ṣa-lam* MAN-*ti-ja* DÙ-[*uš*] (6) [*ta-na-ti kiš-šu-t*]*i-[a ina lìb-bi*] *al-[ṭu]-ur 1-en ina pū[t*(SA[G!)] (7) [URU.MEŠ-*ni-šú*] *2-ú* [*ina qa-ni* URU.MEŠ-*ni-šú ina a*]*-ḫat tam-di áz-qu-[up*] (8) [*li-i-ti*] *ù da-[na-ni eli* URU/KUR *Qa*]*-ú-a al-tàk-kan.*

Die Zeilen 9-19a enthalten den Bericht über das 21. Regierungsjahr, der bisher nur in der wesentlich kürzeren Fassung des Schw. Ob., Z. 102-104, vorlag.

(9) [*ina 21*.BAL].MEŠ-*ja* [*21-šú* ÍD].A.RAT [*e-bir ma-da*]*-tu šá* MAN.MEŠ-[*ni*] (10) [*šá* KUR *Ḫat*]*-ti* [*kalīšunu amḫur* ...] GAB [x?] *ištu*(TA) [... *at*]*-tu-muš* [...] (11) [x (x)] *na* [... KUR] *Sa-ni[-ru attabalkat*(?) *ana ālāni*(?)] (12) [*šá* m]*Ḫa-za-'i-[ili šá* KUR ANŠE]-*šú at-ta-[rad* ...], usw. Zu Z. 14 cf. Hulin bei Mallowan, *Nimrud* I S. 323, Anm. 3 zu S. 86. Z. 15: *i[na pilši na-p]i-li ṣa-bi-te* KUR-*ud* GAZ-*šú-[nu a*]*-duk šal-la-su-nu* (16) [*áš-lu-la* ...] usw., vgl. zu Z. 15 Anp. Ann. III 53 und die Belege CAD Ṣ 97. — Zu Z. 18 vgl. Tadmor, IEJ 11, 148 Anm. 30, doch scheint statt der von Tadmor vorgeschlagenen Lesung URU *La-r[i]-s[a]* eher URU *La-r[u]-s[u]* zu den Spuren zu passen.

Das 22. Regierungsjahr wird in Z. 19b-33 geschildert, ebenfalls wesentlich ausführlicher als im Schw. Ob., Z. 104-107. Das Ende des Berichtes ist in Z. 33 noch nicht erreicht, doch ist die Fortsetzung nicht erhalten.

In Z. 19 lies: *22-*<*šú* Í>D.A.RAT, ŠÚ und A vom Schreiber ausgelassen.

Fragment F (Kopie *Iraq* 21, 156) enthält den Schluß des 23. und den Anfang des 24. Regierungsjahres. Was über das 23. Jahr erhalten ist (Z. 1-12), ist neu und kann nicht nach dem betreffenden Abschnitt des Schw. Ob. (Z. 107-110) ergänzt werden. Der Bericht über das 24. Jahr hingegen stimmt, soweit in Z. 13-18 erhalten, mit dem des Schw. Ob. überein (Z. 110-126) und kann danach wiederhergestellt werden.

Z. 13: *ina 24*.BAL.MEŠ-*ja* [ÍD *Zāba šupalû ētebir* KUR *Ḫa-ši-mur attabalkat*]. — Z. 18: lies [*ina* I]ZI *ašru[p*(GIBÍL-[*up*) ...].

Für die Fragmente G und H, deren Text nicht veröffentlicht ist, vgl. Laessøe, *Iraq* 21, 156f.

Wie Laessøe, *Iraq* 21, 157 zeigt, ist es wahrscheinlich, daß die Inschrift auf der Stele, wie die des Schw. Ob., mit dem 31. Regierungsjahr endet. Soweit dies beurteilt werden kann, zeigt der Text eine größere Ausführlichkeit in einigen Regierungsjahren, während andere wiederum mit dem Schw. Ob. wörtlich übereinstimmen. Die Inschrift der Nimrud-Statue ist eine wichtige Bereicherung unserer Kenntnisse, vor allem für die Zeit nach dem 20. Regierungsjahr, für die der Schw. Ob. bisher die einzige Quelle war.

c Ein weiteres, unvollständig erhaltenes Annalenfragment ist die Inschrift auf einer Steintafel KAH I 77, bearbeitet von Michel, WO 1, 11-15; Photos ibid. Tf. 3-4. Vgl. auch Luckenbill, ARAB I § 554.

Der Text ist, soweit erhalten, Duplikat zu Schw. Ob. Z. 15-38, bzw. zu Ann. FS I 10-40, so daß sich der Text keiner bestimmten Rezension (F oder E) zuordnen läßt. Eine sichere Zuweisung könnten allenfalls die von Unger, RLA II S. 405 erwähnten unveröffentlichten Zusatztstücke ermöglichen.

Immerhin macht die Übereinstimmung mit den beiden späten Rezensionen deutlich, daß es sich nicht um „eine der ältesten Niederschriften" handeln kann, wie Michel, WO 1, 12 Anm. i und WO 2, 146 Anm. i angenommen hat.

d Die bisher behandelten Inschriften enthalten Annalentexte im herkömmlichen Sinne. Sie berichten die Ereignisse bestimmter, datierter Regierungsjahre, wobei sie in chronologischer Ordnung vorgehen. Daneben finden sich historische Nachrichten auch in Texten anderer Art; dort sind die betreffenden Auszüge aus den Annalen oder die Anspielungen auf Ereignisse aus zurückliegenden Jahren teils undatiert, teils nicht in chronologischer Reihenfolge wiedergegeben oder aber poetisch ausgestaltet.

Dies ist der Fall bei Gurney-Finkelstein, STT I 43, bearbeitet von Lambert, AnSt 11, 148 ff. Der Text enthält einen dichterischen Bericht über den Feldzug gegen Urarṭu vom Jahre 856. Nach Lambert, AnSt 11, 143 f. ist der Text keinem bekannten literarischen Typus zuzuordnen. Er stellt, schon wegen seiner dichterischen Form, ein Unikum unter den assyrischen Königsinschriften dar.

Den Anfang bildet eine Anrufung von Göttern (Z. 1-3), wahrscheinlich Aššur, Ištar und Šamaš, vgl. Lambert, AnSt 11, 144. In Z. 1 dürfte demnach zu ergänzen sein: [... *bēl*] *mātāti*(KUR.KUR.MEŠ), vgl. Tallqvist, AGE S. 48.

In Z. 4 ist der Name des Königs mit einigen Epitheta zu vermuten, während Z. 5 eine Überleitung zum Thema darstellt. Am Ende dieser Zeile ist wohl [... *ṭâ*]*biš*(DÙG].GA-iš) zu ergänzen.

Eine Anrede an den König folgt in Z. 6-9. Der Sprecher dieser Zeilen ist nicht festzustellen. In Z. 8 lies ⌜*tul*⌝-⌜*ta*⌝(!)-[*al-pit*], wohl Druckfehler. Zu Z. 9 cf. Borger, BiOr 14, 119b.

In Z. 10 wird Aššur-bēl-ka'in, der Turtan, genannt und in Z. 11-16 vom König angesprochen. Schließlich erteilt der König den Befehl zum Aufbruch (Z. 17-24). In Z. 19 lies: *ge-er-ri* ᵈ*A-šur*(!), vgl. die Wendung *ilkakāt māt Aššur* bei TN. II., Ann. Z. 32.

Die Zeilen 25-30 entsprechen wohl inhaltlich der in den Annalen gebräuchlichen Formel *ina tukulti Aššur bēlīja* (...) *narkabāte ummānātēja adke*, die zum Feldzugsbericht überleitet. Die kriegerischen Ereignisse werden in der 1. Person geschildert (Z. 31-58). Zu Z. 29 vgl. Borger, *Asarhaddon* § 86 III 12. In Z. 53 dürfte zu lesen sein: *ma'dūte*(ḪI.A) *ṣe-ni ma*(!)-*kur āl*(URU) *šarru*(LUGAL)-*u-ti-šú* etc.

Den Feldzug beschließt ein Fest der Ištar von Arbela (Z. 59-60). Mit der Aufzählung von Schenkungen an Assur und einigen Ausdrücken des Triumphes endet der Text.

e Alle weiteren Erwähnungen historischer Ereignisse in nicht annalistischen Texten finden sich in Bau- oder „Prunkinschriften".

1) Die Ereignisse mehrerer Regierungsjahre sind in der Inschrift auf der Thron-Basis aus Kalaḫ in summarischer Form wiedergegeben. Bearbeitung: Hulin, *Iraq* 25, 48 ff.; Kopie ibid. Tf. X, Photos Tf. III-VII; Mallowan, *Nimrud* II S. 447 ff.

Die Geschehnisse sind nicht in chronologischer Reihenfolge angeordnet. Ein anderer Gesichtspunkt für die willkürliche Aufzählung läßt sich nicht ausmachen. An Datierungen finden wir nur das Akzessionsjahr (859, Z. 10) und das 13. Regierungsjahr (846, Z. 34), das gleichzeitig als terminus post quem für die Entstehung des Textes anzusehen ist. Vgl. noch Brinkman, PHPKB S. 196 f. Anm. 1199.

Für den Aufbau der Inschrift s. Hulin, *Iraq* 25, 49 f.

Einige Bemerkungen zum Text: Z. 1f.: cf. Seux, ERAS S. 114. — Z. 3-10: viele der hier verwendeten Epitheta finden sich auch bei Anp. II., AAA 19 Nr. 272 Z. 3ff. — Z. 28: *a-na nišē*(ÙG.MEŠ) *māti*(KUR, Text ŠE)-*ja am-nu-šú*-<*nu*>, vgl. Mon. I 75. Derselbe Fehler auch KAH I 30 I 13, s. unten, 2). — Z. 34-37: vgl. den Kommentar bei Hulin, *Iraq* 25, 61f. Die Diskrepanz zwischen diesem Abschnitt und den übrigen Berichten über das 13. palû scheint mir vorerst nicht lösbar zu sein. — Z. 42: *ina pūt*(SAG) „gegenüber", vgl. Delitzsch, HWb S. 517f.

2) Die Inschrift auf der Basaltstatue des Königs aus Assur wurde publiziert von Andrae bei Messerschmidt, KAH I 30. Bearbeitung: Michel, WO

1, 57-63; Photos ibid. Tf. 7-8, auch Andrae, FwA Textband Abb. 34 auf Blatt 13 und MDOG 21, 40 f. Abb. 5 und 6. III 9-10 auch bei Andrae, FwA S. 172. Übersetzungen: Luckenbill, ARAB I § 679-683; Ebeling bei Gressmann, ATAT² S. 344 (I 14-II 1); Oppenheim bei Pritchard, ANET³ S. 280.

Der Text ist streng genommen eine Bauinschrift, in der freilich die den König qualifizierenden Eroberungen einen breiten Raum einnehmen. Die einzelnen Episoden sind undatiert.

I 1-6: Titulatur, Filiation
I 6-10: Übersicht der eroberten Gebiete
I 10-13: 4. Regierungsjahr (855)
I 14-24: 6. Regierungsjahr (853)
I 25-II a 1(?):18. Regierungsjahr (841)
II a-c: weitgehend zerstört, Einordnung nicht möglich
III 1-2: 24. Regierungsjahr (835)
III 2-5: 22. Regierungsjahr (837)
III 5-8: 26. Regierungsjahr (833)
III 9-11: Baubericht

Einige Bemerkungen zum Text: I 8: kollationsbedürftig. — I 12: lies nach Photo von Unger *ummān*(ERÍN.ḪI.A!, Text ŠÚ) *mātī*(KUR)-*šú*. — I 13: nach Photo: ÙG.MEŠ ŠE(sic, lies KUR)-*ja*. Derselbe Fehler auch *Iraq* 25, 54 Z. 28. — I 18: vgl. vorläufig AHw 412b s. v. *jāšibum*. — I 29: nach MÈ eine Rasur (Photo). Am Ende der Zeile *it-ba* wegen Raummangels (Photo). — I 31: BÀD nach Photo richtig. — III 1: vgl. Balkan, *Kassitenstudien* I S. 58; Andrae, FwA S. 37 Anm. 1; Meissner, OLZ 15, 146 Anm. 1. — III 3: GIŠ-*li* statt *e-li* Fehler des Originals (Photo). — III 7: URU*Pa-aḫ-ri* <URU> MAN-*ti-šú*, Fehler des Originals (Photo). Vgl. zu dieser Stadt Alt, WO 1, 280. — III 9: Der Name der Stadtmauer auch bei Michel, WO 1, 391 lk. Rd. Z. 3 und Throninschrift Z. 37f., s. unten, 3) e. Vgl. noch KAH II 100 Z. 16f.

3) Die Intervention in Babylonien im 8. und 9. Regierungsjahr scheint als ein Höhepunkt der Regierungszeit Salmanassars gegolten zu haben. Speziell der Besuch der babylonischen Städte und des persischen Golfes im 9. Regierungsjahr wird in mehreren Bauinschriften als einziges historisches Ereignis mitgeteilt:

a) In der sogenannten Throninschrift aus Assur, Z. 14-20. Kopien: Layard, ICC pl. 76 f.; Craig, *Hebraica* 2, 140 f.; Rasmussen, *Salmanasser* Tf. XXXVIII-XL. Bearbeitungen: Craig, *Hebraica* 2, 141 ff.; Rasmussen, *Salmanasser* S. 84 ff.; Amiaud-Scheil, *Salmanasar* S. 74 ff.; Delitzsch, BA 6/I S. 152 ff., auch MDOG 32, 27 (II 6 ff.); Andrae, FwA S. 169 f.; Photos ibid. Abb. 38 auf Blatt 14 und Tf. XCVII; Strommenger, *Rundskulptur* Tf. 2-3; Übersetzungen: Luckenbill, ARAB I § 673 ff.; Pritchard, ANET³ S. 276 f. (Z. 1-20). Vgl. noch Gadd, *Stones* S. 148 f.

Die Inschrift beginnt mit Titulatur und Filiation (Z. 1-9), worauf die Übersicht der eroberten Gebiete folgt (Z. 9-13). In Z. 14-20 schließt sich ohne Datierung der Bericht über den Zug nach Babylon im 9. Jahr an. Der Baubericht (Z. 21-34) behandelt die Tätigkeit Salm. an den Stadtmauern von Assur, die auch anderweitig bezeugt ist. Nach der Anrede an den späteren Fürsten (Z. 34-36) nennt die Inschrift die Namen der Mauern und Stadttore (Z. 37-47).

Bemerkungen zum Text: Z. 9-12a: vgl. Lewy, OrNS 21, 397ff. — Z. 12: lies *a-mir* (ohne *-ma*) mit Luckenbill, AJSL 43, 209. — Z. 14f.: cf. Brinkman, PHPKB S. 193 Anm. 1183. — Z. 16f.: cf. Brinkman, PHPKB S. 196 Anm. 1196. — Z. 32 und 39: vgl. Frankena, *Tākultu* S. 125 Z. 134f. (lies ^{d}*En-gi*$_{6}$*-du-du*, Literatur bei Cagni, *Erra* S. 149). — Z. 37f.: vgl. oben, 2) zu III 9 und Frankena, *Tākultu* S. 152 Z. 139f. (abweichend). — Z. 40-47: ergänzbar nach Frankena, *Tākultu* S. 124 Z. 120ff., wo unser Text verwertet ist.

b) Den Bau der Stadtmauer in Assur erwähnt ebenfalls, wenngleich kürzer, die Inschrift auf einem Goldtäfelchen aus Assur (vgl. Andrae, JIT S. 54 Anm. 2), s. Michel, WO 1, 259 ff.; Photos ibid. Tf. 13. Übers.: Luckenbill, ARAB I § 706 f. Vgl. auch unten, g) zu KAH II 100.

Der Text enthält Titulatur und Filiation (Vs. 1-4), eine Übersicht der eroberten Gebiete (Vs. 6-11, in Vs. 7 wird wohl zu *u* <*ana*> *tam-di* zu verbessern sein), in der auch (Vs. 7-10) der Zug an den persischen Golf erwähnt wird. Der Besuch der babylonischen Städte ist in Rs. 1-5 festgehalten. Rs. 5b-13 bringt einen kurzen Bericht über den Bau der Stadtmauer in Assur.

c) Die Inschrift auf dem Tonknauf Assur 5999, Andrae, AAT S. 40 ff. mit Tf. XXII (Photo) und MDOG 28, 24 f. (Übers.) enthält als Hauptteil einen Baubericht vom Anu-Adad-Tempel. Auch hier wird der Zug nach Babylonien (9. Regierungsjahr) kurz erwähnt (I 5 f.). Der Text enthält weiter Titulatur und Filiation (I 1), eine Übersicht der eroberten Gebiete (I 2-4), wobei in I 3 auch der persische Golf genannt wird. In I 4 lies: [... *tam-d*]*i ša šùl-*≪*šùl*≫*-me*. Schließlich folgt der Baubericht (I 6-II 2), die Anrede an den späteren Fürsten (II 3-6) und eine Datierung (II 7), vgl. dazu Weidner, AfO 13, 309 (in dem von Andrae, AAT S. 40 Anm. 1 erwähnten Duplikat Ass. 13215 lautet die Datierung MU.1.KÁM 10(!) BAL.MEŠ-*ja*). Die Lesung Wincklers, OLZ 13, 114 ist gewiß nicht richtig, vgl. Brinkman, PHPKB S. 191 f. Anm. 1176.

Ein anderer Tonknauf, der Nachrichten über das 9. palû enthalten haben dürfte, ist unpubliziert. Vgl. Delitzsch, MDOG 36, 16 Anm. und Brinkman, PHPKB S. 194 Anm. 1184.

4) Die babylonische Episode spielt auch eine Rolle in zwei der vier Inschriften am Ausgang des Tigristunnels, die Salm. in seinem 7. bzw. 15. Regierungsjahr dort anbringen ließ. Zur Datierung vgl. Lehmann-Haupt, *Materialien* S. 43 f. und, richtig, Unger, *Wiederherstellung* S. 31 ff. und 53. Zwei der Inschriften, Tigr. 2 und 4, enthalten historische Nachrichten vom 9. und vom 14. Regierungsjahr, während die beiden anderen, Tigr. 3 und 5, Ereignisse des 7. Regierungsjahres wiedergeben. Vgl. zu diesen Inschriften Lehmann-Haupt, *Armenien* I 430 ff. und II/1 422 ff.

Tigr. 3 wurde veröffentlicht von Schrader, *Sebeneh-Su* S. 9-12 und 30-31, sowie erneut von Lehmann-Haupt, *Materialien* S. 36-38, Nr. 21, Photos des Abklatsches ibid. fig. 18a-b auf S. 37. Übers.: Luckenbill, ARAB I § 687-688.

Nach einer Anrufung von Göttern (Z. 1-4a) folgen in Z. 4b-6 Titulatur und Filiation. Die Übersicht der eroberten Gebiete (Z. 6-14) leitet über zu dem kurzen, undatierten Bericht über den dritten Feldzug gegen die Nairi-Länder im 7. Regierungsjahr und die Anbringung der Inschriften an der Tigrisquelle (Z. 15-17).

In Z. 1 dürfte Schraders Lesung *Aš-šur bēlu*(EN) richtig sein. — Z. 3: *ra-'i-mu-ut* mit Schrader gegen Lehmann-Haupt (*-im-*). — Z. 9: ⸢*qātī*⸣(⸢ŠU⸣) KUR-⌊*ud*⌋, ebenso Z. 14. — Z. 16f.: *3*-⌊*šú*⌋ (17) *ana* KUR *Na-i-ri a-lik ina rēš*(SAG) *ēni*(IGI) <*ša*> ^{íD}IDIGNA *šumī*(MU) *al-ṭu-ur*.

Tigr. 5 wurde von Lehmann-Haupt, *Materialien* S. 42 f., Nr. 23 bearbeitet, s. auch Schrader, *Sebeneh-Su* Nr. 3 und Unger, *Wiederherstellung* S. 50 f. Übers.: Luckenbill, ARAB I § 692.

Der Text entspricht mit geringen Abweichungen dem von Tigr. 3.

Die beiden späteren Inschriften Tigr. 2 und 4 sind ausführlicher und enthalten, wie bereits oben erwähnt, undatierte Berichte über das 9. und 14. Regierungsjahr.

Tigr. 2 wurde publiziert von Schrader, *Sebeneh-Su* S. 18 f. und S. 28 (nur Z. 1-13), vgl. KB I S. 50 f., und zunächst für eine Inschrift von TN. II. gehalten. So findet sich eine Bearbeitung auch bei Scheil, TN. II. S. 3 f., Nr. 2. Den vollständigen Text und seine Zuweisung an Salm. III. sicherte erst Lehmann-Haupt, *Materialien* S. 33-35, Nr. 20. Eine neue Bearbeitung lieferte Michel, WO 3, 152 ff. Übersetzungen: Luckenbill, ARAB I § 684-686; Pritchard, ANET^3 S. 280 f. (Auszug).

Der Text beginnt mit der Titulatur des Königs, woran sich einige Epitheta anschließen (Z. 1-13). Die Filiation (Z. 13 f.) geht der Übersicht der eroberten Gebiete (Z. 14-19) voran. Darauf folgen die Berichte über das 9. (Z. 19 f.) und das 14. Regierungsjahr (Z. 21-27).

Z. 3f.: MAN *kiš-šat* ÙG.MEŠ <MAN> GAL *šá* usw. — Z. 10: *šá* EGI[R *za*]-*i*-[*ri-šú*] wohl besser. — Z. 15f.: *šá šùl*-[*me* ^{d}UTU] (16) KUR *Ḫat-te* usw. — Z. 21: *šá* SI-*di*(lies *ši-di*) [*tam-di ana* GAB-*ja*]. — Z. 22: lies statt *šá-šú* mit Unger, *Wiederherstellung* S. 53 *4-šú*, vgl. auch Jepsen, AfO 14, 154 Anm. 5.

Tigr. 4 schließlich ist weitgehend Duplikat zu Tigr. 2 und mehrfach danach ergänzbar. Ein allerdings unleserliches Photo publizierte Lehmann-Haupt, *Zeitschrift für Ethnologie* 33 (1901) Tf. VI, vgl. auch *Materialien* S. 39 fig. 19 (Photo des Abklatsches). Bearbeitungen: Lehmann-Haupt, *Materialien* S. 38-41 und Tf. VI, Nr. 22; Unger, *Wiederherstellung*

S. 48 ff.; Michel, WO 3, 154 f. Übersetzungen: Luckenbill, ARAB I § 689-691; Pritchard, ANET[3] S. 280 f.

Der Text ist gegliedert wie Tigr. 2, doch fehlt nach Titulatur und Epitheta (Z. 1-5) die Filiation. Weitgehende Übereinstimmung läßt sich hingegen beobachten bei der Übersicht der eroberten Gebiete (Z. 5-10) und den Berichten über das 9. (Z. 11-14) und das 14. Regierungsjahr (Z. 14-17).

Z. 1: nach ÙG.MEŠ ist GAL.MEŠ zu streichen. — Z. 2: ÌR.SANGA wohl Kontamination aus ŠAGINA und SANGA, also entweder *šakkanak*(*ki*) *Aš-šur* oder *iššak Aš-šur* intendiert. Nach *Aš-šur* ist <*šá*> einzufügen. — Z. 4: s. zu Tigr. 2 Z. 10. — Z. 6: Text am Anfang der Zeile wohl korrupt. Vgl. Tigr. 2 Z. 15f. — Z. 10: *ana* G[ÌR].II-*ja*. — Z. 13: *ma-da-tú šá* LUGAL.MEŠ-*ni šá* ≪TA≫ KUR *Kal-di am-ḫur*, Michel, WO 3, 154 Anm. c zu streichen. — Z. 14: ... [GIŠ.TUKUL.M]EŠ-*a* <*a*>-*di* [ÍD *mar-ra-ti isḫupšunu* ...], Haplographie. — Z. 15: nach Tigr. 2 Z. 22 am Ende der Zeile *itbûne* zu ergänzen. — Z. 16: s. zu Tigr. 2 Z. 22.

5) Unter den Inschriften mit historischen Nachrichten sind noch zwei zu nennen, deren eine das 15. Regierungsjahr zum Gegenstand hat, während die zweite nach diesem Jahr datiert ist. Beide stammen aus „Fort Shalmaneser" in Nimrud:

a) Die Inschrift auf einer Türschwelle, Laessøe, *Iraq* 21, 38-40 und pl. XII (Kopie) enthält Titulatur und Filiation (Z. 1-2), eine kurze, nur die Meere als Orientierungspunkte nennende Angabe des Herrschaftsbereiches (Z. 3-4a) und einen summarischen Bericht (Z. 4-11) bis zum 15. Regierungsjahr (844). Eigene Nachrichten über das 15. Jahr enthält der Text nicht, wohl aber seine Fortsetzung (s. sogleich). Zu Z. 1 cf. Laessøe, *Iraq* 25, 58.

b) Die weitgehend zerstörte Inschrift auf einer Thronbasis, die ca. 48 Zeilen enthalten haben dürfte. Bearbeitung: Laessøe, *Iraq* 21, 40 f. Z. 1'-5'a sind Duplikat zur Inschrift auf der Türschwelle, ibid. S. 38 ff., Z. 9-11. Die restlichen Zeilen (5'b-10') bilden deren Fortsetzung. Sie behandeln die Entgegennahme von Tribut des Landes Melid und die Unterwerfung des Asia, Königs von Daja(e)ni. Für den Anfang der Inschrift vgl. Laessøe, *Iraq* 25, 58 zu Z. 1-2.

Ein gewisses Problem bildet in Z. 7' die Wendung 3-*šú a-na* KUR *Na-'i-ri* (8) *a-lik*. Dieselbe Zahl begegnet auch in Tigr. 3 und 5 (s. oben, 4), die mit Unger, *Wiederherstellung* S. 31 ff. in das 7. Regierungsjahr zu datieren sind. Demgegenüber ist der Feldzug gegen Asia, über den die vorliegende Inschrift berichtet, zweifellos in das 15. Regierungsjahr zu setzen, vgl. Ann. Cam. III 43 ff. Diese Diskrepanz scheint mir nur so erklärlich, daß einer der Nairi-Feldzüge, der im 7. Jahr noch als solcher gegolten hatte, später nicht mehr mitgezählt wurde, sei es, weil er erfolglos war, sei es, weil er nicht so weit in das Land hineinführte wie die späteren.

Auch die Möglichkeit eines Schreibfehlers dürfte nicht ganz auszuschließen sein. Fest steht jedoch, daß Salm. im Akzessionsjahr, im 3., 7. und 15. Jahr gegen die Nairi-Länder gezogen ist.

Die Erwähnung von Babylon, 15 Zeilen tiefer in zerstörtem Kontext, läßt vermuten, daß hier das 9. Regierungsjahr geschildert war.

Eine andere, ebendort gefundene Inschrift auf einer Steintafel dürfte von Salm. III. stammen, ist jedoch fast völlig zerstört, vgl. Laessøe, *Iraq* 21, 41 unten. Nur die Reste der Filiation ermöglichen eine Zuweisung an diesen König.

6) Ein Statuenfragment aus Nimrud wurde publiziert von Hulin, *Iraq* 28, 84 ff. Die Zuweisung an Salm. III. ist völlig unsicher. Der Text kann mit keinem der bekannten Annalentexte Salm. verglichen werden. Wegen einiger Ortsnamen scheint eine wesentlich spätere Datierung (Tiglp. III.?) ebenfalls möglich zu sein.

f Auf den folgenden Seiten gebe ich in tabellarischer Form eine Übersicht der annalistischen Texte bzw. Textteile, aus der sich jeweils die Quellen für ein beliebiges Regierungsjahr ersehen lassen. Dabei ist zu beachten, daß die einzelnen Duplikate zu den Hauptvertretern nicht eingetragen sind, soweit sie mit diesen wörtlich übereinstimmen. Das Verhältnis der Duplikate zu den Haupttexten kann aus den obigen Abschnitten b-e entnommen werden.

Die Texte sind in den Tabellen in derselben Reihenfolge angeordnet, in der sie oben, b-e, behandelt wurden, um das Auffinden der betreffenden Passagen zu erleichtern.

	Mon.	Balawat	Ann. Cam.	Stier
Akz.	I 14-29		I 28-41	
1.	I 29-II 13	II 2b-5a	I 42-48	
2.	II 13-30		I 49-56	
3.	II 30-66	II 5b-III 3a	I 57-II 2	Z. 55-60
4.	II 66-78	III 3b-6	II 3-15	Z. 60-66
5.			II 16-18	Z. 66-67
6.	II 78-102		II 19-33	Z. 67-74
7.			II 34-40	Z. 75-78
8.		IV 1-5a	II 41-44	Z. 78-79
9.		IV 5b-VI 8	II 45-54	Z. 79-84
10.			II 55-67	Z. 84-89
11.			II 68-III 15	Z. 90-96
12.			III 16-20	Z. 96-98
13.			III 21-23	Z. 98-99
14.			III 24-33	Z. 99-102
15.			III 34-57	Z. 102-107
16.			III 58-IV 25	
17.				
18.				Z. 41-52
19.				
20.				

	Mon.	Balawat	Ann. Cam.	Stier
21.				
22.				
23.				
24.				
25.				
26.				
27.				
28.				
29.				
30.				
31.				

	III R 5, 6	Ann. FS	Kurba'il	Schw. Ob.
Akz.		I 19-23		Z. 22-26
1.		I 23-30		Z. 26-31
2.		I 30-36		Z. 32-35
3.		I 36-48		Z. 35-44
4.		I 48-II 9		Z. 45-52
5.		II 9-12		Z. 52-54
6.		II 13-25		Z. 54-66
7.		II 26-30		Z. 67-72
8.		II 31-34		Z. 73-76
9.		II 35-44		Z. 77-84
10.		II 45-50		Z. 85-86
11.		II 51-III 5		Z. 87-89
12.		III 6-10		Z. 89-90
13.		III 10-13		Z. 90-91
14.		III 14-25		Z. 91-92
15.		III 26-33		Z. 92-93
16.		III 33-37		Z. 93-95
17.		III 37-45		Z. 96-97
18.	Z. 1-26	III 45-IV 15	Z. 21-30	Z. 97-99
19.		IV 15-22	Z. 30-31	Z. 99-100
20.		IV 22-34a	Z. 31-34	Z. 100-102
21.				Z. 102-104
22.				Z. 104-107
23.				Z. 107-110
24.				Z. 110-126
25.				Z. 126-131
26.				Z. 132-141
27.				Z. 141-146
28.				Z. 146-156
29.				Z. 156-159
30.				Z. 159-174
31.				Z. 174-190

	Nimrud-Stat.	KAH I 77	STT I 43	Thron-Basis
Akz.	AB Z. 6-8	Vs. 10-15		Z. 10-18
1.	AB Z. 8-11	Vs. 15-Rs. 8		Z. 18-26, 42?
2.	AB Z. 11-14	Rs. 8-13		
3.	AB Z. 14-20	Rs. 14-17	Z. 10-60	Z. 37-42
4.	AB Z. 20-26			Z. 26-28, 42ff.
5.	AB Z. 26-27			Z. 44
6.	AB Z. 28-37			Z. 29-34, 48?
7.	AB Z. 37-43			
8.	AB Z. 43-...			Z. 45
9.				Z. 45-47, 49
10.				
11.				Z. 48?
12.				

	Nimrud-Stat.	KAH I 77	STT I 43	Thron-Basis
13.				Z. 34-36
14.				
15.				
16.				
17.				
18.				
19.				
20.	E Z. 1-8			
21.	E Z. 9-19			
22.	E Z. 19-33			
23.	F Z. 1-12			
24.	F Z. 13-18			
25.				
26.				
27.				
28.				
29.				
30.				
31.				

	KAH I 30	Throninschr.	WO 1, 259ff.	AAT 40ff.
Akz.				
1.				
2.				
3.				
4.	I 10-13			
5.				
6.	I 14-24			
7.				
8.				
9.		Z. 14-20	Rs. 1-5	I 5-6
10.				
11.				
12.				
13.				
14.				
15.				
16.				
17.				
18.	I 25-IIa 1?			
19.				
20.				
21.				
22.	III 2-5			
23.				
24.	III 1-2			
25.				
26.	III 5-8			
27.				
28.				
29.				
30.				
31.				

	Tigr. 3	Tigr. 5	Tigr. 2	Tigr. 4	Iraq 21, 40
Akz.					
1.					
2.					
3.					
4.					

	Tigr. 3	Tigr. 5	Tigr. 2	Tigr. 4	Iraq 21, 40
5.					
6.					
7.	Z. 15-17	Z. 12-13			
8.					
9.			Z. 19-20	Z. 11-14	
10.					
11.					
12.					
13.					
14.			Z. 21-27	Z. 14-17	
15.					Z. 5'-10'
16.					
17.					
18.					
19.					
20.					
21.					
22.					
23.					
24.					
25.					
26.					
27.					
28.					
29.					
30.					
31.					

g Die kleineren Inschriften aus Assur:

1) Die Inschrift auf einer Steinkassette wurde publiziert von Andrae, FwA S. 174 f. (Kopie ibid. S. 175, Abb. 269; Photo Tf. CIV) und Schroeder, KAH II 100. Bearbeitung: Michel, WO 1, 387 f.; Übersetzung: Luckenbill, ARAB I § 703-705. Photos auch MDOG 36, 26 Abb. 9 und bei Andrae, *Das wiedererstandene Assur* Tf. 28b. Der Inhalt dieser Kassette dürfte in dem Goldtäfelchen bestanden haben (s. oben, e 3b), vgl. Michel, WO 1, 387 und Ellis, *Foundation Deposits* S. 101 und 194.

Der Text enthält Titulatur und Filiation (Z. 1 f.), eine Übersicht der eroberten Gebiete (Z. 3-6a) und den Baubericht der Stadtmauer von Assur (Z. 6b-13) sowie die Anrede an den späteren Fürsten (Z. 13-15). Abschließend wird in Z. 16 f. der Name der Stadtmauer genannt (vgl. oben, e 2).

2) Im Bereich des Ištar-Tempels in Assur wurden vier Steinblöcke gefunden (vgl. Andrae, JIT S. 113 und 114 sowie MDOG 31, 15), von denen zwei bei Andrae, JIT Tf. 32, b und c, auf Photos wiedergegeben sind (Ass. 8726 und 19743). Sie tragen beide eine gleichlautende Bauinschrift vom Tempel der Bēlat-natḫa. Der Text ist noch unbearbeitet.

(1) md*Šùl-ma-nu-ašared*(MAŠ) *iššak*(SANGA) *Aššur*(AŠ) *apil*(A) *Aš-šur-nāṣir-apli*(A) *iššak*(SANGA) *Aššur*(AŠ)

(2) *apil*(A) *Tukultī*(TUKUL)-*Ninurta*(MAŠ) *iššak*(SANGA) *Aššur*(AŠ)-

ma e-nu-ma bīt(É) ^{d}*Bēlat*(GAŠAN)*-nat-ḫa bēlti*(NIN-ti) *rabīti*(GAL-*ti*)

(3) *bēltī*(NIN-*ti*)*-ja šá Tukultī*(IZKIM)-^{d}*Ninurta*(MAŠ) *mār*(DUMU)^{d}*Šùl-ma-nu-ašared*(MAŠ) *a-bi iššak*(SANGA) *Aš-šur*

(4) *ina pa-na ēpuš*(DÙ-*uš*) *e-na-aḫ-ma ištu*(TA) *uš-še-šu a-d*[*i*] *gaba-dib-*[*bi-šu*]

(5) *ar-ṣip ú-šék-lil* ^{NA4}*narê*(NA.RÚ.MEŠ.A^{sic})*-a aš-kun*

Text nach Ass. 8726; Varianten aus Ass. 19743: (2) NIN-*ti* ≪NIN≫ GAL-*ti*; (3) NIN-*ti-a*; ^{m}TUKUL-MAŠ *apil*(A); SANGA AŠ; (4) *ištu*(TA) ⌞*uššē*⌟(⌞URU$_{4}$⌟)-⌞*šú*⌟ ⌞*a*⌟-[*di* ...], Rest abgebrochen. — Z. 2: cf. Frankena, BiOr 18, 205b; AHw 791b, A 4 a.

3) Vom Anu-Adad-Tempel stammen einige beschriftete Basalt-Angelsteine. Ass. 6437 und 12822 wurden publiziert von Andrae, AAT S. 42 f. mit Abb. 29 und 30 (Kopien), Photos ibid. Tf. XXIII; Übersetzung von Ass. 6437 auch MDOG 28, 30. Die Inschrift beginnt mit einer Anrede an Adad, bringt dann Titulatur und Filiation und schließt mit einer an Anu und Adad gerichteten Votivformel.

Weitere Basaltangelsteine aus demselben Bauwerk enthalten Titulatur und Filiation sowie den Vermerk „Erbauer des Anu-Adad-Tempels", nämlich Assur 12687 (Andrae, AAT S. 43 Abb. 31), 12688 (ibid. S. 44, Abb. 32), 12689 (ibid. Abb. 33) und 12690 (nicht kopiert). Bearbeitung: Andrae, AAT S. 43 f., Photos Tf. XXIII und XXVI.

4) Auch vom Tabira-Tor sind die Angelsteine Salmanassars erhalten. Nach den Inschriften lassen sich zwei Typen unterscheiden:

a) Ass. 10217 und 10221, Kopie des letzteren bei Andrae, FwA S. 171 Abb. 289, Photos beider Exemplare ibid. Tf. XCVIII, Bearbeitung ibid. S. 170, 11c und Michel, WO 1, 215. Die von Michel aufgeführten Exemplare Assur 10235 und 10236 gehören nicht hierher, s. unten, b).

Die Inschrift enthält Titulatur und Filiation (Z. 1-2a) sowie eine Notiz über die Erneuerung des Tabira-Tores und der Stadtmauern.

b) Ausführlicher ist Assur 10329. Kopie: Andrae, FwA S. 171 Abb. 290; Bearbeitung: ibid. S. 171 f. sowie Michel, WO 1, 216 f. mit den Duplikaten Ass. 10328, 10235, 10236 (Photos MDOG 32, 17 und Andrae, FwA Tf. XCVIII). Übersetzung: MDOG 32, 15.

Nach Titulatur und Filiation (Z. 1-4) enthält dieser Text eine kurze Vorgeschichte des Tabira-Tores (Z. 5-8), den Baubericht (Z. 9-11) und eine Anrede an den späteren Fürsten (Z. 12-16).

5) Unsicher ist, ob die in Assur gefundenen Fragmente einer Basaltskulptur (eines Obelisken?) mit nur geringen Inschriftresten Salm. zuzuweisen sind. Photos: Andrae, AAT Tf. XXX. Vgl. dazu Unger, MAOG 6/I-II S. 8 Anm. 1 (nennt weitere Bruchstücke).

6) Dasselbe gilt für das Reliefbruchstück mit einem Inschriftrest von

einer Zeile, kopiert von Schroeder, KAH II 99, bearbeitet von Michel, WO 1, 394 f. Vgl. Luckenbill, ARAB I S. 211 Anm. 1.

7) Ein Keulenknauf (Ass. 10265, s. Andrae, FwA S. 33) wurde publiziert von Nassouhi, MAOG 3/I-II S. 12 ff., Photo ibid. S. 17. Die Inschrift weist das Stück als Votivgabe an Nergal aus. Es stammt aus der Beute von Marduk-mudammiq, König von Namri.

8) Die Inschrift auf einer Marmorperle wurde publiziert von Schroeder, AfK 2, 70, auch Michel, WO 1, 269 f. Übersetzungen: Delitzsch, MDOG 29, 45; Oppenheim bei Pritchard, ANET³ S. 281. Vgl. noch Ebeling, ArOr 21, 401.

Es handelt sich um ein Beutestück (*kišittu*, Z. 1) aus dem Šēru-Tempel in der Stadt Malaḫu aus dem Besitz des Ḫaza'el (Z. 3), das Salm. nach Assur „*ana libbi dūri*" verbracht hat. Demzufolge war die Perle wohl einem der Gründungsdepots in der Stadtmauer beigegeben. Vgl. dazu Ellis, *Foundation Deposits* S. 136 ff., wo dieses Stück übersehen wurde.

9) Titulatur und Filiation enthält eine einzeilige Inschrift auf der Bleiplatte Ass. 13495, Duplikat Ass. 13496, publiziert von Andrae, FwA S. 172 Nr. 11d, Kopie ibid. Abb. 291.

10) Der Bau der Stadtmauer und ihrer Tore ist Gegenstand einer in zahlreichen Exemplaren erhaltenen Tonknaufinschrift. Kopien: Messerschmidt, KAH I 27; Schroeder, KAH II 97; Bearbeitungen: Andrae, FwA S. 173 (Textherstellung nicht korrekt); Michel, WO 1, 209 ff. Übersetzung: Luckenbill, ARAB I § 699-702.

Im Einzelnen handelt es sich um die folgenden Textvertreter: Ass. 10322 (FwA S. 173, Kopie); Ass. 11556 (FwA Tf. CIII), cf. Weidner, AfO 13, 309; Ass. 10237 (FwA Tf. CII); Ass. 9976 (KAH II 97, Photo FwA Tf. CI); Ass. 11583 (FwA Tf. CIII); Ass. 1425 (KAH I 27); Ass. 11446 + 11913 (+) 11446b (FwA Tf. CI und CIII); Ass. 11912 (FwA Tf. CI); Ass. 11390 (FwA Tf. CIII); Ass. 8101 (FwA Tf. CI); Ass. 7980 (FwA Tf. CI); Ass. 11391 (FwA Tf. CIII), cf. Michel, WO 1, 210.

Unpubliziert sind (vgl. Michel, WO 1, 209f. und Schott, *Vorarbeiten* S. 33f.): Ass. 9287, 9969, 10049, 10112, 10238a, 10254, 10327, 10335b, 12155 und 11552 (dieser Text ist Duplikat zu Ass. 11556, gehört also hierher und nicht zu KAH I 28. Weidner, AfO 13, 309 und Michel, WO 1, 205 zu korrigieren).

Nicht hierher gehört Ass. 1379, Duplikat zu KAH I 26 (vgl. KAH I S. 77*).

Der Text enthält Titulatur und Filiation (Z. 1-3), eine eingeschobene Votivformel („für sein Leben und das Wohlergehen seiner Stadt", Z. 4), den Baubericht (Z. 5-9) und die Anrede an den späteren Fürsten (Z. 10-15).

Auffallend sind einige Assyriasmen in dieser und den mit ihr verwandten Inschriften (s. die folgenden Abschnitte), z.B. *ús-si-šu* (Z. 8) statt *uššēšu* (so nur ein Expl.), vgl. v. Soden, GAG § 30d, dazu Borger, BAL S. XXXI; *ru-ba-ú ur-ku-ú* (Z. 10); Vokalharmonie in *e-nu-ḫu-ú* (Z. 12); *i-šá-me-ú*, Var. *i-ši-mu-ú* (Z. 14). Eine Untersuchung über die Assyriasmen in den Inschriften Salmanassars fehlt leider noch.

11) Ebenfalls auf die Erneuerung der Stadtmauern und der Tore bezieht sich die Inschrift auf Tonknäufen KAH I 28, bearbeitet von Michel, WO 1, 205 f. Die von Michel, ibid. S. 205 genannten Exemplare Ass. 11556 = Andrae, FwA Tf. CIII (!) und Ass. 15552 (unpubliziert, vgl. Weidner, AfO 13, 309) sind Duplikate zu KAH I 27 etc., s. oben. Delitzsch, MDOG 32,26, wo noch weitere, z. T. unpublizierte Fragmente genannt sind, und Andrae, FwA S. 173 bieten den Text von KAH I 27. Beide Bearbeitungen trennen nicht zwischen KAH I 27 und KAH I 28. Übersetzung: Luckenbill, ARAB I § 699 f.

Der Text enthält Titulatur und Filiation (Z. 1-3, lies in Z. 3: MAN [*kiššati* MAN KUR *Aš-š*]*ur*-[*ma*], wonach Z. 1 und 2 zu ergänzen sind), eine Votivformel (Z. 4) wie in KAH I 27 etc. Z. 4, ferner den Baubericht (Z. 5-9), eine Anrede an den späteren Fürsten (Z. 10-13) und eine Datierung (Z. 14-16), nach der die Inschrift aus dem Jahre 833 stammt. Vgl. hierzu Weidner, AfO 13, 309.

12) Ass. 1378, das Fragment eines Tonknaufs, wurde veröffentlicht von Messerschmidt, KAH I 26. Duplikat dazu ist Ass. 1379 (s. KAH I S. 77*; Michel, WO 1, 209 zu korrigieren). Bearbeitungen: Delitzsch, MDOG 32, 26 (Textherstellung nicht korrekt); Michel, WO 1, 207 f. Für die Bearbeitung von Andrae, FwA S. 173 s. oben zu KAH I 27 etc. Übersetzung: Luckenbill, ARAB I § 699 f.

Der Text bietet Titulatur und Filiation (Z. 1-3), die bereits aus KAH I 27 etc. und KAH I 28 bekannte Votivformel (Z. 4), den Baubericht von den Mauern und Toren in Assur (Z. 5-9) und die Anrede an den späteren Fürsten (Z. 9-12). Die Fortsetzung, falls es sie gab, ist abgebrochen. Für eine Datierung scheint jedoch noch genügend Raum vorhanden gewesen zu sein.

Z. 5: [B]ÀD.MEŠ.KI *ki-l*[*a-le-e*/*ki-la-l*[*e-e a-d*]*i* [KÁ.GAL.MEŠ], vgl. Z. 10. — Z. 6 Ende: *a-lik p*[*a-ni-ja e-pu-šu*]. — Z. 7: *a-na si-ḫ*[*ir-ti-šu ištu uššēšu*]. — Z. 9f.: [... *e-nu-ma*] (10) [BÀD.KI]/[BÀD].KI$_{(1379)}$ *ù*$_{(1379)}$ KÁ.GAL.MEŠ usw. — Z. 11: [*Aš-šur*] [d]IŠKUR DINGIR.MEŠ GAL.MEŠ usw. nach 1379. — Z. 12: [*ik-ri-bi-šu*] *i-šá-me-*[*ú* ...(?)] nach Ass. 1379.

13) Der Tonknauf Ass. 10295 wurde publiziert von Andrae, FwA S. 170 (Kopie Abb. 288, Photo Tf. CII) und erneut bearbeitet von Michel, WO 1, 255 ff. Ein unveröffentlichtes Duplikat ist Ass. 10495, s. Michel, WO 1, 255.

Der Text enthält Titulatur und Filiation (Z. 1-4), den Baubericht vom Tabira-Tor (Z. 5-11), eine Verfügung für die Zukunft, daß der spätere Fürst das Bauwerk erneuern möge (Z. 11-14), wofür ihm der Segen der Götter in Aussicht gestellt wird (Z. 14-16) und eine Datierung (Z. 16-18, 842).

14) Ass. 9464, ein Bruchstück einer Tonkonsole (vgl. Andrae, FwA S. 7) war mit einer Bauinschrift versehen, von der nur noch die Zeilenanfänge erhalten sind. Nach den Photos bei Andrae, FwA Tf. CII läßt sich der Text wie folgt lesen:

(1) ^{md}*Šù*[*l-ma-nu-ašared* ...] (2) *mār*(DUMU) ^{m}*Aš-š*[*ur-nāṣir-apli* ...] (3) *mār*(DUMU) ^{m}*Túk*[*ul-ti-*^{d}*Ninurta* ...] (4) *šar*(MAN?) KUR *Aššur*(AŠ)-*ma* [...] (5) ^{m}*Aš-šur-dan*^{an} [...] (6) *e-pu-šú e-*[*na-aḫ-ma* ...] (7) x̣ [...] (8) *dan-na-sa* [*ak-šud ištu uššēša adi gabadibbīša arṣip*] (9) *ú-šék-li*[*l* ...] (10) *e-na-ḫ*[*u-ma* ...] (11) *a-na áš-*[*ri-šú* ...] (12) ^{d}*Iš-tar* ^{d}[...] (13) ^{ITU}*Ulūlu*(KIN) UD.27.K[ÁM *li-mu Tàk-lak-ana-šarri šakin*] (14) ^{URU}*Né-*[*med-*^{d}*Ištar*]

Der Text ist eng verwandt mit dem soeben behandelten Tonknauf Ass. 10295 (FwA S. 170) und behandelt wie dieser die Erneuerung des Tabira-Tores. Die Filiation ist im vorliegenden Text wahrscheinlich kürzer, auch der Baubericht dürfte knapper gefaßt sein. Zur Datierung vgl. Andrae, FwA S. 170 Z. 17f. Cf. auch MDOG 32, 8.

15) Schroeder, KAH II 106 = Andrae, AAT S. 45 mit Abb. 34 und Tf. XX ist eine Ziegellegende vom Anu-Adad-Tempel. Übersetzungen: MDOG 28, 33; Luckenbill, ARAB I § 710.

16) Eine vierzeilige Ziegellegende von der Stadtmauer in Assur ist Schroeder, KAH II 96; Duplikate sind KAH I 29 und Andrae, FwA S. 174 mit Abb. 293 und Tf. IC (Ass. 12138). Ein unpubliziertes Duplikat (falls nicht mit KAH II 96 identisch) ist Ass. 3934, s. MDOG 27, 8. Bearbeitung: Michel, WO 1, 214 f.; Übersetzung: Luckenbill, ARAB I § 697.

17) Eine dreizeilige Legende enthalten die Backsteine Ass. 10364 = KAH II 102, Ass. 12139 (Andrae, FwA Tf. IC, vierzeilig) und Ass. 11317 (FwA S. 174, Abb. 294 und Tf. C). Bearbeitung: Michel, WO 1, 218 f.; Übersetzung: Luckenbill, ARAB I § 698. Gegen Andrae, FwA S. 174 gehört Ass. 11738 nicht hierher, sondern ist Duplikat zu Layard, ICC 77 B, s. dazu unten, 26).

18) Eine sechszeilige Ziegelinschrift vom Assur-Tempel, KAH II 103, enthält Titulatur und Filiation (Z. 1-3) und die Mitteilung, daß Salm. den Gott ^{d}*Ar-ma-da* in Gold habe bilden lassen (Z. 4-6). Bearbeitung: Michel, WO 1, 268 f.; Übersetzung: Luckenbill, ARAB I § 709. Zu ^{d}*Ar-ma-da* s. die Literatur bei Michel, WO 1, 268 f.

19) Eine achtzeilige Ziegelinschrift berichtet von der Erneuerung des Tempels der Bēlat-natḫa. Kopie: Schroeder, KAH II 98; Bearbeitungen: Schroeder, AfK 1, 40; Michel, WO 1, 270 f. Übersetzung: Luckenbill, ARAB I § 798.

20) Die Ziegellegende KAH II 101 wurde bearbeitet von Michel, WO 1, 218. Übersetzung: Luckenbill, ARAB I § 695. Auf Titulatur und Filiation folgt der Vermerk „Erbauer des ‚Hauses' (Tempels?)".

21) Das Ziegelbruchstück Ass. 10239 wurde bearbeitet von Andrae, FwA S. 172 Nr. 11e (Photo ibid. Tf. IC) und Michel, WO 1, 217 f.

22) Eine Ziegelinschrift vom Palast ist KAH II 104, Photo bei Andrae, FwA Tf. IC (Ass. 10325). Vgl. Luckenbill, ARAB I § 693.

23) Ass. 12104, abgebildet bei Andrae, FwA Tf. C stammt wohl ebenfalls von Salm. III. Der Text ist nach dem Photo jedoch nicht lesbar.

24) Das Ziegelfragment Ass. 17086 wurde publiziert von Michel, WO 1, 395 f. und Tf. 21. Ob Ass. 17169 (Michel, ibid.) hierhergehört, ist nicht sicher. Vgl. noch Weidner, IAK S. 107 Anm. 6.

25) Die vierzeilige Ziegellegende KAH II 108 wurde bearbeitet von Michel, WO 1, 219 f. und übersetzt von Luckenbill, ARAB I § 696.

26) Eine dreizeilige Ziegelinschrift mit Titulatur und Filiation des Königs ist aus Assur und Ninive bekannt geworden. Kopien: Layard, ICC 77 B, Rasmussen, *Salmanasser* Tf. XLI und S. 88 f. (Bearbeitung). Vgl. auch Amiaud-Scheil, *Salmanasar* S. 78 f. und Bezold, ZA 21, 397. Übersetzung: Luckenbill, ARAB I § 693 f. Duplikate: Andrae, FwA Tf. IC (Ass. 11738) und Tf. C (Ass. 9733, 9353, 9342); Schroeder, KAH II 105 und 107 sowie, aus Ninive, Thompson, *Archaeologia* 79 Nr. 64 und AAA 18 Nr. 35 und 41, vgl. noch Thompson, AAA 19, 115 sub X (1). Hierher gehört wohl auch das Ziegelfragment El Amin, *Sumer* 5, pl. XVII=S. 151, B (Photo), das den Anfang von Z. 3 enthalten dürfte.

27) Das von Schroeder, KAH II 111 kopierte Fragment einer Tontafel könnte von Salm. III. stammen, vgl. Z. 4'. Die Natur des Textes kann ich jedoch nicht näher bestimmen.

28) Der Erlaß Ebeling, SVAT Nr. IV könnte nach Postgate, *Neo-Assyrian Royal Grants and Decrees* S. 120 auf eine Abschrift aus der Zeit Salm. III. zurückgehen.

29) Das Gebet Salmanassars an eine Göttin wurde publiziert von Ebeling, KAR 98. Der Text ist noch unbearbeitet. Die angesprochene Göttin könnte Ninlil sein, cf. Seux, ERAS S. 165 Anm. 57 u. ö., doch wäre als Adressatin auch Ištar von Arbela denkbar (Rs. 20), deren Verehrung durch Salm. III. uns bereits aus dem poetischen Bericht über den Feldzug von 856, Z. 59-60 (vgl. oben, d) bekannt ist.

Vs. 4': vgl. Seux, ERAS S. 165 und S. 254. — Vs. 8': *lik-ru-bu šarru*(LUGAL)*-ú-su*. — Vs. 9': cf. v. Soden, OrNS 24, 384. — Rs. 1: cf. Seux, ERAS S. 264 und S. 145. — Rs. 7: *a-na* ⌜*šá*⌝ *p*[*a-na*(?)] *ú-šá-tir*; man erwartet zwar *eli ša pāna*, doch vgl. Lambert-Millard, *Atra-ḫasīs* S. 108 Z. 39. — Rs. 8: cf. Schott, *Vorarbeiten* S. 34 Anm. 1. — Rs. 10: cf. v. Soden, ZA 50, 181.

30) Ein einzigartiges Dokument muß, obgleich es keine Königsinschrift ist, dennoch hier erwähnt werden. Es ist der Eponymatswürfel (*pūru*) des Jaḫālu, dessen Inschrift von Stephens, YOS 9, Nr. 73, pl. XLV

und XXVII veröffentlicht und von Michel, WO 1, 261 ff. bearbeitet wurde. Es scheint, als sei das Eponymat in älterer Zeit ein Losamt gewesen, das aber später, bestimmt zur Zeit Salmanassars, in einer gewissen Reihenfolge unter den Würdenträgern vergeben wurde. Die Loszeremonie hat man jedoch augenscheinlich beibehalten. Vgl. Lewy, HUCA 14, 145 und HUCA 27, 42 sowie v. Soden, OrNS 38, 421 Anm. 1.

h Die kleineren Inschriften Salmasassars aus Ninive [s. S. 141]:

1) Thompson, AAA 19 Nr. 302, das Bruchstück einer Kalksteinplatte, enthielt Titulatur und Filiation sowie eine Übersicht der eroberten Gebiete.

Z. 2-3: cf. Seux, ERAS S. 350. — Z. 3-4: cf. Seux, ERAS S. 174f., auch S. 199. — Z. 13-16 beziehen sich auf das 9. Regierungsjahr, vgl. die Stellen oben, e, 3-4.

2) Das Basaltbruchstück Thompson, AAA 18 Nr. 11 könnte von Salm. III. stammen, falls in Z. 1 zu ergänzen ist: É.GAL ᵈŠ[*ùl-ma-nu-ašared* ...].

3) Das Bruchstück einer Steinplatte Thompson, *Archaeologia* 79 Nr. 39 wurde als Inschrift Salm. identifiziert von Borger, BiOr 22, 166b (zu Z. 8').

4) AAA 19 Nr. 68, ein Fragment eines Tonknaufes, ist unsicher. In Z. 1 ist vielleicht ᵐᵈŠ[*ùl-ma-nu-ašared* ...] zu ergänzen.

5) Ähnlich verhält es sich mit dem Fragment eines Tonknaufes AAA 19 Nr. 107. In Z. 2 dürfte zu lesen sein: [...] x̣ x̣ x̣ *apil*(A) ᵐ*Aššur*(A)-*nāṣir* (PAP)-*apli*(A) [...]. Vgl. Lambert-Millard, Cat. 2ⁿᵈ Spl. S. 65 (BM 128379).

6) An Ziegellegenden sind, abgesehen von den oben, g 26, zu Layard, ICC 77 B genannten Exemplaren, noch die folgenden zu nennen:

AAA 19 Nr. 295. Vier Zeilen, Titulatur, Filiation und ein Vermerk: Tempel der Ištar von [Ninive].

AAA 18 Nr. 31, eine nachlässig geschriebene, dreizeilige Ziegellegende vom [Palast] (Z. 1) Salm.

Vom Palast stammt auch die zweizeilige, Titulatur und Filiation enthaltende Ziegelinschrift *Archaeologia* 79, Nr. 65. Vgl. hierzu ibid. Nr. 62.

7) Ob die von Thompson, AAA 18 pl. XXX Nr. 1 und pl. XXXII Nr. 1 publizierten farbigen Ziegel mit Inschriftresten von Salm. stammen, ist völlig unsicher.

i Kleinere Inschriften aus Kalaḫ:

1) Eine mehrfach erhaltene Ziegellegende ist Layard, ICC 78 B, auch Rasmussen, *Salmanasser* Tf. XLI und S. 88 f. und Amiaud-Scheil, *Salmanasar* S. 78 f. Übersetzung: Luckenbill, ARAB I § 711 f. Vgl. auch Bezold, ZA 21, 357, Weitere Exemplare: Scheil, RT 26, 25 f. Nr. 1 und 3 (Photo ibid. S. 25 und 26); Lehmann-Haupt, *Materialien* S. 26 ff., Nr. 13-15, 16

(= Messerschmidt-Ungnad, VS I 68) und 17; Le Gac, *Aššur-naṣir-aplu* S. 202, E. 395 (Zuweisung Gadd, AfO 18, 313 und bereits Schott, *Vorarbeiten* S. 37 Nr. 41 F); Boissier, *Notice* S. 14 f. Nr. 99 (mit Photo), ibid. Nr. 97 und 98 (fraglich, keine näheren Angaben); Langdon, OECT 1, pl. 29, W.-B. 199; *Guide*³ S. 72, BM 90224 (mit Photo pl. XXVII), ibid. BM 90225, 90226, 90227 und 98068; Oberhuber, *Bemerkungen* S. 269 ff., Rich, *Koordistan*, Tf. vor S. 131 (auch Grotefend, ZKM 7, 63 ff.); Stephens, YOS 9, 32 Nr. 134-135; Wiseman, *Iraq* 12, 197 (ND. 281, 282, 283, 286); *Iraq* 13, 119 (ND. 823-826, 829, 830); *Iraq* 14, 67 (ND. 1127, 1131); *Iraq* 15, 149 (ND. 3495-3497); Hulin, OLP 2, 103 f.

Bearbeitung: Michel, WO 1, 386.

Die Inschrift enthält Titulatur und Filiation sowie die Notiz „Bau der Ziqqurrat in Kalaḫ", was darauf schließen läßt, daß Anp. wenigstens diesen Teil bei seinem Wiederaufbau von Kalaḫ nicht mehr vollenden konnte.

2) Hierfür spricht auch die von Wiseman, *Iraq* 14, 67 auszugsweise mitgeteilte, ausführlichere Ziegellegende ND. 1128, die ebenfalls von der Vollendung der Ziqqurrat handelt.

3) In einem Ornament aus glasierten Ziegeln, gefunden in Fort Shalmaneser in Nimrud, befand sich eine vierzeilige Inschrift mit Titulatur und Filiation des Königs. Das Kunstwerk wurde rekonstruiert und veröffentlicht von Reade, *Iraq* 25, 38 ff. mit Tf. IX; Übersetzung S. 44.

4) Inschriftreste auf einem Wandgemälde entdeckte G. Smith in Kalaḫ, s. *Assyrian Discoveries* S. 79 und die Tf. nach S. 80. Die Datierung scheint durch den Fund beschrifteter Ziegel (vgl. ibid. S. 79) gesichert zu sein. Von der Inschrift ist nur erhalten: *dīkta*(GAZ.MEŠ)-[*šu-nu* ... *adūk*].

5) Ein unpubliziertes Gewicht in Gestalt eines Löwen trägt den Namen Salm., vgl. Mallowan, *Nimrud* II S. 420 (ND. 7879). Falls die Filiation nicht gegeben ist, käme auch Salm. V. in Frage, von dem mehrere beschriftete Gewichte erhalten sind, vgl. unten, Kap. VIII b.

6) Ein Königssiegel aus der Zeit Salm. wurde publiziert von Wiseman, *Iraq* 15, 139 und pl. XI (ND. 3413), vgl. ibid. S. 169.

7) Unveröffentlichte Steinplatten mit Inschriftresten (von Salm. III. ?) erwähnt Oates, *Iraq* 23, 12.

j Gegenstände mit unbekanntem oder unsicherem Fundort:

Eine Votivinschrift für den Gott Amurru (ᵈMAR.TU) auf einem Keulenknauf wurde publiziert von Stephens, YOS 9 pl. XXVIII Nr. 75, bearbeitet von D. Cocquerillat, RA 46, 130 Anm. 5 und Michel, WO 1, 264. Z. 1 ist nach WO 1, 259 f. Vs. 2 zu ergänzen: *šakin*(GAR) ᵈ*Ellil*(BE) [*iššak*(SANGA) *Aššur*(AŠ)].

Aus Tarbiṣ stammt möglicherweise die fragmentarische Votivinschrift auf einem Keulenknauf, die von D. Cocquerillat, RA 46, 130 Anm. 5 (55-12-5, 24) veröffentlicht wurde. Sie ist an Nergal von Tarbiṣ gerichtet.

Eine dreizeilige Backsteininschrift ist Lehmann-Haupt, *Materialien* S. 31 Nr. 18. Als Fundort vermutet Lehmann-Haupt Kalaḫ oder Assur. Vgl. noch Scheil, RT 26, 26 Nr. 2; Luckenbill, ARAB I § 693.

k An unpublizierten Inschriften sind mir, abgesehen von den bereits in den vorangehenden Abschnitten genannten, die folgenden bekannt geworden:

Aus Assur: Bruchstücke von Tonknäufen, Ass. 11429, 5657, 9460, vgl. Weidner, AfO 13, 314b; desgleichen Ass. 9969, 9976 (MDOG 32, 11 und 25 f.); Ass. 5765 (MDOG 28, 21); Ziegel Ass. 1271 u.a. (MDOG 26, 45). Vgl. auch, ohne nähere Angaben, MDOG 31, 35.

In Tell Billah gefundene Ziegelinschriften Salm. III. erwähnt Speiser, BASOR 40, 11 ff. und 41, 19. Vgl. auch Weidner, AfO 7, 64a.

l Für Haller, *Heiligtümer* S. 3 und Tf. 23 s. EAK I S. 50 f. (Salm. I. ?). Vgl. auch MDOG 54, 21 (Übers.); Grayson, ARI I S. 99 Nr. 33 (Übers.); Ellis, *Foundation Deposits* S. 132 f.

Ob AAA 18 Nr. 32, ein vierzeiliges Ziegelfragment, überhaupt von einem Salm. stammt (Borger, EAK I S. 50; HKL I S. 526; Grayson, ARI I S. 98 Nr. 26) erscheint fraglich. Möglich wäre vielleicht Zuweisung an Adn. I. (kollationsbedürftig).

Für Scheil, RA 14, 159 f. s. unten, Kap. V j (wohl Adn. III.).

m Zu Aufbau und Stil der Inschriften Salmanassars: Auch in den Texten Salm. III. finden sich die einleitenden Götterreihen (vgl. Kap. II pp), die freilich keine neuen Elemente enthalten. Auffallend ist, daß die Götterreihe des Schw. Ob. wörtlich der Babil-Stele Anp. (s. oben, Kap. II b) entnommen ist. Wie aus den folgenden Abschnitten hervorgeht, hat Salm. sich oft an das Vorbild seiner Vorgänger gehalten.

Während die Annalentexte jede Gottheit durch Epitheta qualifizieren, enthalten Tigr. 3 und 5 lediglich die Götternamen, eine Knappheit, die aus Raumgründen resultieren mag.

STT I 43 nennt, mit Epitheta, wahrscheinlich Aššur, Ištar und Šamaš, doch nimmt dieser Text ohnehin eine Sonderstellung ein.

Die Belege: Mon. I 1-3; Ann. Cam. I 1-7; Ann. FS I 1-9; WO 1, 389ff. Vs. 1-7; Schw. Ob. Z. 1-14; KAH I 77 Vs. x+1; STT I 43, Z. 1-3; Tigr. 3 Z. 1-4a; Tigr. 5, Z. 1-3a.

Die hymnusartige Anrufung nur eines Gottes finden wir in der Kurba'il-Statue, Z. 1-9 und in KAR 98, Vs. 1' (?), vgl. Rs. 11 und 19 f. (s. oben, g).

Daneben ist in den Votivinschriften die Anrede „dem GN", seinem Herrn" geläufig: AAT S. 42 f. Z. 1; MDOG 54, 21; MAOG 3/I-II S. 12 ff. Z. 1; WO 1, 264 Z. 1; RA 46, 130 Anm. 5 (BM 55-12-5, 24) Z. 1.

n Anders als bei Anp. ist der Legitimationspassus bei Salm. nur wenig entwickelt und fehlt meist ganz. In Mon. I 3 f. und 12-14 stehen die entsprechenden Wendungen vor und nach Titulatur/Filiation, sonst aber immer davor. Diese Anordnung ähnelt der bei den Vorgängern Anp. (vgl. oben, Kap. I y). Hier, wie auch im Bereich der Titulatur, ist Salm. nicht dem Beispiel Assurnasirpals gefolgt, sondern bevorzugt vergleichsweise schlichte und knappe Aussagen.

Die übrigen Stellen sind: Balawat I 6-II 2; Ann. Cam. I 8-10; Tigr. 5 Z. 3b-5a.

o Titulatur und Filiation Salmanassars sind vor allem in den Annaleninschriften auffallend knapp gehalten. Dies wird besonders deutlich im Vergleich mit den Annalen Anp. und Adn. II. (KAH II 84), obwohl die Leistungen Salm. gewiß nicht hinter denen seiner Vorgänger zurückstehen. Viele der verwendeten Epitheta wurden zudem von Anp. übernommen (s. im einzelnen die jeweiligen Belege bei Seux, ERAS); auch ist die Qualifikation der Vorgänger stets dieselbe, vgl. Seux, ERAS S. 350 für Anp. und ibid. S. 199 für TN. II. Im letzteren Falle dürfte die Aussage auf die bei Seux, ibid. zitierten Beispiele bei Adn. II. und Anp. zurückgehen. Dieselben Worte werden schließlich von Adn. III. auf Salm. III. angewandt. Bemerkenswert ist, daß sich diese Aussage stets auf einen Vorgänger, nie auf den regierenden Herrscher bezieht.

p Die Übersicht der eroberten Gebiete findet sich im allgemeinen nur in Inschriften, die auch andere historische Nachrichten enthalten. Dort ist sie, wie bei Anp. häufig, Bestandteil der Titulatur im weiteren Sinne. In dieser Funktion begegnet sie in den Annalentexten einzig in der Stierinschrift (Z. 24-40). Die Annalen Cameron bieten ebenfalls einen derartigen Abschnitt, allerdings im Anschluß an den Annalenbericht (IV 26-36), nicht aber als Bestandteil der Titulatur. Ähnliches findet sich bei TN. II., Ann. Rs. 46 f. Diese beiden Stellen dürften ihr Vorbild bei Tiglp. I. haben, vgl. AKA S. 82 VI 39 ff. und dazu EAK I S. 128. Auch bei diesem Element läßt sich die schon vorher beobachtete Nüchternheit der Textkomposition feststellen.

Die Stellen sind im einzelnen: Thureau-Dangin, *Til Barsib* S. 159 Nr. 11 Z. 10-14; Ann. Cam. IV 26-36; Stier Z. 24-40; Kurba'il-Statue Z. 11-20; STT I 43 Z. 6-9; Throninschr. Z. 9-13; Thronbasis Z. 34-36; KAH I 30 I 6-10; WO 1, 259ff. Vs. 6-11; AAT S. 40ff. I 2-4; Tigr. 3 Z. 6-14; Tigr. 5 Z. 8-11; Tigr. 2 Z. 14-19; Tigr. 4 Z. 5-10; *Iraq* 21, 38ff. Z. 3-11; *Iraq* 21, 40f. Z. 1-5a; WO 1, 387f. Z. 3-6; AAA 19 Nr. 302 Z. 4-16.

q Der Stil der Annalenberichte weist keine wesentlichen Unterschiede gegenüber dem seiner Vorgänger auf. Kurz zusammengefaßt, bemerkt man das Verschwinden der typischen Itinerar-Angaben (*aqṭirib - assakan bēdāk - attumuš*), wobei freilich die Wörter *aqṭirib* und *attumuš* gelegentlich weiterverwendet werden. Daneben ist festzustellen, daß die Schilderung von Grausamkeiten gegenüber den Feinden, wie wir sie aus den Inschriften Anp. kennnen, nur im Mon. noch mit etwa denselben Ausdrücken wie bei Anp. anzutreffen ist, während sich die späteren Texte einer pauschalen Ausdrucksweise bedienen (*dīktašunu adūk* u. ä.). Dies dürfte jedoch weniger einer etwaigen Humanisierung als vielmehr der Tatsache zuzuschreiben sein, daß die späteren Annalentexte einen wesentlich größeren Zeitraum umfassen und schon deshalb auf Einzelheiten weitgehend verzichten müssen.

Der Aufbau der Annalentexte weist jedoch eine bemerkenswerte Neuerung auf, die während der Regierungszeit Salm. eingeführt wurde. Ab Rezension C (Annalen Cameron) werden die Datumsangaben nach Regierungsjahren (*palû*) und nicht mehr, wie noch in Rez. A und B, nach Eponymen geboten. Diese Neuerung muß also zwischen (post) 850 und 842 eingeführt worden sein. Die einzige Ausnahme bildet die (falsche) Eponymenangabe im Schw. Ob., für die die politischen Verhältnisse bei der Entstehungszeit dieses Monumentes zur Erklärung dienen können.

Im folgenden geben wir, wie auch in den vorangegangenen Kapiteln (vgl. Kap. I aa und II ss) eine Zusammenstellung der wichtigsten Topoi in den Kriegsberichten. Für die hier verwerteten Inschriften vgl. im einzelnen oben, b-e und die Übersicht in Abschnitt f.

— Der Feldzug (Kampf etc.) erfolgt auf Befehl (mit der Hilfe) Assurs (anderer Götter): Mon. I 32. II 33. 70; Bal. V 4; Schw. Ob. Z. 63; Thronbasis Z. 30f.

— „mit den erhabenen Kräften" (eines Gottes): Mon. I 44f. II 96f.

— „meine Streitwagen und Truppen bot ich auf" u. ä.: Mon. I 15; Ann. Cam. I 29. III 24f.; Stier Z. 99f.; Ann. FS I 20f. III 14ff. IV 23f.; Schw. Ob. Z. 23f. 91. 141; Nimrud-Statue A Z. 7, E Z. 1; KAH I 77 Vs. 12.

— Der König befiehlt den Feldzug: Bal. IV 2; vgl. Schw. Ob. Z. 142f. 149f. 157. 175f.

— Marsch durch schwieriges Gelände: Mon. I 19f. II 41f.; STT I 43 Rs. 33f.

— Flußübergang mit Schlauchbooten, Verfolgung mit Schiffen: Mon. I 36f. II 16. 77. 82; Ann. Cam. II 13f.; Stier Z. 65; Thronbasis Z. 43f.

— Der König unternimmt einen Jagdausflug: Ann. FS III 41ff. IV 19ff.

— Der Schreckensglanz Assurs (o. ä.) wirft die Feinde nieder; sie fürchten sich, ergeben sich: Mon. I 22f. 30. II 20f. 57. 74. 79. 86; Bal. VI 7 (Marduk); Ann. Cam. II 20f.; Stier Z. 68; Ann. FS II 14f.; Schw. Ob. Z. 78f. 133f. 138. 151f. 152f.; Nimrud-Statue A Z. 29, E Z. 26, F Z. 9(?); KAH I 30 III 7f.

— Der König erhält Tribut: Mon. I 17f. 28. 35f. 37. 40f. II 7. 12f. 21ff. 24ff. 27ff. 39f. 58. 61f. 82ff. 87; Bal. II 4f. VI 7f.; Ann. Cam. I 40f. 55f. II 18. 24. 40. 52ff. III 12ff. 44. 55f. IV 21ff.; Stier Z. 67. 69f. 77f. 83f. 95f. 106; III R 5 Nr. 6 Z. 23-26; Ann. FS II 12. 16f. 43. III 38f. IV 10ff. 16f.; Kurba'il-Statue Z. 29f. 34; Schw. Ob. Z. 53f. 58f. 84. 103f. 105f. 109f. 119f. 127. 134f. 138f. 155. 161. 163f. 171f. 172f. 177. 180ff.; Nimrud-Statue E Z. 9. 17. 18f. 20. 21f. 27ff. F Z. 7; STT I 43 Rs. 56f.; Thronbasis Z. 16ff. 20. 44. 47. 48. 49;

KAH I 30 II c 1'f.; Throninschrift Z. 19f.; Tigr. 3 Z. 15f.; Tigr. 2 Z. 20; Tigr. 4 Z. 13; *Iraq* 21, 40f. Z. 5'ff.

— Die Feinde verbünden sich miteinander: Mon. I 42ff. 52ff. II 90-96; Ann. Cam. II 27ff. 60ff. III 3ff. 26ff.; Stier Z. 71f. 87f. 92f. 100f.; Ann. FS II 17ff. 57 — III 3. 17ff.; Schw. Ob. Z. 59ff.; Nimrud-Statue A Z. 32ff.; Thronbasis Z. 29ff.

— Sie halten ehemals assyrisches Gebiet besetzt, sonstige historische Nachrichten: Mon. II 35ff. 66-69. 71; Bal. III 3-5. IV 1f.; Ann. Cam. I 59ff. II 41ff.; Stier Z. 78f.; Ann. FS II 31ff.; Schw. Ob. Z. 73ff. 147f.; Thronbasis Z. 26f. 45; KAH I 30 I 25ff.

— Die Feinde fürchten sich (vor dem Schreckensglanz Assurs o. ä.), fliehen: Mon. I 20f. II 48f. 68f. 76f.; Bal. V 1f.; Ann. Cam. I 34f. 57ff. 69ff. II 32. 46. 67. III 17f. 33. IV 13ff.; Stier Z. 58. 74. 80f. 89. 97. 102; III R 5 Nr. 6 Z. 13f.; Ann. FS I 37ff. II 36ff. III 25. IV 1f.; Kurba'il-Statue Z. 25; Schw. Ob. Z. 35ff. 79f. 94f. 112ff. 136. 165f. 188f.; Nimrud-Statue A Z 14f., E Z. 24f., F Z. 14f.; KAH I 77 Rs. 14ff.; STT I 43 Rs. 44f.; Thronbasis Z. 40. 42f. 44; KAH I 30 I 22ff. 32f.; Tigr. 2 Z. 25ff.; Tigr. 4 Z. 17.

— Der König verfolgt sie: Mon. I 21. II 49. 69. 77; Bal. III 5. V 2; Ann. Cam. I 36. II 4f. 13f. 33. 47; Stier Z. 61. 65. 74. 81; III R 5 Nr. 6 Z. 14f.; Ann. FS I 49f. II 38. IV 2f.; Kurba'il-Statue Z. 25f.; Schw. Ob. Z. 46. 80. 167; STT I 43 Rs. 46; Thronbasis Z. 40. 43f.; KAH I 30 I 33ff.

— Die Feinde ergeben sich, werden begnadigt: Mon. II 58; Ann. Cam. III 43; Stier Z. 106; Schw. Ob. Z. 169f.; Nimrud-Statue E Z. 16f.; *Iraq* 21, 40f. Z. 8'f.

— Die Feinde ziehen sich in ein Gebirge (über einen Fluß) zurück: Mon. I 30f. II 31ff. 49. 52. 69f. 77; Bal. III 2. 4f.; Ann. Cam. I 35f. 57ff. 68ff. II 5f. III 17f.; Stier Z. 57f. 61f. 97. 45f.; III R 5 Nr. 6 Z. 6-8; Ann. FS I 39f. 51 — II 1. III 7f. 49f.; Kurba'il-Statue Z. 22f.; Schw. Ob. Z. 37. 46f. 117. 136. 188f.; Nimrud-Statue A Z. 14f.; KAH I 77 Rs. 16f.; STT I 43 Rs. 44f.; Thronbasis Z. 42.

— Sie vertrauen auf ihre Streitkräfte, Festungen; sie ziehen zum Kampf aus: Mon. I 32. II 15. 61. 72; Bal. II 6 — III 1. IV 4; Ann. Cam. I 65ff. IV 7ff.; Stier Z. 56f. 71f. 87f. 92f. 100f. 42ff.; III R 5 Nr. 6 Z. 2-5; Ann. FS II 17ff. III 17ff. 46ff.; Kurba'il-Statue Z. 21f.; Schw. Ob. Z. 59-63. 88f. 91. 97f. 144f.; Nimrud-Statue A Z. 32ff., E Z. 25; Thronbasis Z. 29ff.; KAH I 30 I 27ff.; Tigr. 2 Z. 21f.; Tigr. 4 Z. 14f.

— Der König läßt „eine Flut" über den Feinden niedergehen u. ä.: Mon. I 46. II 50. 68. 98; Bal. III 2f.; Ann. Cam. IV 3ff.; KAH I 30 I 9f.

— Die Soldaten fliegen wie der Sturmvogel über die Feinde hin: Bal. III 5.

— Es kommt zum Kampf, die Feinde erleiden eine Niederlage: Mon. I 22. 32f. 38f. 45. II 15. 67. 72f. 77. 97.; Bal. III 1. IV 4; Ann. Cam. I 36f. 67. II 15. 64f. III 7. 30f. IV 10ff.; Stier Z. 73. 89. 93f. 101f. 47f.; III R 5 Nr. 6 Z. 8f.; Ann. FS II 22f. III 4. 22f.; Kurba'il-Statue Z. 23; Schw. Ob. Z. 64. 89. 92. 145f.; Thronbasis Z. 32f. 41; KAH I 30 I 14ff. 30f.; Throninschrift Z. 16f.; Tigr. 2 Z. 22; Tigr. 4 Z. 16.

— Der Rest der feindlichen Truppen flieht, geht zugrunde u. ä.: Bal. V 3; Ann. Cam. II 12ff.; Stier Z. 64f.; Schw. Ob. Z. 117; Nimrud-Statue A Z. 36; Thronbasis Z. 34. 43; KAH I 30 I 19ff.

— Ein Blutbad, Gemetzel wird unter den Feinden angerichtet, sie werden gefoltert, verstümmelt: Mon. I 16f. 24f. 34f. 39. 45f. 46f. 48. II 4. 11f. 17f. 19. 49f. 50. 53f. 64. 73. 77. 97f. 98-101; Bal. III 1f. IV 4. 6. V 2(f.); Ann. Cam. I 31. II 30f. 60. III 2. 8. 23. 49. 52; Stier Z. 66. 73. 77. 81. 87. 92. 94. 97. 99. 48f.; III R 5 Nr. 6 Z. 9-11; Ann. FS II 24f. 38ff. III 5. 8. 51f. IV 29f.; Kurba'il-Statue Z. 23f. 33f.; Schw. Ob. Z. 66. 80f. 115. 118. 123f. 129. 137. 146. 153f. 187; Nimrud-Statue A Z. 36, E Z. 15, F Z. 17; STT I 43 Rs. 47f.; Thronbasis Z. 33. 41. 43. 44. 45f.; KAH I 30 I 16ff.

— Ihre Länder, Städte, Festungen werden erobert, zerstört, geschleift, niedergebrannt: Mon. I 16. 20. 24. 25. 31. 34. 48. II 2. 5. 11. 16f. 18. 19. 20. 31. 43. 45f. 46f. 52f. 56. 64. 88f. 90; Bal. II 4. 6. IV 3. 6. V 2. VI 6; Ann. Cam. I 31. 33f. 46ff. 50f. 52ff. 71f. 73. II 7. 11f. 17. 35f. 39f. 44. 45. 51. 55f. 58f. 69ff. III 1f. 10f. 18f. 22. 39ff. 47f. 51f. 60ff.; Stier Z. 58f. 62f. 64. 67. 75f. 79. 80. 82f. 85. 86f. 90f. 92. 94f. 97. 98f. 104f.; III R 5 Nr. 6 Z. 17-19; Ann. FS I 22f. 32f. 34ff. 46ff. II 2. 8f. 10f. 27ff. 34. 35f. 43. 46. 49. 52f. 56f. III 12f. 34ff. IV 4. 5f. 26ff.; Kurba'il-Statue Z. 27. 33; Schw. Ob. Z. 25f. 32f. 34f. 42ff. 47f. 51f. 52f. 68. 76. 83. 85. 86. 87. 88. 101. 103. 108f. 114f. 116. 117f. 122ff. 128ff. 136f. 138. 157f. 167f. 169. 173f. 178f. 180. 183ff. 186f. 189; Nimrud-Statue A Z. 8. 12. 14. 25f. 26f. 38f., E Z. 4. 14f. 16. 23, F Z. 3f. 11. 16f. 18; KAH I 77 Vs. 14f. Rs. 9f. 12f.; STT I 43 Rs. 39. 51. 53; Thronbasis Z. 14f. 37. 38f.; Tigr. 2 Z. 20; Tigr. 4 Z. 12f.

— Die Obstgärten werden zerstört, die Ernte vernichtet: Mon. II 68; Bal. III 4. IV 4f.;

III R 5 Nr. 6 Z. 16; Ann. FS IV 3; Kurba'il-Statue Z. 26; KAH I 30 II a Z. 1.

— Das besiegte Gebiet wird geplündert, der König macht Gefangene, Beute: Mon. I 16. 22. 25. 47f. II 3. 12. 18. 20. 43f. 47. 50f. 64f. 74f. 81. 88f. 101f.; Bal. III 2. 5f. IV 3. 6. V 2. 3. VI 6; Ann. Cam. I 31f. 37f. 68. 72. II 8. 15. 31f. 60. 65f. III 2f. 9f. 19f. 23. 32f. 49. 53. IV 1f. 12. 18ff.; Stier Z. 59. 63. 66. 73f. 87. 89. 92. 94. 98. 99. 102. 50ff.; III R 5 Nr. 6 Z. 11-13. 19f.; Ann. FS II 3ff. 23f. III 9f. 13. 23f. 30ff. 52 — IV 1. 7. 30; Kurba'il-Statue Z. 24f. 28. 34; Schw. Ob. Z. 65. 90. 91. 94f. 98f. 101f. 116. 118f. 124. 129. 137. 167. 169f. 174. 187; Nimrud-Statue A Z. 23f. 29f. 31, E Z. 15f., F Z. 4; STT I 43 Rs. 49f. 53; Thronbasis Z. 15. 41. 43. 44; KAH I 30 I 31. III 1f.; Tigr. 2 Z. 22ff.; Tigr. 4 Z. 16f.

— Der König „drischt" das Land nieder: Mon. II 52; STT I 43 Rs. 55.

— Die Städte werden verwüstet, zu einem öden Ruinenhügel (Fluthügel) gemacht: Mon. I 38f. II 5f. 52; Ann. Cam. II 1; Stier Z. 60; Schw. Ob. Z. 158; KAH I 30 III 5f.

— Der König beschafft sich Bauholz: Mon. II 9; Ann. Cam. I 44. III 14f.; Stier Z. 96; Ann. FS I 27f. III 40f. IV 18f.; Kurba'il-Statue Z. 30f.; Schw. Ob. Z. 29f. 96f. 99f. 140f.; Nimrud-Statue A Z. 10; KAH I 77 Rs. 6f.; Thronbasis Z. 21f.

— Der König ergreift Besitz von dem Land, der Stadt: Mon. II 33f.; Ann. Cam. I 59ff. II 22. III 59f.; Stier Z. 68f.; Ann. FS I 40ff.; Schw. Ob. Z. 38ff. 130f.; Nimrud-Statue A Z. 16f.

— Er errichtet, übernimmt Paläste: Mon. II 34. 80; Schw. Ob. Z. 131.

— Er besiedelt Städte, benennt sie neu: Mon. II 34f. 38.

— Er errichtet eine Stele, bringt Inschriften an: Mon. I 26f. 49ff. II 8. 10. 44. 55f. 59f. 62f.; Bal. II 3. 5; Ann. Cam. I 45. III 34ff. 45. 57; Stier Z. 103f. 106f.; III R 5 Nr. 6 Z. 22f.; Ann. FS I 29f. III 27ff. IV 9f. 13ff. 30ff.; Kurba'il-Statue Z. 29; Schw. Ob. Z. 31. 71f. 92f. 124f. 156; Nimrud-Statue A Z. 11. 41ff., E Z. 5ff. 17f.; KAH I 77 Rs. 8; STT I 43 Rs. 54; Thronbasis Z. 13. 19f. 22. 23f.; KAH I 30 III 3f.; Tigr. 3 Z. 17; Tigr. 5. Z. 13; *Iraq* 21, 40f. Z. 1'f. 9'f.

— Der König reinigt seine Waffen im Meer (in Quellen, Seen), bringt Opfer dar: Mon. I 26. II 58f. 87; Bal. II 4. IV 2. V 5. 6. VI 1. 3f.; Ann. Cam. I 39f. 43. II 25f. 39. 49f. III 42; Stier Z. 70. 77. 82. 105f.; Ann. FS I 25f. II 40ff.; Schw. Ob. Z. 28f. 70. 82; Nimrud-Statue A Z. 9f. 39ff.; KAH I 77 Rs. 3f.; STT I 43 Rs. 41; Thronbasis Z. 12f. 19. 42. 46f.; Throninschrift Z. 17ff.; WO 1, 259ff. Rs. 1-5; AAT S. 40ff. I 5f.; Tigr. 2 Z. 19; Tigr. 4 Z. 11f.

— Er veranstaltet ein Fest: Bal. VI 4f.; Schw. Ob. Z. 70f.; STT I 43 Rs. 60.

— Listen von Beutegut oder Tributlieferungen: Mon. I 18. 28. 36. 37. 40f. II 12f. 21ff. 24ff. 27ff. 82ff. 87; Bal. III 5f. VI 7. 8.; Ann. Cam. II 52ff. III 12ff. 55f. IV 1f. 18ff.; Stier Z. 83f. 95f.; Schw. Ob. Z. 134f. 155. 167. 180ff.; Thronbasis Z. 16ff. 41. 48. 49.; KAH I 30 III 1f. 4f.

— Die Besiegten müssen Tribut liefern, Geiseln stellen, Frondienste leisten: Mon. I 23. II 23f. 26f. 29. 30; Schw. Ob. Z. 134. 170f.; Nimrud-Statue F Z. 7(?).

— Der feindliche König (seine Magnaten) werden gefangen, deportiert, getötet: Mon. II 4f. 46. 74f.; Bal. V 3; Ann. Cam. II 48f.; Stier Z. 81; Ann. FS II 38ff.; Schw. Ob. Z. 48ff. 80f. 125f. 151. 153f.; Thronbasis Z. 26ff. 45f.; KAH I 30 I 11ff. III 1f.

— Das Land wird Assyrien einverleibt, seine Bewohner deportiert: Mon. II 75; Bal. II 3. III 5f.; Ann. Cam. II 8f.; Stier Z. 63; Ann. FS II 3ff.; Schw. Ob. Z. 48ff. 94f. 125f.; Thronbasis Z. 25f. 26ff.; KAH I 30 I 11ff.

— Ein neuer (ergebener) König wird eingesetzt: Schw. Ob. Z. 95. 139f.; Thronbasis Z. 46.

— „meine Machtfülle richtete ich auf", sonstige Ausdrücke des Triumphes: Mon. II 7; Bal. II 3. III 3; Ann. Cam. I 56. IV 6f. 24f.; Ann. FS IV 33f.; Schw. Ob. Z. 84. 158f. 185; Nimrud-Statue E Z. 8; STT I 43 Rs. 43; Thronbasis Z. 35f. 41. 46. 47; Tigr. 4 Z. 14.

— Das weite Land beherrschte ich: Thronbasis Z. 24. 47.

— Schenkungen an Götter: Bal. V 5; Schw. Ob. Z. 83; STT I 43 Rs. 64(?).

— Angaben über die Gesamtzahl von Gefangenen, Beutestücken über einen längeren Zeitraum hinweg: Ann. FS IV 34-40.

r Die Fürsorge des Königs für sein Land ist Thema der folgenden Stellen: Ann. Cam. IV 45-48; Ann. FS lk. Rd. Z. 2; WO 1, 389 ff., lk. Rd. Z. 1-2.

Inhalt und Formulierung dieser Passagen stimmen mit den entsprechenden Mitteilungen der älteren Könige überein, vgl. oben. Kap. I dd. Die Stellen bei Anp. hingegen wichen, wie wir gesehen haben (Kap. II tt) von dem seit Tiglp. I. gebräuchlichen Schema ab.

s Der Jagdbericht herkömmlicher Prägung findet sich bei Salm. nur in den Annalen Cameron (IV 40-44) als eigener Abschnitt in der Textkomposition. Die beiden Jagdepisoden, die in den Annalen Fuad Safar (III 41 ff. und IV 19 ff.) geschildert werden, bedienen sich zwar derselben Ausdrucksweise wie die selbständigen Jagdberichte, sind aber in den chronologischen Rahmen der Feldzugsberichte eingeordnet und besitzen daher nicht den Rang eines eigenen Programmpunktes. Jagdepisoden in den Feldzugsberichten sind freilich auch sonst geläufig, vgl. Kap. I aa und II ss. Mit dem Jagdbericht Salmanassars in den Annalen Cameron erlischt eine auf Tiglp. I. zurückgehende Tradition.

t Ein besonderer Abschnitt in den Annalen Cameron (IV 37-39) besagt, daß Salm. in den unterworfenen Ländern Gouverneure eingesetzt und ihnen Tributleistungen sowie Frondienst auferlegt habe. Sinnvollerweise steht diese Nachricht im Anschluß an die Übersicht der eroberten Gebiete, die in diesem Text ja nicht Bestandteil der Titulatur ist (vgl. oben, p). Die Formulierung geht auf Tiglp. I. zurück, vgl. AKA S. 83 VI 46-48, hat ihr genaueres Vorbild jedoch bei Anp. II., vgl. z.B. Ann. III 125 f. und Standard-Inschrift (AKA S. 212 ff.) Z. 11 f.

u Die Bauberichte Salmanassars, die fast alle aus Assur stammen, stehen in der Tradition der älteren Bauinschriften (vgl. Kap. I ff.). Es sind folgende Stellen:

Ann. FS IV 40 — unt. Rd. Z. 3; WO 1, 389ff. Rs. 16-19, dazu lk. Rd. Z. 2b-4; Throninschrift Z. 21-34, dazu Z. 37-47; WO 1, 259ff. Rs. 5b-13; AAT S. 40ff. I 6-II 2; WO 1, 387f. Z. 6-13, vgl. Z. 16f.; JIT Tf. 32 Z. 2-5 (vgl. oben, g); WO 1, 215 Z. 2-4; WO 1, 216f. Z. 5-11; KAH I 27 etc. Z. 5-9; KAH I 28 Z. 5-9; KAH I 26 Z. 5-9; WO 1, 255ff. Z. 5-11; Ass. 9464 (s. oben, g) Z. 4b-9; KAH II 98 Z. 3-7; WO 1, 395f. Z. 4-6(?); KAR 98 Rs. 2b-9; *Iraq* 14, ND. 1128 Z. 3-9.

Der Baubericht beginnt in der Regel mit *enūma* „als", läßt dann den Namen des Bauwerks folgen, woran sich in Ann. FS IV 40 f. und Throninschrift Z. 21 (vgl. Z. 32 f.) noch einige nähere Angaben über das Bauwerk anschließen. Durch einen Relativsatz ist die Vorgeschichte des Bauwerks, meist mit namentlicher Nennung der früheren Erbauer, in den einleitenden Temporalsatz inkorporiert. Die Ann. FS (IV 46) und die Throninschrift (Z. 23 f.) nehmen den mit *enūma* begonnenen Satz danach durch „dieses Bauwerk also" wieder auf, um ihn sogleich mit der Feststellung zu beschließen, daß das Bauwerk verfallen sei.

Abweichungen von diesem Schema finden sich in AAT S. 40 ff. I 6, wo der Baubericht, im Anschluß an historische Nachrichten, durch *ina ūmēšūma* begonnen wird, sowie in KAH I 26 Z. 4, KAH I 27 Z. 4 und KAH I 28 Z. 4, wo sich statt eines Temporalsatzes die Formel „für sein Leben und das Wohlergehen seiner Stadt" findet.

Die für das Bauen verwendeten Ausdrücke lassen sich der folgenden Übersicht entnehmen.

— *nukkuru* + *anḫūtu*: Ann. FS IV 46f.; WO 1, 387f. Z. 8; WO 1, 255ff. Z. 7.
— *uddušu* + *anḫūtu*: WO 1, 216f. Z. 9; KAR 98 Rs. 6(?).
— *mussû* + *ašru*: Throninschrift Z. 26; WO 1, 255ff. Z. 8.
— *dannatu* + *kašādu*: Ann. FS IV 47f.; Throninschrift Z. 27; WO 1, 387f. Z. 9; WO 1, 255ff. Z. 8; Ass. 9464 (s. oben, g) Z. 8(?).
— *uššē* + *nadû* (*ina kiṣir šadê danni*): cf. Throninschrift Z. 27f.
— *ištu uššē adi gabadibbî raṣāpu* + *šuklulu* (*epēšu*): Ann. FS IV 48f.; Throninschrift Z. 28f.; WO 1, 387f. Z. 9f.; JIT Tf. 32 Z. 4f.; WO 1, 216f. Z. 10f.; KAH I 28 Z. 7-9; WO 1, 255ff. Z. 8f.; Ass. 9464 (s. oben, g) Z. 8f.(?).
— *ištu uššē adi šaptī epēšu*: KAH I 27 etc. Z. 8f.; KAH I 26 Z. 7f.(!).
— *eli maḫrê ussumu* (+ *šurruḫu*): Ann. FS IV 49f.; WO 1, 387f. Z. 11; WO 1, 255ff. Z. 10; vgl. KAR 98 Rs. 7.
— *eli maḫrê utturu*: vgl. KAR 98 Rs. 7.
— *ana eššūte epēšu* (+ *ana siḫirtīšu*): Throninschrift Z. 33f.; WO 1, 259ff. Rs. 13; AAT S. 40ff. II 1; WO 1, 215. Z. 3f.; vgl. KAH II 98. Z. 7(?).
— Angaben über Bauholz: AAT S. 40ff. II 2.
— Angaben über Maße, Zahl der Ziegellagen u. ä.: Ann. FS IV 50-52; WO 1, 389ff. lk. Rd. Z. 3b-4.
— Mischung des Lehms mit Honig, Öl etc.: Ann. FS IV 52f.
— Angaben über die Verfertigung der Ziegel: Ann. FS IV 54f.
— Anlage eines Gründungsdepots, Beigaben: Ann. FS IV 55 — unt. Rd. Z. 2.
— Spezielle Verwendung gebrannter Ziegel: Ann. FS unt. Rd. Z. 1f.
— *narû, temennu, sikkatu* + *šakānu*: Ann. FS unt. Rd. Z. 2f.; Throninschrift Z. 29-31; WO 1, 387f. Z. 12f.; JIT Tf. 32 Z. 5; KAH I 27 etc. Z. 10; KAH I 28 Z. 9; KAH I 26 Z. 9; WO 1, 255ff. Z. 10f.
— Name des Bauwerkes: WO 1, 389ff. lk. Rd. Z. 3; Throninschrift Z. 37-47; WO 1, 387 Z. 16f.

Die Tonknaufinschriften von den Stadtmauern und insbesondere vom Tabira-Tor (KAH I 26-28, WO 1, 255 ff. und die Tonkonsole Ass. 9464, bearbeitet oben, g) weisen eine gewisse Ähnlichkeit auf mit der Tonknauf-Inschrift Aššur-dān's II., FwA S. 166, vgl. dazu oben, Kap. I c.

Einige kleinere Inschriften enthalten statt eines Bauberichtes nur den Vermerk „Erbauer des ...", nämlich AAT S. 43 f. Z. 4 f.; KAH II 102 Z. 3b; KAH II 103 Z. 3b und WO 1, 217 f. Z. 5.

v Die Anrede an den späteren Fürsten ist in den meisten Bauinschriften enthalten. Sie fordert den Nachfolger auf, das Bauwerk zu erneuern und die Schriftdokumente wieder an ihren Platz zu bringen. Dann folgen Segenswünsche, während im Gegensatz zu den Vorgängern Salm. Fluchformeln fehlen.

Die Stellen sind: Ann. FS unt. Rd. Z. 3 — lk. Rd. Z. 1; Throninschrift Z. 34-36; AAT S. 40ff. II 3-6; WO 1, 387f. Z. 13-15; WO 1, 216f. Z. 12-16; KAH I 27 etc. Z. 10-15; KAH

I 28 Z. 10-13; KAH I 26 Z. 9-12; WO 1, 255ff. Z. 11-16; Ass. 9464 (s. oben, g) Z. 9-12; *Iraq* 14, 67 ND. 1128 Z. 9-11.

w Die ausführlichste Votivformel enthält die Kurba'il-Statue, Z. 34-41. Demnach hat Salm. sein Bildnis vor Adad von Kurba'il aufgestellt mit der Bitte um langes Leben und Vernichtung der Feinde. Kürzer, jedoch demselben Grundgedanken folgend, sind die Votivformeln an den folgenden Stellen: AAT S. 42 f. Z. 3 f.; MAOG 3/I-II S. 12 ff. Z. 2 f.; KAH I 27 etc. Z. 4; KAH I 28 Z. 4; KAH I 26 Z. 4; WO 1, 264 Z. 2-3; vgl. RA 46, 130 Anm. 5 zu BM 55-12-5, 24.

Einen privaten Stiftungsvermerk zugunsten des Königs trägt die Thronbasis, Z. 50.

x Als Beutestücke sind durch einen entsprechenden Vermerk gekennzeichnet der Keulenknauf Nassouhi, MAOG 3/I-II S. 12 ff. Z. 3 und die Marmorperle WO 1, 269 f. (Z. 1-4).

y Besitz- oder Herkunftsvermerke finden sich in den folgenden kleineren Inschriften: WO 1, 269 f. Z. 7 f.; MDOG 54, 21; MAOG 3/I-II S. 12 ff. Z. 4; KAH II 106 Z. 5; KAH II 96 Z. 4; AAA 19 Nr. 295 Z. 4; Layard, ICC 78 B Z. 4-5.

z Durch eine Unterschrift datiert sind: Ann. Cam. IV 49-51; Ann. FS lk. Rd. Z. 1 f.; AAT S. 40 ff. II 7; KAH I 28 Z. 14-16; WO 1, 255 ff. Z. 16-18; Ass. 9464 (s. oben, g) Z. 13 f.

KAPITEL IV

ŠAMŠĪ-ADAD V. (823-810)

a Die letzten Regierungsjahre Salm. III. standen unter dem Zeichen der Rebellion, die von Aššur-dannin-apla in den Jahren 827-822[1] zunächst gegen Salm. III., dann gegen seinen Bruder Šamšī-Adad entfacht worden war. Die Revolte hatte eine deutliche Verschiebung der Machtverhältnisse zur Folge: Babylonien nahm, anders als zur Zeit Salm. III., eine dominierende Stellung ein, während Assyrien zunächst zu sehr mit den eigenen Problemen beschäftigt war, um eine Wendung der Lage herbeiführen zu können. Nachdem jedoch Šamšī-Adad in drei Feldzügen die Nordgrenze gegen die erstarkten Nairi-Länder (Urarṭu) gesichert hatte, wandte er sich in vier Feldzügen gegen Babylonien, die schließlich in der Gefangennahme zweier aufeinanderfolgender babylonischer Könige resultierten (vgl. Brinkman, PHPKB S. 204 ff.). Šamšī-Adad V. beanspruchte danach die Oberherrschaft über Babylonien und setzte ein neues Grenzabkommen durch.

b Die Annalen Š.-A. V. sind in folgenden Exemplaren erhalten:

1) Die Nimrud-Stele BM 118892 (vgl. Gadd, *Stones* S. 149 f.), veröffentlicht von Norris, I R 29-31 und ibid. 32-34 (in neuassyrische Zeichen umgesetzt). Die Schrift ist in archaisierendem babylonischem Duktus gehalten, ein Beweis für die wohl schon unter Salm. III. einsetzende kulturelle Beeinflussung Assyriens durch Babylonien (vgl. Brinkman, PHPKB S. 191 Anm. 1176).

Bearbeitungen: Scheil, *Inscription assyrienne archaique de Šamši-Rammân IV, roi d'Assyrie*, Paris 1889; Abel bei Peiser, KB I S. 174-187, wo auch das unveröffentlichte Duplikat BM 115020 (cf. *Guide*³ S. 72, Nr. 250) verwertet ist. Für Kollationsergebnisse zu III 45-63 s. Delitzsch, *Die Sprache der Kossäer* S. 50 Anm. 2. Vgl. auch die textkritischen Bemerkungen von Bezold, *Literatur* S. 77.
Übersetzung: Luckenbill, ARAB I § 713-726.
Photos: Schäfer-Andrae, *Die Kunst des Alten Orients*² S. 546; Perrot-Chipiez, *Histoire d'Art* II Abb. 306.

2) Ein weiteres Duplikat zum Text der Nimrud-Stele sind die Kol. I und II einer Stele aus Assur (vgl. MDOG 28, 31 f. und Andrae, AAT S. 78), die von Weidner, AfO 9, 89 ff. teilweise bearbeitet wurde. Diese Stele setzt in ihren Kol. III und IV (Kopie bei Weidner, ibid. S. 93 und 95) den

[1] Oder 820, nach der Epomymenliste aus Sultantepe, vgl. Brinkman, PHPKB S. 207 Anm. 1290.

Text der Nimrud-Stele bis zum sechsten Feldzug fort. In der Bearbeitung Weidners sind für Assur-Stele, Kol. I und II nur eine Kopie von I 45-56 sowie die Varianten gegenüber der Nimrud-Stele geboten, Kol. III und IV sind AfO 9, 91 ff. umschrieben und übersetzt.

Der Text von Assur-Stele III 29-48 findet eine enge Parallele in dem Gottesbrief KAH II 142, Z. 1-9, vgl. unten, c.

3) Ein bisher nicht identifiziertes und in kaum brauchbarer Form veröffentlichtes Stelenfragment aus Assur (Ass. 17137a) wurde abgebildet bei Haller, *Heiligtümer* Tf. 58c. Das Photo ist auf dem Kopf stehend wiedergegeben; zudem geht aus der Beschreibung auf S. 66 hervor, daß die Assur-Nr. richtig 17137a lauten muß. Die ebenda genannte Stele Ass. 17137 ist jedoch nicht abgebildet, weshalb vorläufig nicht auszumachen ist, ob der von Haller erwähnte Inschriftrest auf Ass. 17137 auch von Š.-A. V. stammt. Haller nahm an, daß beide Fragmente zusammengehören, doch wäre für Ass. 17137a, das ein Stück vom oberen Ende einer Stele ist, eine eventuelle Zusammengehörigkeit mit der Assur-Stele Weidners zu überprüfen.

Für Ass. 17137a (Haller, *Heiligtümer* Tf. 58c) läßt sich die Zuweisung an Š.-A. V. wie folgt sichern:

Nach dem Photo bei Haller lese ich (mit Vorbehalt) die Zeilen 11(?)ff. der rechten Kol. folgendermaßen:

(11) *aq-qur ina* IZI *áš-ru?-up ma-da-t*[*u* ...]
(12) ^{URU}*Ṣi-ba-ra-a-a am-ḫur ṣa-lam?* [...]
(13) DÙ-[*u*]*š li-ta-at Aš-šur* EN-*ja ta-nit-t*[*i* ...]
(14) *ù mim-ma ep-šet qa-ti?-ja šá ina* KUR *Na?-ʾ*[*i-ri* ...]
(15) *ina qer-bi-šu? al-ṭu-ur* <*ina*>(?) ^{URU}*Ṣi-ba?-ra?*(-)[...]
(16) *šá* ⌞^{URU}⌟*Gi-z*[*i-i*]*l-bu-da-a-a ú-še-z*[*i-iz* ...]
(17) *lu al-lik* TA *pa-an* ... [...]
(18) *dan-ni šá mu-ni-ḫa l*[*a*] *i-šu-*⌞*ú*⌟ [...]
(19) URU.MEŠ-*šú-nu* x x x x x KUR-*e mar-ṣi e-*[*lu-ú* ...]

Diese Zeilen entsprechen Nimrud-Stele III 18-31, womit die Zuweisung als gesichert gelten dürfte. Da die Zeilenlänge wesentlich größer ist als in der Nimrud-Stele, liegt die Vermutung nahe, daß dieses Fragment mit der von Weidner veröffentlichten Assur-Stele eng verwandt ist. Der oben umschriebene Text des Assur-Fragmentes stammt also von Kol. II der Vs. Dies führt zu dem Schluß, daß der Text der vier Kol. der Nimrud-Stele hier in den beiden Kol. der Vs. untergebracht war, auch hierin mit der Assur-Stele übereinstimmend. Nach Haller, *Heiligtümer* S. 66 dürfte die

Rs. des Fragmentes unbehauen sein, was freilich am Original zu überprüfen wäre. Trifft dies zu, so kann physische Zugehörigkeit zur Assur-Stele Weidners ausgeschlossen werden.

Der Zustand der linken Kol. (I) ist wesentlich schlechter, doch dürfte bei einer sorgfältigen Untersuchung des Originals noch einiges zu lesen sein. Es wäre wünschenswert, daß dieses Fragment zusammen mit Ass. 17137 (vgl. oben) publiziert würde.

Einige Bemerkungen zum Text der Stelen: Nimr.-St. I 1-15; vgl. den einleitenden Hymnus an Ninurta in den Ann. Anp., I 1-9. — I 7: cf. oben, Kap. II d zu Anp. Ann. I 1-9. — I 18: cf. CAD G 98a (Borger, BiOr 17, 165b unten).

I 26-33: Titulatur, Epitheta.

I 27: cf. Seux, ERAS S. 248 mit Anm. 74bis. Emendation zu *rē'û tab*!-*ra-a-ti* scheint jedoch angebracht. — I 29: cf. EAK I S. 58. — I 33: Anfang kollationsbedürftig. Vgl. Scheil, *Šamšî-Rammân* IV S. 6 Anm. 1.

I 34-38: Filiation.

Zu I 37f. vgl. Seux, ERAS S. 154f. Dieses Epitheton war bei drei aufeinanderfolgenden Königen in Gebrauch.

I 39-53: Niederwerfung des Aufstandes des Aššurdanninapla.

I 42: vgl. EAK I S. 4 Anm. 2. — I 43: lies am Anfang der Zeile wohl *ú-šes-ḫir*, am Ende *ú-šam-kir*$_6$*-ma* mit AHw 720a (Koll.). — I 46: cf. Borger, BAL S. 115; Streck, OLZ 8, 493; Parpola, NAT S. 273 (^{URU}*Par-nu-na*); Postgate, BSOAS 33,390. — I 47: ^{URU}*Ka-ḫat*, Parpola, NAT S. 188. — I 48: s. Brinkman, PHPKB S. 208 Anm. 1292.

I 53-II 16: 1. Feldzug gegen die Nairi-Länder.

II 7: Lies wohl ^{URU}*Šur-di-ra* und vgl. Michel, WO 1, 472 Anm. g, Belege auch bei Parpola, NAT S. 340, wo diese Stelle von S. 271 zu übertragen ist. Vgl. noch KAH II 113 IV 10. — II 15: cf. AHw 286a s. v. *gerṣeppum*. Die Assur-Variante lies *ki*-[*ma*].

II 16-34: 2. Feldzug gegen Nairi.

II 19: cf. Weidner, AfO 9, 91. — II 24. 38: der Name *Me-eq-di-a-ra* erinnert an ^{m}*Ni-iq-di-*(*a*)*-ra* bei Salm. III., Ann. Cam. II 11 u. ö.; Gleichsetzung erscheint möglich.

II 34-III 70: 3. Feldzug gegen die Nairi-Länder.

II 35: lies mit Scheil S. 10f. ^{KUR}*Kúl*!*-la-ar*. — II 38: s. zu II 24. — II 47f.: cf. Schott, *Vergleiche* S. 104, Nr. 72. — II 59ff.: cf. Meissner, OLZ 17, 54. — III 15: *ina* ŠU-*ti*(*qāti*) *aṣ-bat*, KB I S. 180 zu korrigieren; Scheil richtig. — III 18: cf. Scheil, *Šamšî-Rammân* IV S. 16 mit Anm. 1. — III 18ff.: s. oben, Assur-Fragment. — III 31: lies mit Ass. 17137a (s. oben), Z. 19(?): *ana* KUR-*e mar*!*-ṣi*, PI-*ṣi* ist Fehler des Schreibers. — III 37: cf. Meissner, AfO 8, 58. — III 38: cf. Schott, *Vorarbeiten* S. 152 Anm. 4. — III 45-63: s. Delitzsch, *Die Sprache der Kossäer* S. 50 Anm. 2. — III 67: lies wie in II 35 ^{KUR}*Kúl*!*-la-ar* mit Scheil, *Šamšî-Rammân* IV S. 20. Vgl. noch Fossey, *Manuel* II Nr. 27670 und 27682. Der Berg *Ṣi-la-ar* ist demnach bei Parpola, NAT S. 323 zu streichen, die Belege sind nach S. 213 (Kullar) zu übertragen. Vgl. noch Michel, WO 1, 19 Anm. 21. — III 69: lies *áš-giš*! und vgl. Fossey, *Manuel* II Nr. 17633.

III 70-IV 45: 1. Feldzug gegen Babylonien. Für die babylonischen Feldzüge vgl. jetzt Brinkman, PHPKB S. 207ff.

IV 4: cf. Borger, AfO 23, 1. — IV 9: cf. Parpola, NAT S. 284 (^{URU}*Qar-né-e*). — IV 24: s. Schott, *Vergleiche* S. 113; Zimmern, ZA 36, 61. — IV 32: cf. Landsberger, *Fs. Baumgartner* S. 198ff., bes. 201. — IV 35f.: vgl. Scheil S. 26 und 44; AHw 808a. — IV 40: *it*-[*ba-a*], CAD D 127b weniger gut. — IV 43: cf. Streck, ZA 18, 157.

Wie aus der Assur-Stele ersichtlich ist, war mit dem Abbrechen des Textes auf der Nimrud-Stele das Ende dieses Feldzuges noch nicht erreicht. Die Fortsetzung findet sich nach einer Lücke in Assur-Stele III 1-16.

III 5: *ul-[tu pa-an]*. — III 6: *ek-du-te [ù e-peš]*, vgl. Nimrud-Stele IV 22ff. — III 8: am Ende der Zeile ergänze noch „ihre Städte" o. ä.

III 17-IV 10:2. Feldzug gegen Babylonien.

III 28: *sa-lim-t[i] ina! pil!-še!* URU*Ga-na-na-a-te* usw., cf. Salm. III., Balawat V 1 (WO 4, 30). — III 32f.: wohl zu verbessern in *ú-nu-ut*(Text ŠÚ) (33) MÈ-[*šú*], cf. Weidner, AfO 9, 94 Anm. 24. — III 42: cf. Lambert, ZA 59, 100ff. — IV 8: *ina* ⌞ŠU⌟(?)-*ja* oder *ina* ⌞KÁ⌟-*ja*?

IV 11-29: 3. Feldzug gegen Babylonien.

IV 15f.: cf. Brinkman, PHPKB S. 211 Anm. 1314. — IV 27: *šá* KÙ.BABBAR GUŠKIN *uḫ-ḫa-zu!-ma aq-ru-[te]*. Für die Form des Zeichens ZU vgl. Nimrud-Stele III 28. 61. 62. IV 19.

Der Text der Assur-Stele endet in IV 29 mit den Worten *ina ūmēšūma*, worauf sechs unbeschriebene Zeilen folgen. Wie Weidner, AfO 9, 101 gesehen hat, ist diese Wendung als Beginn eines Bauberichtes zu verstehen, der aus unbekannten Gründen nicht zur Ausführung gelangt ist.

c Der 5. Feldzug Š.-A. V., das ist der 2. nach Babylonien, ist auch Gegenstand des Gottesbriefes, der die Antwort eines Gottes an den König auf dessen vorangegangene Schilderung seiner Unternehmungen darstellt. Kopie: Schroeder, KAH II 142; Bearbeitung: Weidner, AfO 9, 101 ff. Vgl. auch Borger, RLA III S. 575 f. s. v. *Gottesbrief*.

Vs. 1-9 reflektiert Assur-Stele III 29-48, s. auch dazu. — Rs. 22': vgl. Nimrud-Stele III 28f.

d Der Vertrag Š.-A. V. mit Marduk-zākir-šumi I. ist in einem Fragment erhalten, das zuerst von Peiser, MVAG 3/VI S. 14-17 veröffentlicht wurde. Kopie und teilweise Bearbeitung gab Weidner, AfO 8, 27 ff. Die Fluchformeln Z. 22-35 wurden im Zusammenhang nach dem Kodex Ḫammurapi ergänzt von Borger, OrNS 34, 168 f. Vgl. auch Hillers, *Treaty-curses* S. 95 und Brinkman, PHPKB S. 204 Anm. 1261.

e Eine vierzeilige Backsteininschrift aus Assur wurde veröffentlicht von Scheil, RT 22, 37. Sie ist vermutlich ergänzbar nach Thompson, *Archaeologia* 79, Nr. 114 etc. (s. unten), vgl. Brinkman, PHPKB S. 213 Anm. 1323.

Eine weitere Backsteininschrift aus Assur (Ass. 22864) erwähnt Haller, *Gräber* S. 175a, wohl identisch mit der von Andrae, MDOG 54, 41 transkribierten, Reste von 5 Zeilen enthaltenden Backsteinlegende.

Eine vierzeilige Backsteinlegende aus Ninive wurde veröffentlicht von Thompson, *Archaeologia* 79, Nr. 114 und 119 sowie AAA 18 Nr. 44. Der Text dürfte Duplikat zu dem oben erwähnten Backstein aus Assur (Scheil, RT 22, 37) sein.

f Votivperlen aus Assur mit Inschriften wurden veröffentlicht von Messerschmidt, KAH I 31, 32 und 33. Zu Z. 1 vgl. jeweils Meissner, OLZ 18, 618. Übersetzungen: Luckenbill, ARAB I § 727 f.

Ein Elfenbeinplättchen mit teilweise erhaltener, dreizeiliger Inschrift aus Nimrud (Fort Shalmaneser) wurde übersetzt von Oates, *Iraq* 24, 3; auch Mallowan, *Nimrud* II S. 594, Photo ibid. S. 596 Abb. 576.

g Auf dem Sarkophag Š.-A. V. in Assur befindet sich eine vierzeilige Inschrift, die jeweils an zwei Seiten angebracht ist. Bearbeitung: Andrae, MDOG 54, 39 f.; Haller, *Gräber* S. 176.

h Reste eines Erlasses Š.-A. V. finden sich auf der Vs. der aus der Zeit Sanheribs stammenden Tontafel K. 2655+, Z. 1'-7', zuletzt bearbeitet von Postgate, *Neo-Assyrian Royal Grants and Decrees* S. 101 ff., Nr. 51 (mit Bibliographie). Zur Zuweisung des fraglichen Abschnittes an Š.-A. s. Postgate, ibid. S. 104.

i Eine zeitgenössische Erwähnung Š.-A. V. dürfte die Inschrift Dossin, MUSJ 45 (1969) S. 250 ff. Nr. III in Z. 2 enthalten. Z. 1-5 ist votiv, Z. 6-19 enthält zwei Lamaštu-Beschwörungen. Bearbeitung Nougayrol, RA 65, 173 f. (mit Photo).

j Wegen der relativ geringen Anzahl der Texte dieses Königs kann auf eine systematische Übersicht des Aufbaus und der Phraseologie verzichtet werden. Entsprechende Bemerkungen finden sich gegebenenfalls zu den einzelnen Inschriften.

KAPITEL V

ADAD-NĒRĀRĪ III. (809-782)

a Die aggressive Politik Š.-A. V. gegenüber Babylonien wich unter Adn. III. einer gewissen Verständigung zwischen den beiden Ländern, die am deutlichsten in der Rückführung des 813 geraubten Stadtgottes von Dēr (785) ihren Ausdruck findet (vgl. Brinkman, PHPKB S. 216 ff.). Über das Vorgehen Adn. III gegen die nördlichen und östlichen Grenzländer wissen wir wenig, wie ja überhaupt detaillierte Feldzugsberichte aus der Regierungszeit Adn. III. fehlen. Immerhin unternahm Adn. III. zahlreiche Feldzüge gegen diese Länder (Medien, Mannai, Namri, Ḫubuškia), deren Erfolg freilich weitgehend im Dunkeln liegt. Etwas besser sind die Feldzüge nach Westen dokumentiert, von denen zwei, nämlich die der Jahre 805 und 802 in den Quellen geschildert sind, vgl. unten, c-e. Die Anstrengungen Assyriens, seine Interessen im Westen durchzusetzen, gingen Hand in Hand mit einer zunehmenden Verselbständigung der westlichen Provinzstatthalter, eine Tendenz, die sich unter den schwächeren Nachfolgern Adn. verstärkt fortsetzen sollte.

b Zur Frage, ob Semiramis, die Mutter Adn. III., assyrische Regentin gewesen sei, vgl. Verf., *Historia* 21, 513 ff.

Erwähnung verdient hier die Stele der Sammuramat in der Stelenreihe in Assur, veröffentlicht von Andrae, *Stelen* Nr. 5 S. 11 mit Abb. 2 und Tf. XI, 2; auch Lehmann-Haupt, *Semiramis* S. 7 (vgl. S. 70). Kopie auch bei Böhl, *Chrestomathy* S. 18 Nr. 11; Übersetzung: Luckenbill, ARAB I § 730 f. Der Text enthält eine Fixierung ihrer Stellung innerhalb der königlichen Familie (Palastfrau des Š.-A., Mutter des Adn.[1], Schwiegertochter des Salm.), aber keine politische Titulatur.

c Die nach ihrem Fundort südlich des *Ǧebel Singār* benannte Saba'a-Stele trägt auf ihrer Vorderseite eine Inschrift von 33 Zeilen. Das Monument wurde publiziert von Unger, PKOM 2, mit Kopie ibid. Tf. II, Photos Tf. I, III-VII. Bearbeitung von Z. 11-22: Donner, *Fs. Galling* S. 52 f. Übersetzungen: Pritchard, ANET[3] S. 282; Gressmann, ATAT[2] S. 345.

Der Text beginnt mit einer Anrufung des Gottes Adad (Z. 1-5).

Z. 1: [*ana*] ^{d}*Adad*(IŠKUR). — Z. 2: [*g*]*ìt-ma-lu* ⌞*ša*⌟ *pu-un-gu-lu* usw. — Z. 3: Hier findet sich der älteste Beleg für die Schreibung ^{d}GÍŠ.U (*Anunnakki*), Kienast, AS 16, 143 Anm.

[1] Zur Rolle der Königinmutter am Hofe vgl. Donner, *Fs. Friedrich* S. 110ff.

16 und S. 154, 26* zu korrigieren. — Z. 4: cf. Meissner, MAOG 13/II S. 29. — Z. 5: cf. Borger, *Iraq* 26, 125.

In Z. 5-11a folgen Titulatur und Filiation des Königs.

Z. 8: [DINGIR.M]EŠ GAL.[MEŠ *šá*!] SIPA-⌜*su*⌝ usw. — Z. 11a: KÚR.ME[Š]-[*šú*](?).

Die Zeilen 11b-18a enthalten den Bericht über den Feldzug gegen Syrien („Groß-Ḫattu"), der wahrscheinlich mit dem Unternehmen von 805 gegen Arpadda (vgl. RLA II S. 429) gleichzusetzen ist.

Z. 11b: cf. Meissner, DLZ 1917, 54f.; Borger, *Asarhaddon* S. 8; Poebel, JNES 2, 82; S. Page, OrNS 38, 457f. Es ist also zu lesen: ina MU.5.KÁM ⌞*šá*⌟ bzw. <*šá*>, vgl. auch Röllig, *Fs. Altheim* Bd. I (Berlin 1969) S. 130 Anm. 8. Für *wašābu* + *rabîš ina kussê šarrūti* vgl. Weidner, IAK Nr. XVII 2 Z. 11; AfO 6, 80 I 25 (erg.); AfO 3, 152 Vs. 7 (erg.); KAH II 83 Vs. 9; AKA S. 269 I 44; III R 7 I 15 (vgl. oben, Kap. II b zur Stelle); WO 1, 454ff. I 28; WO 2, 28 I 19f.; WO 2, 144 Z. 22f.; *Iraq* 21, 150 Z. 6; KAH I 77 Vs. 11; MAOG 6/I-II S. 11 Z. 3; *Asarhaddon* S. 6 § 3 Z. 12; *Asarhaddon* S. 16, Ep. 12 Z. 11. An einigen dieser Stellen fehlt *rabîš*, was eine Übersetzung „as full regent" (S. Page, *Iraq* 30, 147 Anm. 26, Unger übrigens anders!) oder „comme chef" (Cazelles, CRAIBL 1969, Janv.-Mars S. 107 und S. 115 Anm. 14) mit Sicherheit ausschließt. Man vgl. Salm. III., WO 2, 28 I 19f. (ohne *rabîš*) mit Schw. Ob. Z. 22f. (mit *rabîš*), woraus die nur geringfügige Bedeutung von *rabîš* zu ersehen ist. An unserer Stelle ist also zu übersetzen: „im fünften Jahre, nachdem ich mich feierlich auf den Königsthron gesetzt hatte". — Z. 12: lies mit Tadmor, IEJ 19, 46ff. *ana* KUR *Ḫat-te* GAL-⌜*te*⌝, vgl. auch Cazelles, CRAIBL 1969, Janv.-Mars S. 115 Anm. 10. Möglich wäre vielleicht auch KUR *Ḫat-te* <*ra-pa*>*-áš-*⌜*te*⌝, in Parallele zu Z. 14 (s. auch dazu). — Z. 13: am Anfang der Zeile *ana* (ergänzt) zu streichen. Kein Dativ! — Z. 14: lies mit Poebel, JNES 2, 83b [*šá* KUR *Ḫat-te* DA]GAL-*te*, so auch Tadmor, IEJ 19, 47 Anm. 13. Zum Ende der Zeile vgl. Schott, *Vorarbeiten* S. 83 Anm. 14. — Z. 15-16: der Anfang der beiden Zeilen ist kollationsbedürftig. In Z. 15 dürfte *Sîn*(XXX) vor *Šamaš* zu streichen sein.

Die Zeilen 18b-20 enthalten einen kurzen Bericht über den Feldzug gegen Damaskus vom Jahre 802. Donner, *Fs. Galling* S. 57 hat bereits darauf hingewiesen, daß zu einem Feldzug gegen Damaskus nur die Eintragung in der Eponymenliste für 802 passen kann (RLA II S. 428 f., *a-na muḫḫi*(UGU) *tam-tim*). Auch die Rimah-Stele nennt (Z. 7 und 9) Damaskus und das Mittelmeer in einem Kontext. Da nun das Ziel des in der Saba'a-Stele Z. 18b-20 beschriebenen Feldzuges in Z. 18b gestanden haben dürfte (es wurde von Unger als *ana māt ša imērīšu* ergänzt), ließe sich ebenso gut [*ana tâmti rabīte alāka*] ergänzen. Sicher erscheint jedenfalls die bisher nicht beachtete Tatsache, daß die Zeilen 18b-20 einen zeitlich vom vorangehenden Bericht zu trennenden Feldzug schildern. Anders kann meiner Ansicht nach das Wort *aqbi* in Z. 19 nicht erklärt werden, denn im Falle der bloßen Fortsetzung hätte man einfach *allik* o. ä. erwartet. Vgl. auch Rimah-Stele Z. 6b-12 und I R 35 Nr. 1 Z. 14-21.

In Z. 18 ist, wie in Z. 12, das von Unger ergänzte *ana* vor *alāka* zu streichen.

Der folgende Passus (Z. 21-22) berichtet über die Aufstellung der Stele in der Stadt *Ḫa*(?)*-ban-ni* (nicht bei Parpola, NAT). Durch die Anknüpfung mit *ina ūmēšūma* wird deutlich, daß das Entstehungsdatum der Stele nach dem oben Gesagten 802 (oder kurz danach) sein muß, vgl. aber auch den nächsten Absatz.

Z. 22: die Form *ul-ziz-šú* dürfte schwerlich korrekt sein. Solange die Lesung am Ende dieser und am Beginn der nächsten Zeile nicht geklärt ist, bleibt unsicher, ob mit Z. 23 wirklich ein neuer Abschnitt anfängt.

Die Zeilen 23-25 nennen Palil-ēreš mit den seiner Provinz zugehörigen Ländern und Städten. Er war 803 Eponym und dürfte am Zustandekommen der oben beschriebenen Feldzüge zu einem nicht geringen Teil beigetragen haben. Die Ausführlichkeit der Erwähnung zeigt, daß Palil-ēreš eine führende politische Persönlichkeit war. Dies geht auch aus der Ninive-Stele hervor, s. unten, i. Diese Stele verbrieft die Rechte des Palil-ēreš an dem Land Ḫindānu, das ihm zusätzlich zu seiner Provinz Raṣappa übergeben wurde. Da nun Ḫindānu bereits in der Saba'a-Stele Z. 25 genannt wird, könnte als Datum für die Saba'a-Stele auch an (post) 797 gedacht werden, das Jahr also, in dem seine Provinz um das Land Ḫindānu erweitert worden war (Ninive-Stele Rs. 36). Dies paßt jedoch schlecht zu *ina ūmēšūma*, Saba'a-Stele Z. 21, es sei denn unter der Annahme, daß das in der Saba'a-Stele Z. 21 f. genannte Denkmal nicht mit eben der Saba'a-Stele identisch ist. Obwohl weder das eine noch das andere zu beweisen sein wird, nehme ich an, daß die Ninive-Stele nur einen schon länger bestehenden Zustand legalisiert, was die Nennung des Landes Ḫindānu in der Saba'a-Stele erklären würde.

Z. 23: Die Ergänzung des Anfangs der Zeile ist schwierig, da das Ende der vorhergehenden Zeile ebenfalls unklar ist. Unwahrscheinlich ist jedenfalls der Vorschlag von Ungnad, RLA II S. 412 Anm. 2, [*pu*]-*ri*, als Datierung anstelle von *limmu*. Palil-ēreš war 803 Epomym, doch dürfte Adn. III. erst im folgenden Jahr in Berührung mit Marī' von Damaskus gekommen sein, vgl. oben zu Z. 18b-20. — Z. 24: cf. Seidmann, MAOG 9/III S. 31. — Z. 25: der ON am Zeilenende dürfte ^{URU}*Aš-š*[*ur*]-*aṣbat*(DIB-*bat*) zu lesen sein. Vgl. (*Ana-*)*Aššur-utēr-aṣbat* Parpola, NAT S. 18 und 55 sowie oben, Kap. II b zu Mon. II 85; so jetzt auch Weippert, GGA 224, 153.

Der letzte Abschnitt (Z. 26-33) enthält eine Anrede an den späteren Fürsten. Bezeichnend ist Z. 28, die Palil-ēreš als Verfasser der Stele erkennen läßt.

Z. 26: am Ende der Zeile *i-tú-ru* ⸢*ana*⸣(?) *aš*[*ar*(K[I)-*šá*]-*ni-ma* (?), kollationsbedürftig. Anders AHW 607a. — Z. 27: cf. Landsberger, ZA 41, 218. Lies ferner *u-še-ra-b*[*a*] mit AHw 73b. — Z. 29: am Ende [*bēlūt*(EN)]-*s*[*u*]. — Z. 30: ŠU.II-*šú*! — Z. 31: *a-a*(?) *i-ṭu-lu a-ḫa-meš* mit CAD I/J 61a.

d Die im Jahre 1967 gefundene Rimah-Stele wurde veröffentlicht von S. Page, *Iraq* 30, 139 ff. mit Kopie ibid. Tf. XXXIX, Photos Tf. XXXVIII, XL und XLI. Für eventuelle Paralleltexte vgl. S. Page, *Iraq* 30, 139. Bearbeitung von Z. 1-12: Donner, *Fs. Galling* S. 50 f.; eine Übersetzung dieses Abschnittes auch bei Cazelles, CRAIBL 1969, Janv.-Mars S. 108. Eine verbesserte Übersetzung gibt S. Page, VT 19, 483.

Ähnlich wie die Saba'a-Stele ist auch die Rimah-Stele keine Königsinschrift im engeren Sinne. Dies zeigt die ausführliche Schilderung der Aktivitäten des Palil-ēreš im Bereich der Siedlungspolitik. Die schon im Altertum vorgenommene Zerstörung von Z. 13-21 scheint ein Akt von damnatio memoriae zu sein.

Der Text beginnt mit einer Anrufung des Adad von Zamaḫi (Z. 1-2). Zu Z. 1 cf. Brinkman, RA 63, 96.

Auf Titulatur und Filiation (Z. 3) folgt der kurze Bericht über den Feldzug gegen Amurru und Ḫattu (Z. 4-6a), für den wir oben, c, das Jahr 805 angesetzt haben. Als Orientierungspunkt für die Aufteilung des Textes auf zwei Feldzüge dient hier der Vergleich mit Saba'a-Stele Z. 12 f., s. dazu oben, c. An beiden Stellen wird Ḫattu als Ziel des Feldzuges angegeben.

Z. 4: lies *ummānāte* mit Donner, *Fs. Galling* S. 50. — Vgl. ferner Brinkman, RA 63, 96; S. Page, OrNS 38, 458; Cazelles, CRAIBL 1969, Janv.-Mars S. 108; Tadmor, IEJ 19, 47 Anm. 10.

Die Zeilen 6b-12 enthalten den zweiten Teil des historischen Berichtes. Die Erwähnung des Mittelmeeres (Z. 9 f.) und des Joas von Israel (Z. 8, vgl. dazu Malamat, BASOR 204, 37 ff.) lassen für dieses Unternehmen nur das in der Eponymenliste gebotene Datum 802 zu, vgl. auch Donner, *Fs. Galling*, S. 56; Jepsen, VT 20, 359 f. und Soggin, VT 20, 366 ff. Der Anschluß dieser Episode an die vorhergehende ist in dem Thema „Tribut" zu sehen, mit dem die zuerst erwähnte Unternehmung gegen Ḫattu endet (Z. 6a, vgl. die parallele Formulierung in I R 35 Nr. 1 Z. 14, ebenfalls am Ende eines Abschnittes). Der Autor der Stele beginnt den Bericht über 802 bereits bei der Entgegennahme des Tributes von Marī'. Aufbruch, Anmarschweg usw. sind weggelassen; von Interesse ist dem Autor offensichtlich nur das Geschehen in dem ihn tangierenden nordsyrischen Raum. Diese Beobachtung und der Wechsel von 1. und 3. Person im Text legen den Schluß nahe, daß wie bei der Saba'a-Stele wiederum Palil-ēreš der eigentliche Verfasser ist, vgl. auch S. Page, *Iraq* 30, 150 f. Zu diesem Abschnitt s. auch Saba'a-Stele Z. 18b-20 und I R 35 Nr. 1, Z. 14-21.

Z. 12 erwähnt den Tribut sämtlicher Na'iri-Könige in einem einzigen, knappen Satz, obwohl die Aktivitäten Adn. III. in höherem Maße gegen die Nairi-Länder als gegen den Westen gerichtet waren. Auch hier scheint vieles dem einseitigen, auf die westliche Provinz gerichteten Interesse des Autors zum Opfer gefallen zu sein.

Die Zeilen 13-20 schildern die Städtegründungen, die Palil-ēreš nominell auf Geheiß des Königs (Z. 20), tatsächlich aber eher aus eigenen Stücken (vgl. Z. 15) vornahm. Z. 14 f. enthält die Amtsbezeichnung, die mit der in der Saba'a-Stele Z. 23-25 vergleichbar ist.

Z. 14: Am Anfang der Zeile möchte ich statt KUR *Sir-qu* eher KUR [*Ḫ*]*e-en-*⌜*da*⌝-⌜*nu*⌝ lesen, was genau Saba'a-Stele Z. 25 entspräche. Nach KUR *Su-ḫi* wohl [UR]U [*Aššu*]*r-ut-*⌜*ter*⌝-*iṣ-bat*, vgl. meine Bemerkung zu Saba'a-Stele Z. 25, mit der diese Zeile weitgehend übereinstimmt. — Z. 16: cf. Grayson, JNES 31, 218b. — Z. 17: cf. Grayson, JNES 31, 219a. — Z. 18: zu KUR *Sa-an-ga-ri* (wenn richtig gelesen) vgl. den Fluß *Sagurru*, Parpola, NAT S. 298, vielleicht auch ^{URU}*Sa-an-ga-re-te* bei Abk., Zerbr. Ob. (AKA S. 137) III 23, eine Stadt im Euphratgebiet. Der Fluß *Sa-an-gu-ra* bei Anp., Ann. III 80 gehört wohl ebenfalls hierher. Da die Stadt *Aššur-utēr-a/iṣbat*, wenn in Z. 14 so zu lesen ist, nach Salm. III. (Stellen bei Parpola, NAT S. 298) oberhalb des Sagurru-Flusses liegt, könnte ein geographischer Zusammenhang bestehen.

Die Inschrift schließt (Z. 21) mit einer Fluchformel.

e Die Ergebnisse unserer Betrachtung der beiden Stelen lassen sich wie folgt zusammenfassen:

1) Beide Stelen berichten nicht, wie bisher angenommen, von einem, sondern von zwei Feldzügen. Der erste davon war 805 gegen Ziele in Nordsyrien gerichtet, während der zweite (802) zum Mittelmeer führte.

2) Die Stelen sind ihrer Form nach keine Annalentexte, ja nicht einmal Originalinschriften des Königs. Vom Typ her sind sie verwandt etwa mit der Kurba'il-Statue Salm. III., oder dessen Thronbasis-Inschrift aus Nimrud, wo ebenfalls nur bestimmte historische Nachrichten, z. T. ohne erkennbare chronologische Ordnung, wiedergegeben werden.

3) Beide Texte liefern keinen, weder inhaltlichen noch chronologischen Anhaltspunkt für eine Regentschaft der Semiramis.

f In historischer Hinsicht wenig ergiebig ist die (unvollständige) Inschrift Norris, I R 35 Nr. 1. Bearbeitung: Abel bei Schrader, KB I S. 190 ff. Übersetzungen: Schrader, KAT² S. 212 ff.; Winckler, *Textbuch* S. 26 f.; Gressmann, ATAT² S. 344 f.; Luckenbill, ARAB I § 738-741; Pritchard, ANET³ S. 281 f.; Wiseman bei D. Winton Thomas, *Documents from Old Testament Times* S. 51; Borger bei Galling, TGI² S. 53 f. Vgl. auch die Literatur bei Olmstead, *Historiography* S. 30 Anm. 2 und Verf., OrNS 38, 126 Anm. 1. Kopien auch bei Sarsowsky, *Urkundenbuch* S. 20; Meissner, *Assyrisch-Babylonische Chrestomathie* S. 9.

Die Zeilen 1-5 enthalten den Namen und die Titulatur des Königs; die Filiation fehlt. In Z. 1 f. findet sich das Motiv der frühzeitigen Bestimmung zum König, vgl. Kap. I y und Verf., *Historia* 21, 518 f.

In Z. 5b-14 folgt die Übersicht der eroberten Gebiete in geographischer Anordnung. Zuerst werden die im Osten, Nordosten und Norden Assyriens gelegenen Gebiete genannt (Z. 5b-11a), dann die westlichen Länder, zunächst die nähergelegenen und dann, nach Süden fortschreitend, die entfernteren. Verfolgt man die Beschreibung auf einer Landkarte, so ergibt sich eine von Osten über Norden nach Südwesten verlaufende Bewegung. Die Ländernamen sind also nach geographischen, nicht nach chronologischen Gesichtspunkten angeordnet (vgl. dazu auch unten, Kap. VII e 1). Die Aufzählung schließt mit der Feststellung, daß allen diesen Ländern Tribut und Abgaben auferlegt worden seien. Dieser Abschluß ähnelt dem in der Rimah-Stele Z. 6a, vgl. auch Saba'a-Stele Z. 17.

Z. 5ff.: cf. Cameron, HEI S. 146. — Z. 6: cf. Verf., OrNS 38, 126f. — Z. 10: cf. Ebeling, MAOG 7 S. 64.

In den Zeilen 14-21 folgt der Bericht über die Unternehmung gegen Damaskus von 802, den wir auch aus der Saba'a-Stele (Z. 18b-20) und der Rimah-Stele (Z. 6b-12) kennen.

In Z. 22-24 kommen babylonische Verhältnisse zur Sprache. Der Passus ist leider nicht vollständig erhalten. Vgl. dazu Brinkman, PHPKB S. 217. Im Gegensatz zu Brinkman möchte ich freilich annehmen, daß die Unterwerfung der chaldäischen Könige (Z. 22) nicht in das Jahr 802 zu setzen ist, da Adn. III. in diesem Jahr zum Mittelmeer zog (vgl. oben, c-e), sondern mit einem oder mehreren der Feldzüge zu kombinieren ist, die Adn. III. nach der Eponymenliste in den Jahren 795, 794 und 785 oder 790 und 783 (diese beiden gegen den Stamm der Itu') nach Babylonien unternahm.

Zur Gliederung dieser Inschrift vgl. auch Poebel, JNES 2, 84.

g Titulatur und ausführliche Filiation des Königs enthält die Inschrift auf zwei Steinplatten, Layard, ICC pl. 70 und Norris, I R 35 Nr. 3. Kopien auch bei Bononi, *Niniveh and its Palaces* S. 339; Delitzsch, AL[5] S. 61 (mit Varianten); Abel-Winckler, *Keilschrifttexte* S. 13 f. Bearbeitung: Abel bei Schrader, KB I S. 188 ff.; Übersetzung: Luckenbill, ARAB I § 742 f.

Der Text nennt die unmittelbaren Vorgänger Adn. III. bis Assurnasirpal II., dann noch Adad-nērārī II. (Z. 16), Tukulti-Ninurta I. (Z. 19), Salmanassar I. (Z. 21) und Ellilkapkapi sowie Sulili. Zu den beiden letzteren vgl. EAK I S. 12.

h Eine private, an Nabû gerichtete Votivinschrift befindet sich auf zwei Statuen, die in Nimrud gefunden wurden. Daneben gibt es zwei weitere, unbeschriftete Exemplare, vgl. Gadd, *Stones* S. 150 f.; Lehmann-Haupt, *Materialien* S. 45 Nr. 24 und Andrae, *Stelenreihen* S. 15 Anm. 1. Die Statuen wurden von Bēl-tarṣi-ilīma, dem Stadthalter von Kalaḫ und Eponym des Jahres 797, für das Leben des Adad-nērārī und der Semiramis gestiftet. Zum Aufkommen des Nabû-Kultes in Assyrien vgl. Brinkman, PHPKB S. 217 Anm. 1360.

Die Inschrift wurde veröffentlicht von Norris, I R. 35 Nr. 2; Kopien auch bei Abel-Winckler, *Keilschrifttexte* S. 14; Meissner, *Assyrisch-babylonische Chrestomathie* S. 10; Sarsowsky, *Urkundenbuch* S. 20. Photos: S. Smith, *Sculptures* Tf. III-IV; Strommenger, *Rundskulptur* Tf. 8-9; auch *Mesopotamien* Abb. 215.

Bearbeitungen: Pinckert, LSS 3/IV Nr. 5; Abel bei Schrader, KB I S. 192 f.; Winckler, *Textbuch* S. 27 f.

Übersetzungen: Hommel, *Geschichte Babyloniens und Assyriens* S. 630; Luckenbill, ARAB I § 744.

Z. 2: vgl. Schrader, KB I S. 217 und Schott, *Vergleiche* S. 40 Anm. 1. — Nach Z. 9 ist die Inschrift des Bēl-tarṣi-ilīma ergänzbar, die von Dossin, IrAnt 2, 162f. und Tf. XXX Nr. 27 publiziert wurde, s. Borger, HKL I S. 83.

i Mit Titulatur und Filiation beginnt eine in Ninive gefundene Steleninschrift, die die Verleihung des Landes Ḫindānu an den Gouverneur der Provinz Raṣappa, Palil-ēreš[1], verbrieft (vgl. auch oben, c zu Z. 23-25). Der Text wurde veröffentlicht von Thompson, AAA 20, 113 ff. und Tf. XCVIII-C, auch Postgate, *Neo-Assyrian Royal Grants and Decrees* S. 115 ff.

Vs. 17: ⌞*šu*⌟-[*a*]-⌞*tú*⌟ AHw 752b. — Rs. 21: [... KUR *Ra*]-⌞*ṣa*⌟-*pa* [...](?). — Rs. 26: *i*-[*š*]*a-ka-nu*.

Dieser Text ist freilich keine Königsinschrift, sondern ein Erlaß des Königs zur Provinzialgliederung. Als offizielle Urkunde verdient er jedoch hier ebenso Erwähnung wie die Dokumente über Landschenkungen, die gerade für die Regierungszeit Adn. III. gut bezeugt sind. Im einzelnen sind es die folgenden, sämtlich bei Postgate, *Neo-Assyrian Royal Grants and Decrees* zuletzt bearbeiteten Texte (Nummern nach Postgate):

Nr. 1 (auch Meissner, BA 2, 571 f. und Peiser, KB IV S. 98 ff. Vgl. auch Borger, BiOr 19, 252b zu S. 906 und Johns, JRAS 1928, 550); Nr. 2 (vgl. Johns, JRAS 1928, 551); Nr. 3 (auch Peiser, KB IV S. 100 f.); Nr. 4; Nr. 5 (vgl. Johns, JRAS 1928, 551); Nr. 6(?) (vgl. Johns, JRAS 1928, 551); Nr. 18 (vgl. Postgate S. 49, Kommentar zu Z. 24); Nr. 27 (vgl. Weidner, *Tell Halaf* S. 10 und BiOr 9, 159); Nr. 28; Nr. 29; Nr. 30(?) (vgl. Weidner, BiOr 9, 159); Nr. 32 (s. S. 68 f.); Nr. 42-44; Nr. 45; Nr. 46; Nr. 47; Nr. 48; Nr. 49 (auch Luckenbill, ARAB I § 747); Nr. 50; Nr. 51, Z. 8 ff.; Nr. 54 (s. S. 113 f.); Appendix Nr. 3 (s. S. 120 f.).

[1] Aus der unpublizierten Keulenknaufinschrift Ass. 10274 des Palil-ēreš zitiert Weidner, AfO 13, 318. Vgl. noch Postgate, *Iraq* 32, 31ff. Z. 1 (Zeit Salm. IV.).

Ihren offiziellen Charakter erhalten diese Dokumente durch den Abdruck des königlichen Siegels in einem freien Raum auf der Vs. der Tafeln, unter den Zeilen mit Titulatur und Filiation. Einige dieser Siegelabdrücke sind erhalten, s. Sachs, *Iraq* 15, 169 Nr. 2-4, vgl. auch B. Parker, *Iraq* 17, 94 und den Siegelabdruck auf einer Tonbulle mit Inschriftrest, *Iraq* 24, 28 und 38 f., dazu Millard, *Iraq* 27, 15 mit Anm. 10.

Einen kurzen Hinweis verdienen hier auch die königlichen Erlasse, die bei den Ausgrabungen in Tell Halaf (Guzāna) gefunden wurden. Sie sind bearbeitet von Weidner, *Tell Halaf* S. 9 ff., Nr. 1, 3, 4, 5, 6, 7, 8[1]. Sie sind überwiegend an den Statthalter von Guzāna gerichtet, den als Eponym des Jahres 793 bekannten Mannu-kī-Aššur.

j Unsicher ist die Zuweisung des Fragments einer Tontafel, das von Wiseman, *Iraq* 26, 119 und Tf. XXVI (ND. 5417) publiziert wurde. Da die in Z. 3' f. genannten Ländernamen jedoch sämtlich bei Adn. III. belegt sind, besitzt die Zuweisung an Adn. III. eine gewisse Wahrscheinlichkeit.

Z. 2': *a-na* KUR-*ja u*[*b-la* ...]. — Z. 4': cf. Verf., OrNS 38, 126f.; Grayson, JNES 21, 220b. — Z. 6': lies [KUR].MEŠ-*e né-su-ú-ti šá* [...].

Sehr unsicher ist die Zuweisung des von Scheil, RA 14, 159 f. publizierten Marmorbruchstückes, das von einem Feldzug gegen Urarṭu handelt. Vgl. die Erwägungen von Borger, HKL I S. 451. In Frage käme auch der Nachfolger Adn. III., Salm. IV., der nach dem Eponymenkanon (RLA II S. 429 f.) sechs Feldzüge gegen Urarṭu unternommen hat. Eine Wendung wie in Z. 3' findet sich auch in der Saba'a-Stele Z. 14. [s. S. 141]

k Für ein unpubliziertes Stelenfragment aus der Ḫabur-Region vgl. S. Page, *Iraq* 30, 140 Anm. 7-8 (BM 131124) und Hawkins, AnSt 19, 112 mit Anm. 7. [s. S. 141]

Ein weiteres, ebenfalls unpubliziertes Stelenfragment nennt S. Page, *Iraq* 30, 140 Anm. 9 (BM 115020).

l Mehrere in Assur gefundene Votivperlen tragen kurze Votivinschriften für Bēlat-parṣī. Kopie: Messerschmidt, KAH I 35 und 36. Übersetzung: Luckenbill, ARAB I § 747 f. Vgl. auch Meissner, OLZ 26, 618 und Weidner AfO 7, 267 f.

Die von Meščaninov und Weidner, AfO 7, 266 ff. behandelte Votivperle eines Adad-nērārī stammt hingegen von Adn. I., s. EAK I S. 32 ff.

Eine Ziegelinschrift aus Assur (Ass. 4663) ist unpubliziert, vgl. Andrae, MDOG 26, 62; MDOG 27, 9 und 18; MDOG 29, 39.

---

[1] Nr. 1, 3 und 6 auch bei Naster, *Chrestomathie Accadienne* S. 52.

m Aus Ninive stammen die folgenden Ziegelinschriften:

Thompson, AAA 18 Nr. 39; weitere Exemplare werden erwähnt AAA 19, 115 Y (1). Aus der vierzeiligen Inschrift erfahren wir, daß Adn. einen von Š.-A. V. begonnenen Palast fertiggestellt habe. Am Ende von Z. 3 ist vielleicht noch [*abī*] o. ä. zu ergänzen.

Die von Thompson, *Archaeologia* 79 Nr. 66 veröffentlichte Backsteininschrift berichtet kurz vom Bau des Nabû-Tempels. Duplikate sind AAA 18 Nr. 48, s. ibid. S. 100. Hierher könnte, freilich als kürzere Fassung, auch *Archaeologia* 79 Nr. 67 gehören.

Eine dreizeilige Backsteinlegende ist Norris, I R 35 Nr. 4. Bearbeitung: Abel bei Schrader, KB I S. 188 ff.; Übersetzung: Luckenbill, ARAB I § 746. Duplikate oder Paralleltexte sind Thompson, *Archaeologia* 79 Nr. 68; AAA 18, S. 100; AAA 19, S. 115 Y 2, vgl. dazu Seux, RA 59, 105 Anm. 2.

Das Fragment eines Tonknaufes, das Thompson, AAA 19, 103 (Nr. 219) Adn. III. zuwies, dürfte kaum von diesem König stammen (s. Borger, HKL I S. 527). Die in Z. 2' und Z. 4' genannten Königsnamen beziehen sich auf frühere Erbauer, sind also nicht Bestandteil der Filiation. Hierher gehören wohl auch AAA 19 Nr. 136 und 179, vgl. dazu oben, Kap. II aa.

Eine belanglose Erwähnung Adn.'s findet sich in der privaten Inschrift Delaporte, CCL II, A 678, auch Contenau, RA 29, 30.

n Eine vierzeilige Ziegellegende aus Nimrud veröffentlichte Wiseman, *Iraq* 15, Tf. XV mit Übersetzung S. 149.

Eine unveröffentlichte Ziegelinschrift aus Nimrud nennt Oates, *Iraq* 23, 7.

Zwei beschriftete Tonhände aus der Zeit Adn. III. erwähnt G. Smith, *Assyrian Discoveries* S. 252.

o Die Texte Adn. III. stammen aus Assur, Ninive, Kalaḫ, Saba'a und Tell Rimah. Abgesehen von einigen der oben, i, genannten Landschenkungserlasse sind die Inschriften nicht datiert.

Für die Hypothese, daß gegen Ende der Regierungszeit Adn. III. ein Ersatzkönig eingesetzt wurde, vgl. Kümmel, *Ersatzrituale für den hethitischen König* S. 169.

KAPITEL VI

SALMANASSAR IV. (781-772), AŠŠUR-DĀN III. (771-754) UND AŠŠUR-NĒRĀRĪ V. (753-745)

a Die knapp vierzigjährige Regierungszeit dieser Herrscher wird durch zwei Hauptmerkmale als Schwächeperiode Assyriens gekennzeichnet: zum einen ist es die wenig erfolgreiche Auseinandersetzung mit Urarṭu im Norden, zum anderen eine faktische Autonomie einzelner Provinzgouverneure. Diese Entwicklung reicht bis in die Zeit Salm. III. zurück und zeitigt bereits unter Adn. III. ihre Wirkungen. Erst Tiglp. III. brachte eine gewisse Zentralisierung zustande, die dann wieder eine effektive Politik erlaubte. Für die Bedeutung der Gouverneure spricht schließlich die Tatsache, daß ihre schriftlichen Zeugnisse die der gleichzeitigen Herrscher bei weitem überwiegen. Wir behandeln diese Texte hier mit, obwohl sie keine Königsinschriften sind; ihr Aufbau und Stil ähneln diesen jedoch weitgehend.

b Von Salm. IV. besitzen wir praktisch nur eine Originalinschrift, den leider sehr fragmentarischen Gottesbrief Langdon, BL 169, bearbeitet von Ungnad, OLZ 21, 72 ff. Erhalten ist nur ein Teil der Vs. mit den in Briefen gebräuchlichen Grußformeln an die Götter; die Rs. enthält noch zwei Zeilen mit dem Ende eines historischen Berichtes und die Tafelunterschrift, aus der das Datum des Textes zu erschließen ist (Rs. 3', vgl. dazu Schott, *Vorarbeiten* S. 41 und Borger, HKL I S. 278). Zur Gattung des Gottesbriefes vgl. Borger, RLA III S. 575 f.

Unpubliziert sind drei Tonknauffragmente aus Assur (Ass. 5765), die von Andrae, MDOG 28, 21 einem Salm. „III." zugeschrieben wurden (der dritte Träger dieses Namens wurde damals noch Salm. „II." genannt, also Salm. IV?).

Vielleicht diesem König zuzuweisen ist das Marmorbruchstück Scheil, RA 14, 159 f., s. oben, Kap. V j.

Ein Erlaß Salm. IV. wird in einem späteren Text zitiert, vgl. Postgate, *Neo-Assyrian Royal Grants and Decrees* Nr. 54 I 9' und S. 114.

c Der Turtan Šamši-ilu beschriftete zwei steinerne Torlöwen in Til Barsib (Tell Aḥmar) mit einem Text, in dem der Name des Königs nicht einmal genannt ist. Dadurch ist die Datierung nicht ganz gesichert. Šamši-ilu war Eponym unter Salm. IV. (780), Aššur-dān III. (770) und

Ašn. V. (752). Da in Z. 11-18 jedoch ein Feldzug gegen den urarṭäischen König Argišti I. (ca. 789-766) geschildert wird, dürfte der Text in die Regierungszeit Salm. IV. zu datieren sein, zumal dieser nach dem Eponymenkanon (RLA II S. 430) sechs Feldzüge gegen Urarṭu unternahm. Vgl. auch Malamat, BASOR 129, 25 f.

Bearbeitungen: King, AAA 2, 186 (Auszüge), Thompson, PSBA 34, 66 ff. (Kopie ibid. Tf. V-VI); Thureau-Dangin, RA 27, 11 ff. (Kopie S. 14), wiederholt *Til-Barsib* S. 143 ff. Photos AAA 2, Tf. XXXVII; PSBA 34, Tf. IV; RA 27, 13 und *Til-Barsib* Tf. XXXVII.

Der Aufbau des Textes verrät deutlich die enge Anlehnung an das Vorbild der Königsinschriften:

Die Zeilen 1-8a enthalten eine Anrufung von Göttern, wie wir sie aus zahlreichen Königsinschriften kennen (vgl. z. B. oben, Kap. III m). Es fehlt lediglich der zur Titulatur überleitende Passus „die großen Götter, die mein Königtum groß gemacht haben" o.ä.

Die Titulatur (Z. 8b-11a) enthält in Z. 8b zunächst die offiziellen Titel, dann in Z. 9-11a einige akzidentielle Epitheta, die an die Überzicht der eroberten Gebiete in den Königsinschriften erinnern.

Ein undatierter historischer Abschnitt (Z. 11b-18), eingeleitet durch *enūma* (das in Z. 19 durch *ina ūmēšūma* wieder aufgenommen wird) berichtet von einem Feldzug gegen den urarṭäischen König Argišti I., den Šamši-ilu ohne Mitwirkung des Königs durchgeführt hat, wenn das Fehlen einer Erwähnung des Königs so verstanden werden darf. Vgl. auch unten zu VS I 69.

Der abschließende Baubericht (Z. 19-24) bezieht sich auf die Aufstellung der beiden Löwen im Stadttor von Kār-Šulmānu-ašared, wie die Stadt seit ihrer Eroberung durch Salm. III. hieß (vgl. Mon. II 33 ff.). In Z. 21-24 werden die Namen der beiden Löwen genannt, auch dies nicht ohne Vorbild in den Inschriften Salm. III., vgl. oben, Kap. III u.

Für den Aufbau der Inschrift vgl. etwa die oben, Kap. III e behandelten Inschriften Salm. III.

Šamši-ilu ist wahrscheinlich auch der Verfasser der fragmentarisch erhaltenen Inschrift auf einer Alabastertafel aus Assur. Kopie: Schroeder, KAH II 26; Übersetzung: Luckenbill, ARAB I § 56. Zur Zuweisung s. EAK I S. 27; vgl. noch Thureau-Dangin, RA 31, 85 und Weidner, AfO 15, 96.

Der Text handelt von der Gründung einer Stadt am Tigris. Z. 12' ff. enthält eine Anrede an den Späteren (nicht den späteren Fürsten), ein weiteres Indiz für die Urheberschaft eines Privatmannes.

Der dritte von Šamši-ilu verfasste Text ist die Inschrift auf einem

Stelenfragment, das Lehmann-Haupt in Mossul kaufte, vgl. *Materialien* S. 47, Nr. 25 (teilweise Bearbeitung; Photo ibid. S. 46, fig. 22. Vgl. auch S. 177). Kopie: Messerschmidt-Ungnad, VS I 69. Zur Zuweisung s. außer Lehmann-Haupt, *Materialien* S. 47 auch Thureau-Dangin, RA 27, 12. Zu Z. 6' cf. CAD E 28a, gegen Schott, *Vorarbeiten* S. 52.

Die nur zum Teil erhaltenen 17 Zeilen berichten von einem Feldzug gegen Argišti I. (ca. 789-766, Z. 5'), vgl. hierzu auch die Inschrift auf den Torlöwen aus Til-Barsib, RA 27, 11 ff. Z. 11b-18. Šamši-ilu selbst ist in Z. 3' und 15' genannt. Der in Z. 13' erwähnte Sartennu Mušallim-Marduk ist gegen Tallqvist, APN S. 141a nicht in die Zeit Salm. III. zu datieren; dies verbietet schon die Erwähnung des urarṭäischen Königs Argišti I. Für andere Träger dieses Namens vgl. Brinkman, PHPKB S. 411 (Index).

d In der Zeit Salm. IV. entstand die Stele des Bēl-ḫarrān-bēlī-uṣur, nach seinen Angaben *nāgir ekalli* unter Salm. IV. und Tiglp. III., dessen Name nachträglich über den des Salm. IV. geschrieben wurde (s. Unger, PKOM 3, S. 9 ff.). B. war Eponym des Jahres 741 (Tiglp. III.). Auffallend ist freilich, daß die Eponymen der Jahre 778 (Regierungszeit Salm. IV.) und 751 (Reg. Ašn. V.) den Titel *nāgir ekalli* trugen, so daß sich nicht sagen läßt, wann B. tatsächlich dieses Amt übernahm oder ob er es, mit Unterbrechungen, mehrmals innehatte. Vgl. hierzu Unger, PKOM 3, S. 12 f. Für den gleichnamigen Eponym des Jahres 727 s. Unger, PKOM 3, S. 12 f.; Ebeling, RLA I S. 477 und Weidner, *Tell Halaf* S. 1 Anm. 7.

Bearbeitungen: Scheil, RT 16, 176 ff., Nachträge dazu SFS I S. 141; Peiser, KB IV S. 102 ff. Photos: Scheil, SFS Tf. I; Unger, PKOM 3, Tf. I und III; Pritchard, ANEP² fig. 453. Kopien: Scheil, RT 16, 177 ff. (in Typen gesetzt) und Unger, PKOM 3, Tf. II. Übersetzung: Luckenbill, ARAB I § 823-827.

Der Text beginnt ähnlich wie die Inschrift des Šamši-ilu auf den Torlöwen mit einer Anrufung von Göttern (Z. 1-8), nämlich Marduk, Šamaš, Sîn und Ištar. Es fällt auf, daß diese Götterreihe eher babylonisch als assyrisch orientiert ist. So fehlen etwa Assur, Adad oder Ellil, die sämtlich in der Inschrift des Šamši-ilu genannt werden. Im Gegensatz zu diesem Text wird hier eine Verbindung zwischen den Göttern und der Person des Verfassers hergestellt (Z. 8).

In Z. 9-10a folgt Name und Amtsbezeichnung des Bēl-ḫarrān-bēlī-uṣur mit Nennung des Königs, unter dem er sein Amt bekleidete. Wie Unger, PKOM 3, S. 9 ff. gezeigt hat, war zunächst der Name Salmanassars IV. angegeben, der später unvollkommen getilgt und durch den Tiglp. III. ersetzt wurde.

Auf Befehl der Götter gründete B. eine Stadt in der Wüste (Z. 10b-16), die er nach sich benannte (*Dūr-bēl-ḫarrān-bēlī-uṣur*).

Die Anrede an den Späteren enthält zunächst eine Reihe von Befreiungsklauseln (Z. 19-23), vgl. dazu Postgate, *Neo-Assyrian Royal Grants and Decrees* S. 11 f. Segenswünsche (Z. 23b-28) und Fluchformeln (Z. 29 f.) beschließen den Text.

Zum Abschluß sei noch auf die Reliefinschrift des Šamaš-rēša-uṣur, Gouverneur (*šakin*) von Suḫi und Mari, hingewiesen. Der Text wurde in Babylon gefunden und von Weissbach, BMisc S. 9 ff. und Tf. 2-5 (Photo Frontispiz) veröffentlicht. Im Gegensatz zu den vorher besprochenen Fällen ist es fraglich, ob Šamaš-rēša-uṣur überhaupt irgendeine Art von Oberhoheit anerkannte, sei sie assyrisch oder babylonisch. Dafür spricht, daß er nach seinen eigenen Amtsjahren datierte. Vgl. die von Borger, HKL I S. 624 genannte Literatur sowie Brinkman, PHPKB S. 218 f.

e Von Aššur-dān III. (771-754) besitzen wir keine eigenen Inschriften. Aus seiner Zeit stammt die Votivinschrift des Bēl-ilāja an Nergal, s. Nassouhi, MAOG 3/I-II S. 14. Für die Statuette mit Votivinschrift für einen Aššur-dān s. EAK I S. 100 und oben, Kap. I c.

Die Beamtenstele Andrae, *Stelenreihen* Nr. 34 wurde in der Regierungszeit Aššur-dāns errichtet, ihr Urheber Aplāja war 768 Eponym. Vgl. Forrer, *Provinzeinteilung* S. 8 f.

Das Eponymat des Königs ist belegt in ND. 210 (*Iraq* 12, 189).

Das unpublizierte Entengewicht aus Nimrud (ND. 2074), das von Mallowan, *Iraq* 15, 30 und *Nimrud* I S. 170 und S. 338 Aššur-dān III. zugewiesen wurde, stammt mit Hallo, JAOS 88, 774, allenfalls von Tukulti-Ninurta I.

f Von Aššur-nērārī V. (753-745) besitzen wir zwei Texte: den Staatsvertrag mit Mati'ilu von Arpad und das Bruchstück eines Vertrages mit einem unbekannten Partner.

Der Mati'ilu-Vertrag: Bearbeitungen: Peiser, MVAG 3, 227 ff.; Weidner, AfO 8, 17 ff. mit Kopie ibid. 24 f.; Übersetzungen: Luckenbill, ARAB I § 749-760; E. Reiner, ANET³ S. 532 f. Ein unpubliziertes weiteres Fragment dieses Textes ist (BM) 79-7-8, 195, s. E. Reiner, ibid. S. 96.

Die Tafel ist nur teilweise erhalten. Immerhin ist zu erkennen, daß der Vertrag zugunsten Assyriens ausfiel. So wird in Kol. I Mati'ilu mit dem zu opfernden Lamm verglichen: sein Schicksal soll im Falle des Vertragsbruches das Schicksal des Lammes sein, das nun geopfert wird. Die Gleichsetzung erstreckt sich sogar auf die Körperteile: Kopf und Schultern werden genannt, bevor die Kol. abbricht. Dieses Verfahren, Menschen und Tiere in analoge Beziehung zu setzen, erinnert an gewisse Rituale in der Beschwörungsliteratur, vgl. Weidner, AfO 8, 19 Anm. 12; Kümmel, *Ersatzrituale für den hethitischen König* S. 5 f.

Die Kol. III, IV und V (Kol. II fehlt ganz) enthalten die einzelnen Vertragsbestimmungen und die Sanktionen für ihre Übertretung (Fluchformeln, bis VI 5). In VI 6 ff. folgt schließlich die Beeidung des Vertrages unter Anrufung der Schwurgötter.

Vgl. im allgemeinen Gelb, BiOr 19, 161 und Hillers, *Treaty-curses* S. 95. — I 5: vgl. Wiseman, *Iraq* 20, 67 Z. 527. — I 17ff.: cf. CAD A/I 213a. — I 25f.: cf. Borger, ZA 54, 192. — I 28: *lu ka-*[*a-a-an* ...], vgl. Weidner, IAK S. 66 Z. 50. — III 8: *ta-laka-ni*. — III 14: cf. Deller, OrNS 31, 9. — IV 1-20: auch bei Naster, *Chrestomathie accadienne* S. 37. — IV 5: *li-ḫ*[*al-lip*], vgl. Wiseman, *Iraq* 20, 59 Z. 419f. — IV 7: cf. E. Reiner, ANET^3 S. 533 Anm. 2. — IV 9: cf. Borger, OrNS 36, 429f. — IV 12: cf. CAD I/J S. 59a gegen Borger, ZA 54, 188. — IV 20: cf. CAD Ṣ 143a. — V 1: cf. CAD A/I 101b. — V 2: am Ende der Zeile *šá* Z[I.ME]Š-*ka*. — V 4: cf. E. Reiner, ANET^3 S. 533 Anm. 7. — V 7: cf. CAD Ḫ 251b. — V 10: cf. CAD Ḫ 101b. — V 12: cf. CAD Z 111a. — V 13: [*a*]-⌞*pi*⌟(?)-*ik*(?)-*tu-šú-nu*. — V 14: cf. CAD Ă/I 213a. — VI 1: [... *lit-ba*]-*am-ma*. — VI 2: cf. EAK I S. 57. — VI 5: cf. Borger, *Asarhaddon* S. 99. 12. 46. — VI 6ff.: vgl. Wiseman, *Iraq* 20, 31 Z. 25ff. — VI 14: vgl. Borger, *Asarhaddon* S. 84 Z. 44 und S. 122.

Für die altaramäischen Inschriften aus Sfire (Vertrag des Matiʾilu mit Bargaʾyah von KTK) s. Pritchard, ANET^3 S. 659 und Degen, *Altaramäische Grammatik* S. 9 ff.

Ein kleines Fragment vom oberen rechten Rand einer Tontafel enthält die Reste eines weiteren Vertrages von Ašn. V. Bearbeitung: Millard, *Iraq* 32, 174 und Tf. XXXVI (BM 134596). Die Länder Ḫattu (Vs. 4') und Urarṭu (Vs. 7') werden erwähnt; der Name des Königs begegnet in Rs. 3', leider ohne Filiation. Zur Zuweisung s. Millard, *Iraq* 32, 174.

Eine Erwähnung Ašn. V. in einer Inschrift Sardurs III. von Urarṭu findet sich bei König, *Handbuch der chaldischen Inschriften* II, AfO Beih. 8, S. 117 I 8 f.

KAPITEL VII

TIGLATPILESER III. (744-727)

a Tiglatpileser III., der als vierter Sohn Adn. III. erst durch eine Revolte auf den Thron gelangt war, bewies rasch seine bemerkenswerten Fähigkeiten als Politiker, Feldherr und Organisator. In der Innenpolitik gelang es ihm weitgehend, die übermächtigen Provinzen zu verkleinern und so eine straffe, zentralisierte Führung aufzubauen. Dabei wird deutlich, daß von der neuassyrischen Epoche im historischen Sinne erst seit Tiglp. III. die Rede sein kann.

Die präzise Effizienz, die für den politischen Stil Tiglp. kennzeichnend ist, tritt besonders in seiner erfolgreichen Expansionspolitik zu Tage. Er führte mehrere Feldzüge gegen Babylonien, als deren Resultat er die babylonische Krone übernimmt (s. dazu Brinkman, PHPKB S. 228 ff., bes. 240 ff.). Kaum weniger erfolgreich waren die Feldzüge gegen Urarṭu und die selbständigen syrischen Kleinstaaten. So konnte Tiglp. III. den Einflußbereich Assyriens bis nach Palästina hinein ausdehnen, in Kleinasien Fuß fassen und das ehedem mächtige Damaskus ebenso wie Arpad und Sam'al unterwerfen. Ein groß angelegtes Unternehmen gegen Urarṭu führte bis vor die Hauptstadt Ṭurušpa, die allerdings nicht genommen werden konnte.

b Die Annalen Tiglp. III. präsentieren sich in einem überaus desolaten Zustand. Dies liegt zum einen am Schicksal der reliefgeschmückten Platten, auf denen die Annalen eingemeißelt sind, im Altertum, zum anderen an der wenig sorgfältigen Art ihrer Behandlung und Bearbeitung nach den Ausgrabungen Layards in Nimrud[1].

Die Reliefs wurden an zwei Stellen gefunden: im Central Palace und im South-West Palace, an beiden Orten jedoch nicht in situ, sondern teils an die Wände gelehnt, teils auf dem Boden der Räume liegend. Es zeigte sich, daß die Platten von ihrem ursprünglichen Platz entfernt worden waren, um von Asarhaddon für den geplanten Ausbau des South-West Palace wiederverwendet zu werden. Dadurch war die Reihenfolge der Platten bereits gestört; hinzu kommt noch, daß die Ausgräber nicht in der Lage

[1] S. Tadmor, *Introductory Remarks to a New Edition of the Annals of Tiglath-Pileser* III, Proceedings of the Israel Academy of Sciences and Humanities, Vol. II No. 9 (Jerusalem 1967) S. 1ff. zur Fund- und Forschungsgeschichte. Zur Orientierung über die archäologischen Probleme vgl. Unger, PKOM 5, S. 5ff.; Barnett-Falkner, *Sculptures* S. XIIIff.; Reade, *Iraq* 30, 69ff.

waren, alle Reliefs in ein Museum zu transportieren. Daher beschränkten sie sich darauf, nur ausgewählte Stücke für den Transport zu bestimmen. Einige der Platten wurden zu diesem Zweck zersägt, wobei die beschrifteten Partien zumindest teilweise verlorengingen. Immerhin wurden in diesen Fällen die Inschriften von Layard kopiert und abgeklatscht, die Reliefs im wesentlichen gezeichnet. Die Abklatsche sind freilich heute nicht mehr vorhanden, während die Kopien zum Teil von Layard in ICC veröffentlicht wurden (s. dazu unten, c).

Die Erweiterung des bis dahin bekannten Annalenmaterials verdanken wir dem historischen Interesse von G. Smith, der sowohl durch das Studium der Abklatsche im British Museum als auch durch Ausgrabungen in Nimrud neue Texte ans Licht brachte, von denen freilich nur die bis dahin unbeachteten Annalenabklatsche im British Museum in III R veröffentlicht wurden. Die Kollationen und Kopien, die G. Smith aus Nimrud mitbrachte, blieben unveröffentlicht.

Vier weitere, beschriftete Platten im Museum zu Zürich wurden später veröffentlicht von Boissier, PSBA 18, 158 ff. (vgl. auch *Notice* S. 16 ff.), von denen zwei bis dahin unbekannte Textpassagen enthielten.

Zwei Platten mit Inschriften wurden schließlich noch publiziert von Gadd, *Stones* S. 154 f. (BM 118899, 118900).

Der erste Versuch, die Annalen in chronologischer Reihenfolge zu übersetzen, stammt von G. Smith (*Assyrian Discoveries* S. 266 ff.); doch kann diese Übersetzung den modernen Ansprüchen an Textkritik und Einzelverständnis nicht mehr genügen. Die Übersetzungen von G. Smith sind unten, c, zu den jeweiligen Exemplaren notiert.

Die Annahme Layards, daß der Urheber dieser Inschriften Tiglatpileser III. sei, wurde schließlich von Schrader, KAT S. 124 ff. und ausführlicher KGF S. 422 ff. zur Gewißheit erhoben. Gleichzeitig konnte Schrader die Identität Tiglatpilesers mit dem ebenfalls im AT genannten Pul nachweisen. Schrader war es schließlich auch, der erstmals die einzelnen Texte in Rezensionen einzuteilen versuchte und sie gleichzeitig chronologisch anordnete (Schrader, *Kritik* S. 21 ff.; für einen älteren Versuch vgl. G. Smith, ZÄ 1869, 9 ff.), wobei er zwischen Annalentexten und sog. Prunkinschriften unterschied. Die Einteilung Schraders kann im wesentlichen als noch heute gültig bezeichnet werden. Er unterschied zwischen sieben-, zwölf- und sechzehnzeiligen Textvertretern sowie einigen nicht näher zu klassifizierenden Exemplaren. Auf diese Einteilung geht auch der jüngste Rekonstruktionsversuch von Tadmor (s. unten) zurück.

Schraders Schüler Rost legte 1893 eine Neuausgabe der Inschriften Tiglp. vor (Rost, Tiglp. III., 2 Bände, ohne die Züricher Reliefs), in der die

Texte in neuen Kopien, Umschrift und Übersetzung enthalten sind. Diese Ausgabe basiert auf seiner Berliner Dissertation *De Inscriptione Tiglat-Pileser III regis Assyriae quae vocatur annalium*, Leipzig 1892 (ohne Kopien). Rosts aus zahlreichen Gründen unzulängliche Ausgabe ist bis heute nicht ersetzt, so daß die Kopien von Layard und G. Smith noch immer wertvoll sind. Trotz der Vorarbeiten Schraders konnte auch Rost keine Lösung aller chronologischer Probleme erzielen. Frühere Versuche stammen von Tiele, *Babylonisch-assyrische Geschichte* S. 224 und von Hommel, *Geschichte Babyloniens und Assyriens* S. 648 ff.; spätere von Schott, *Vorarbeiten* S. 42 ff.; Saggs, *Iraq* 17, 146 ff.; Reade, *Iraq* 30, 72 f. (wo die frühere Literatur freilich kaum berücksichtigt ist) und schließlich von Tadmor, *Introductory Remarks* S. 8 ff.

Dieser Aufsatz gibt Rechenschaft über die Prinzipien, nach denen Tadmor seine geplante Neuausgabe der Annalen Tiglp. anordnet. Dabei konnte Tadmor zwei Hilfsmittel benutzen: zum einen einen Band nachgelassener Kopien von Layard, der im British Museum aufbewahrt wird (MS A nach Tadmor) und die vollständigste und genaueste Sammlung von Tiglp.-Texten enthält, die nach dem Verlust zahlreicher Originale greifbar ist, zum anderen die Notizbücher von G. Smith, die besonders über III R 9 Nr. 3 Aufschluß gaben: dieser Text wurde demnach von G. Smith aus mindestens acht Fragmenten rekonstruiert, kann also in der vorliegenden Form nur bedingt verwendet werden. Mit Hilfe dieses Materials und ausgehend von der Schraderschen Einteilung unterschied Tadmor sechs parallele Rezensionen, deren jede, in sich komplett, die Wände eines Saales im Palast Tiglp. schmückte.

Die Textvertreter lassen sich nach Tadmor in zwei Kategorien einteilen: Reliefs, deren Inschriften im Raum zwischen dem oberen und dem unteren Bildregister angebracht sind, sei es in sieben Zeilen (Serie A) oder in zwölf Zeilen (Serie B); ferner Reliefs, bei denen die Inschrift über die Reliefdarstellung hinweg eingemeißelt wurde (etwa wie bei der Standard-Inschrift Anp.), wobei die Anzahl der Zeilen zwischen 16 und 20 schwankt (Serien C, D, E). Eine Übersicht der auf die einzelnen Serien entfallenden Textvertreter gibt Tadmor, *Introductory Remarks* S. 18, eine chronologische Anordnung der einzelnen Fragmente innerhalb der Serien ibid. S. 19. Bei der folgenden Betrachtung der einzelnen Textvertreter legen wir diese Anordnung zugrunde.

Zuvor jedoch noch einige Literatur zur Geschichte Tiglp. III.:

Noch immer brauchbar sind die entsprechenden Abschnitte bei Schrader, KAT und KGF; auch die Monographie von Anspacher, *Tiglat Pileser III* ist als Ganzes noch nicht ersetzt. Erwähnenswert ist auch Thiele,

Mysterious Numbers S. 75 ff., s. dazu Saggs, *Iraq* 17, 144 ff. Für die Westfeldzüge Tiglp. vgl. Tadmor, *Azriyau of Yaudi*.

Besondere Erwähnung verdient Barnett-Falkner, *Sculptures*. Hier sind sämtliche erhaltenen Reliefs in ausgezeichneten Photographien wiedergegeben, die zur Kontrolle der Kopien Rosts unentbehrlich sind. Überdies wurden auch die von Layard zwar gezeichneten, jedoch nicht im Original erhaltenen Reliefs aufgenommen. Sie sind in der Reihenfolge angeordnet, die sie wahrscheinlich in ihrer ursprünglichen Position im Palast Tiglp. innehatten. Die im folgenden gegebenen Einzelbemerkungen sind, soweit möglich, an den Photos bei Barnett-Falkner überprüft worden.

c Es folgt nun eine Übersicht der einzelnen Textvertreter in der von Tadmor, *Introductory Remarks* S. 18 f. etablierten chronologischen Reihenfolge unter Angabe der jeweiligen Serie. Auf eine Diskussion dieser Anordnung wird hier verzichtet, da ein abschließendes Urteil erst nach Erscheinen der Edition Tadmors möglich sein wird.

1) Von der Einleitung der Annalen ist nur ein Bruchteil erhalten, nämlich der Text Boissier, PSBA 18, 158 f. (vgl. auch Boissier, *Notice* S. 16 ff., mit Photos) Nr. 3 + 2 (Serie A), Photos bei Barnett-Falkner, *Sculptures* S. 122 f. und Tadmor, *Introductory Remarks* Tf. I. Beide Reliefs bildeten ursprünglich eine einzige Platte, die aber offenbar für den Transport quer durch Z. 4 der Inschrift zersägt wurde. Nr. 3 ist demnach der obere, Nr. 2 der untere Teil dieser Platte (Tadmor, *Introductory Remarks* S. 15 f.).

Nr. 3, Z. 1f.: cf. Tadmor, *Introductory Remarks* S. 16. — Z. 2f.: ... *šá a-na be-lut mātāti* (KUR.KUR) (3) *ir-bu-ú a-na šarrū*(LUGAL)*-ú-ti šakkanakkū*(ŠAGINA)-⌜*ú*⌝-⌜*ti*⌝ (4) Spuren der oberen Zeilenhälfte.

2) In das erste und zweite Regierungsjahr sind die Berichte zu datieren, die von Layard, ICC 52a, 52b, 51a und 51b veröffentlicht wurden (Serie B). Die chronologische Einordnung ergibt sich aus 52b Z. 7 = Rost Z. 26. Kopien auch bei Rost, Tiglp. Tf. XI, XII, IX und X, Bearbeitung ibid. Z. 8-19, 20-31, 32-43 und 44-55. Übersetzungen: G. Smith, *Assyrian Discoveries* S. 267 ff. und 269 f.; Luckenbill, ARAB I § 763-768. Photos: Barnett-Falkner, *Sculptures* S. 138, 141 f., 138, 139, 145, 147; zur Datierung vgl. auch Brinkman, PHPKB S. 231 Anm. 1457.

Z. 11: cf. Herzfeld, *Archaeologische Reise* II S. 100. — Z. 25: cf. Weissbach, ZDMG 70, 70. — Z. 26-37: cf. Forrer, *Provinzeinteilung* S. 89f. — Z. 41: cf. Ungnad, OLZ 9, 224ff. — Z. 46: cf. Borger, *Asarhaddon* S. 54f.; Oppenheim, *Glass and Glassmaking* S. 12.

3) Einen Teil des Berichtes über das dritte Regierungsjahr enthält Layard, ICC 71a + 71b + 72a (Serie C_1), Kopie auch Rost Tf. XIX. Eine unveröffentlichte Kopie Layards wurde reproduziert bei Tadmor, *Intro-*

ductory Remarks S. 20. Bearbeitung: Rost, Tiglp. Z. 58-73; Übersetzungen: G. Smith, *Assyrian Discoveries* S. 272 f., 282 f.; Schrader, KAT² S. 261 f.; Luckenbill, ARAB I § 769.

Z. 60: cf. Landsberger, *Sam'al* S. 67f. — Z. 67: cf. Meissner, MAOG 11/I-II S. 49 mit Anm. 2; Driver, JCS 1, 47.

4) Vom vierten und fünften Regierungsjahr sind keine Texte erhalten. In das sechste und siebente Regierungsjahr gehören Layard, ICC 45b und Smith, III R 9 Nr. 1. Die Reihenfolge ist nach Tadmor, *Introductory Remarks* S. 13: ICC 45b (2) — III R 9 Nr. 1 — ICC 45b (1). Ibid. S. 20 findet sich eine unveröffentlichte Kopie Layards von ICC 45b (2). Kopien auch bei Rost, Riglp. Tf. XIII und XIV, Bearbeitung ibid. Z. 82-89, 90-101 und 74-81. Übersetzungen: G. Smith, *Assyrian Discoveries* S. 274 f.; Luckenbill, ARAB I § 769. [s. S. 141]

Z. 74ff.: cf. Landsberger, *Sam'al* S. 66ff.; Tadmor, *Azriyau of Yaudi* S. 255f. — Z. 77ff.: vgl. Wiseman, *Iraq* 18, 125 Z. 17'-19'. Nach Borger, HKL I S. 429 also eine Lücke zwischen Z. 81 und 82. Vor Z. 82 stehen noch die Anfänge zweier Zeilen auf der Kopie Layards bei Tadmor, *Introductory Remarks* S. 20. — Z. 83: cf. Landsberger, *Sam'al* S. 66f. Anm. 169. — Z. 95 und 100: cf. Reade, *Iraq* 30, 73 Anm. 14. — Z. 98: cf. Weissbach, ZDMG 70, 70.

5) Achtes und neuntes Regierungsjahr sind verhältnismäßig gut dokumentiert. Wir besitzen folgende Fragmente:

Barnett-Falkner, *Sculptures* S. 148 + 149 (vgl. ibid. S. 17 f.), auch Gadd, *Stones* S. 154 f. Vgl. Tadmor, *Introductory Remarks* S. 13 (Serie D). Der Text entspricht Rost, Tiglp. Z. 126-128.

Layard, ICC 65 (auch Smith, III R 9 Nr. 3 Z. 22-41); Kopie: Rost, Tiglp. Tf. XXI (Serie C_2), Bearbeitung ibid. Z. 123-141, auch Schrader, KB II, S. 26 ff. Z. 130-133 auch bei King, *First Steps* S. 40 f. Der Text auf den oben genannten Reliefs ist also Duplikat hierzu. Übersetzungen von Layard, ICC 65 (bzw. III R 9 Nr. 3, wozu Tadmor, *Introductory Remarks* S. 10 zu vergleichen ist): G. Smith, *Assyrian Discoveries* S. 276 ff.; Schrader, KGF S. 397 ff., KAT² S. 219 ff.; Auszüge: Delitzsch, *Paradies* S. 277; Gressmann, ATAT² S. 345 f.; Pritchard, ANET³ S. 282 f.; Luckenbill, ARAB I § 770-771. Z. 141 auch auf Photo bei Barnett-Falkner, *Sculptures* S. 131 (links oben). [s. S. 141]

Layard, ICC 69 B 1, 69 B 2 + 69 A 1, 69 A 2 + 68 B (Serie A). Kopien auch bei Rost, Tiglp. Tf. III, IV-V und VI-VII, Bearbeitung ibid Z. 143-148, 149-155, 156-161; Schrader, KB II S. 28 ff.; Z. 150-157 King, *First Steps* S. 41 ff. Photos: Barnett-Falkner, *Sculptures* S. 99, 87-89 und 101. Der Text von Layard, ICC 69 B 1-2 findet sich auch bei Boissier, PSBA 18, 158 ff. Nr. 5, Photo Barnett-Falkner, S. 99; der Text von Layard, ICC 69 A 1-2 auch bei Boissier, PSBA 18, 158 ff. Nr. 7, Photo Barnett-Falkner,

Sculptures S. 101. Übersetzungen: Gressmann, ATAT^2 S. 346; Pritchard, ANET^3 S. 283 (Auszüge); Luckenbill, ARAB I § 771 (Ende) — 774 (Anfang). [s. S. 141]

Schließlich gehört hierher Layard, ICC 50 A, auch Smith, III R 9 Nr. 3 Z. 41-52 (s. dazu Tadmor, *Introductory Remarks* S. 10), mit der Fortsetzung Layard, ICC 50 B + 67 A und 67 B + 68 A; Kopien auch bei Rost, Tiglp. Tf. XV-XVII (Serie B), bearbeitet ibid. Z. 141-152, 153-164 und 165-176; Schrader, KB II, S. 28 ff. (Z. „39" ff.). Photos: Barnett-Falkner, *Sculptures* S. 131 und 135. Für Übersetzungen s. oben zu ICC 65 und 69 B 1 etc., ferner Luckenbill, ARAB I § 771-775 (Anfang).

Nach Tadmor, *Introductory Remarks* S. 12 gehört in das neunte Regierungsjahr auch Layard, ICC 19 B, wiederholt bei Rost, Tiglp. Tf. XXVIII (Serie B). Z. 1-2 auch ibid. Tf. XXIV B = Rost, Z. 56-57. Photo: Barnett-Falkner, *Sculptures* S. 115. Der Text wurde von Rost nicht für die Annalen, sondern für die „Thontafelinschrift" S. 62 ff., Z. 31-41 verwertet. Vgl. Luckenbill, ARAB I § 795 und zur Zuweisung Barnett-Falkner, *Sculptures* S. 24.

Einige Bemerkungen zu Z. 123-176: Z. 123, 131: cf. Luckenbill, AJSL 41, 217ff.; Tadmor, *Azriyau of Yaudi* passim; Aharoni, *The Land of the Bible* S. 327ff. — Z. 125: cf. Thiele, *Mysterious Numbers* S. 86ff. — Z. 126: cf. Wiseman, *Iraq* 13, 24 zu Z. 8. — Z. 126-129: cf. Lewy, OrNS 21, 418ff. — Z. 130-132: cf. Tadmor, *Azriyau of Yaudi* S. 267f. — Z. 131: cf. CAD G 131b. — Z. 132: cf. Forrer, *Provinzeinteilung* S. 57. — Z. 140: cf. Meissner, MAOG 11/I-II S. 51, lies jedoch *ku-tal* mit Borger, HKL I S. 430. — Z. 147: cf. Schott, OLZ 45, 230. Am Anfang der Zeile eher [L]Ú[...]. — Z. 150ff.: cf. Landsberger, *Sam'al* S. 66f., Anm. 169 und S. 67; Tadmor, *Azriyau of Yaudi* S. 255f. — Z. 151: cf. v. Soden, OLZ 56, 577; Wiseman, *Iraq* 18, 129 zu Rs. 5. — Z. 154: cf. Forrer, *Provinzeinteilung* S. 73. — Z. 155: cf. AHw 816 s. v. *palku*. — Z. 155f.: cf. Landsberger, JCS 21, 148 Anm. 48. — Z. 161: cf. Ungnad, OLZ 9, 224ff. und AHw 726 s. v. *namba'u*. — Rost, Tiglp. Tf. XXVIII Z. 1: cf. Parpola, NAT S. 348.

6) Berichte über das zehnte Regierungsjahr sind nicht erhalten. Aus dem elften besitzen wir ein Relief der Serie A, Smith, III R 10 Nr. 1 A und B, auch Rost, Tiglp. Tf. VIIIa und VIIIb, bearbeitet ibid. Z. 177-183 und 184-190. Übersetzungen: G. Smith, *Assyrian Discoveries* S. 281 f.; Luckenbill, ARAB I § 775-776 (Anfang). Photos: Barnett-Falkner, *Sculptures* S. 119-121. Zu Z. 184 cf. Wiseman, *Iraq* 18, 128.

7) Nach einer weiteren, kleineren Lücke folgen drei Fragmente aus dem 13. Regierungsjahr (733), nämlich Layard, ICC 72 B-73 A (Serie C_2) und 29 B (Serie C_1) = Rost, Tiglp. Tf. XXII, XVIIIa und XVIIIb, Bearbeitung ibid. Z. 191-210, 229(?)-237 und 229-240. Übersetzungen: G. Smith, *Assyrian Discoveries* S. 282 f., 283 f.; Schrader, KAT^2 S. 261 f.; Gressmann, ATAT^2 S. 346 f.; Pritchard, ANET^3 S. 283; Luckenbill, ARAB I § 776-779.

Z. 205: cf. Landsberger, *Sam'al* S. 66f. Anm. 169. — Z. 233: cf. Forrer, *Provinzeinteilung* S. 61. — Z. 236: cf. Landsberger, *Sam'al* S. 66f. Anm. 169. — Zu Rost, Tiglp. Tf. XVIIIa Z. 15' cf. Borger, AfO 18, 116.

8) Das einzige Exemplar der Serie E (vgl. Tadmor, *Introductory Remarks* S. 13), Layard, ICC 66, enthält einen Teil des Berichtes über das 14. Regierungsjahr (732). Kopie auch bei Rost, Tiglp. Tf. XXIII, Bearbeitung ibid. Z. 211-228; Schrader, KGF S. 260 ff.; Übersetzungen: G. Smith, *Assyrian Discoveries* S. 285 f.; Luckenbill, ARAB I § 778-779.

Z. 222: wenn der Anfang von Rost richtig ergänzt ist, dürfte weiter *al*-[*kakāt qurdīja* ...] zu lesen sein, vgl. Anp. Ann. II 6.

9) Das letzte Annalenfragment, Layard, ICC 34 A-B (Serie A), enthält wahrscheinlich Berichte aus dem 15. Regierungsjahr (731), in dem Tiglp. gegen Babylonien zog. Kopie auch Rost, Tiglp. Tf. I-II, Bearbeitung ibid. Z. 1-7, z. T. auch Z. 8-14. Übersetzungen: G. Smith, *Assyrian Discoveries* S. 266 ff.; Luckenbill, ARAB I § 762.

Nicht unter die Annalenfragmente aufgenommen wurde Smith, III R 9 Nr. 2, da es sich bei diesem Text um eine Tontafel handelt (s. Tadmor, *Introductory Remarks* S. 4 Anm. 16). Vgl. unten, d. 3.

d Neben den reinen Annalentexten gibt es noch eine Anzahl von Inschriften, die ebenfalls historische Geschehnisse zum Inhalt haben. Allerdings sind sie nicht in chronologischer Reihenfolge, sondern nach geographischen Gesichtspunkten zusammengefaßt. Dabei werden auch mehrere Feldzüge in eine bestimmte Region in einem Abschnitt, ohne zeitliche Differenzierung, dargestellt. Dies bedeutet aber, daß solche deskriptiven Inschriften[1] („Prunkinschriften" nach Schrader) zuweilen doch von historischem Wert sind, dann nämlich, wenn nach dem Eponymenkanon (RLA II S. 430 f.) nur einmal ein Unternehmen gegen ein bestimmtes Ziel durchgeführt wurde; z.B. gegen Urarṭu (735). Vorsicht gegenüber der häufig vertretenen Ansicht, die deskriptiven Inschriften seien ohne historischen Wert, ist also angebracht.

1) Der als „Nimrud-Slab Nr. 1" bekannte Text auf einer Steinplatte (BM 118936, vgl. Wiseman, *Iraq* 18, 118 Anm. 3) wurde publiziert von Layard, ICC 17-18 und unter Verwendung eines vollständigen Abklatsches erneut kopiert von Rost, Tiglp. Tf. XXXII-XXXIII. Bearbeitung: ibid. S. 43-47; Schrader, KB II, S. 2 ff.; KGF S. 106 ff. und S. 206; KAT[2] S. 231 ff.; Übersetzung: Luckenbill, ARAB I § 780-785. Kollationsergeb-

[1] Die Bezeichnung „deskriptive Inschriften" schlage ich statt der älteren Bezeichnung „Prunkinschriften" vor, da diese Texte ihrer Disposition nach synchron (deskriptiv), die Annalentexte hingegen diachron (narrativ) angelegt sind.

nisse: Knudtzon, BA 2, 306 ff., besonders S. 308 ff. Zur Datierung s. zuletzt Brinkman, PHPKB S. 229 Anm. 1442.

Der Text enthält Titulatur und Epitheta (Z. 1-3), eine Übersicht der eroberten Gebiete (Z. 4-6), den Bericht über eine Stadtgründung (Z. 6-7) sowie die summarischen Angaben über die Eroberung verschiedener Länder und die dort getroffenen Verwaltungsmaßnahmen (Z. 8-36). Eine Schlußformel (Baubericht, Anrede an den späteren Fürsten oder Datierung) fehlt.

Einige Bemerkungen zum Text: Z. 2: cf. Borger, *Asarhaddon* S. 82. — Z. 10: *ú-še-li-ma* <*ú-šad-gi-la*> KUR-*su*, vgl. II R 67 Vs. 16. — Z. 11: *ni-ṣir-ti*≪-*šú*≫. — Z. 13f.: cf. Brinkman, PHPKB S. 230 Anm. 1448 und S. 265 Anm. 1705. — Z. 16: cf. v. Soden, ZA 52, 233. — Z. 17: cf. Schlobies, MAOG 1/III S. 20f. — Z. 26: cf. Wiseman, *Iraq* 18, 127. — Z. 27: cf. Wiseman, *Iraq* 18, 125 und *Iraq* 26, 121 Z. 12'. — Z. 30f.: cf. Wiseman, *Iraq* 18, 125 und 127; *Iraq* 26, 121 Z. 14'f. — Z. 32: cf. Wiseman, *Iraq* 18, 128.

2) Eine zweite Steinplatte aus Nimrud publizierte Rost, Tiglp. Tf. XXIX-XXXI und S. 48-53. Eine Übersetzung von (Rost) Tf. XXX und XXXI war bereits von G. Smith, *Assyrian Discoveries* S. 271 f. veröffentlicht worden; s. auch Luckenbill, ARAB I § 808-814. Vgl. noch Tadmor, *Introductory Remarks* S. 13 f. mit Anm. 50. Die zweite dort erwähnte Steinplatte ist unpubliziert.

Der Aufbau des Textes weicht von dem der soeben besprochenen Platte ICC 17 f. in einigen Punkten ab. Z. 1-3 enthält Titulatur und Epitheta. In Z. 3b beginnt die geographisch orientierte Übersicht der Eroberungen (Z. 3b — Ende) mit einer Zeitangabe, nach der die Inschrift die Begebenheiten vom Akzessionsjahr bis zum 17. Regierungsjahr umfaßt. Auch dieser Text besitzt keinen Abschluß.

Z. 3: cf. Borger, *Asarhaddon* S. 82. — Z. 23: cf. Gelb, *Fs. Friedrich* S. 192f. — Z. 32: in der Umschrift Rosts fehlt [*u*]*š-ma-né-e* am Ende der Zeile. — Z. 32-45: vgl. *Iraq* 18, 124 Vs. 1'-7'. — Z. 43: cf. Schott, ZA 42, 215.

3) Eine fragmentarische Inschrift wurde von G. Smith, III R 10 Nr. 2 nach einem Abklatsch veröffentlicht. Kopie: Rost, Tiglp. Tf. XXV-XXVI, Bearbeitung ibid. S. 78-83; Schrader, KB II, S. 30 ff. und KAT[2] S. 225 f.; Z. 6-10a und 15b-18 auch bei King, *First Steps* S. 45 f. Übersetzungen: G. Smith, *Assyrian Discoveries* S. 248 f.; Luckenbill, ARAB I § 815-819; Gressmann, ATAT[2] S. 347 f.; Pritchard, ANET[3] S. 283 f.; Borger, TGI[2] S. 58 f.

Z. 1: cf. Lewy, OrNS 21, 418. — Z. 5: cf. Wiseman, *Iraq* 13, 24(!). — Z. 5-8: Bearbeitung auch bei Tadmor, IEJ 12, 114f., vgl. auch Forrer, *Provinzeinteilung* S. 60. — Z. 6: cf. Alt, *Kleine Schriften* II S. 202f.; zu Wiseman, *Iraq* 18, 125 Rs. 4 s. Borger, HKL I S. 430. — Z. 7: cf. Wiseman, *Iraq* 18, 120f. — Z. 17f.: cf. Wiseman, *Iraq* 18, 129 zu Rs. 10 und 12. — Z. 19-27: cf. Wiseman, *Iraq* 18, 129 zu Rs. 17-22.

4) Ebenfalls unvollständig erhalten ist die Liste von Ländern und Städten, die G. Smith, III R 10 Nr. 3 nach Abklatsch (?) publizierte. Kopie: Rost, Tiglp. Tf. XXVII; Bearbeitung ibid. S. 84 f. Übersetzung: Luckenbill, ARAB I § 820 f.

Z. 28: cf. Alt, *Kleine Schriften* III S. 219f.; Landsberger, *Sam'al* S. 58f. — Z. 30: cf. Goetze, JCS 4, 230. — Z. 32: lies KUR *Bīt*(É)-*A-g*[*u-si* ...] (M. Weippert). — Z. 34f.: cf. Lewy, OrNS 21, 292. — Z. 36f.: cf. Lewy, OrNS 21, 290. — Z. 45: cf. Lewy, OrNS 21, 421.

5) Eine Stele Tiglp. III. aus dem westlichen Iran (der genaue Fundort ist unbekannt) publizierte Levine, *Two Neo-Assyrian Stelae from Iran*, Toronto 1972, S. 11 ff.; Kopien S. 64-67; Photos pl. I-VI. Ein unveröffentlichtes Zusatzstück erwähnt Levine, BASOR 206, 41 f. [s. S. 141]

Der Text beginnt mit einer Anrufung von Göttern (I 1-12?), worauf acht stark zerstörte Zeilen folgen. Titulatur und Epitheta füllen die Zeilen I 21-35, woran sich in I 36 eine kurze Erwähnung des Feldzuges des ersten Regierungsjahres (= Akzessionsjahr) anschließt. Die Feldzüge und Eroberungen der späteren Jahre werden in einer Aufzählung von Tributären summarisch zusammengefaßt (II 1-23 Westländer; II 24-30 Norden und Nordosten; II 31 ff. Sonstiges).

Levine hat in *Stelae*, S. 14 f. und BASOR 206, 40 ff. die Stele in das Jahr 737 (oder kurz danach) datiert, was sicherlich richtig ist.

Einige Bemerkungen zum Text: Die Edition Levines weist einige Mängel auf, die bei etwas mehr Sorgfalt gewiß hätten vermieden werden können. Die Umschrift ist mehrfach ungenau, die Kopien, die allerdings nicht von Levine stammen (vgl. *Stelae* S. 1), sind an einigen Stellen unvollständig. Es ist daher schwierig, Lesungsvorschläge zu machen, da auch die Photos nicht voll zufriedenstellen. Eine Kollation des Textes wäre dringend erforderlich.

I 5: [*aḫiz* GIŠ] *qān*(GI) *ṭuppi*(DUB). — I 10: [... *kul*]-*lat*. — I 21: [*Tukulti-apil-É-šár-r*]*a*; SANGA = *iššakku*, also nicht „priest". Vgl. Seux, ERAS S. 112ff. mit Anm. 29. — I 31: [*māḫir bilti u* IGI].SÁ-*e šá* DÙ-*ši-na ad-na-te*, vgl. Seux, ERAS S. 154f. für verwandte Wendungen. — I 34: [*ina ūmišūma* ...]. — I 35: [... *ilū qa*]*r-du-u-*⌊*te*⌋(?). Die Lesung Levines ist sicher nicht richtig. — II 1: *šá šiddi*(ÚS) *tam-ti*[*m*] (Weippert).

e Deskriptive Inschriften sind auch auf Tontafeln erhalten. Hier sind die einzelnen Abschnitte durch Trennungslinien markiert, wodurch die Texte besser überschaubar sind. Sämtliche Exemplare dürften aus Nimrud stammen.

1) Der am längsten bekannte Text ist Norris, II R 67 (K. 3751). Kopie auch Rost, Tiglp. Tf. XXXV-XXXVIII; Bearbeitung ibid. S. 54 ff. Vs. 1-4 und 23-28 in Kopie bei Abel-Winckler, *Keilschrifttexte* S. 15; Vs. 23-28 bei Delitzsch, AL[2] S. 100. Kollationsergebnisse: Schrader, *Kritik* S. 14; Bearbeitung: KB II, S. 8 ff. Übersetzungen: G. Smith, *Assyrian Discoveries* S. 256 ff.; Schrader, KAT[2] S. 224, 231 ff., 234 ff., 247 f. und 257 f. sowie KGF S. 105 f.; Luckenbill, ARAB I § 786-804. Auszüge: Pritchard,

ANET^3 S. 282 (Rs. 6-13 und 16); Gressmann, ATAT^2 S. 348 (Rs. 7-13); Borger, TGI^2 S. 59. Zahlreiche Zitate gibt Strassmaier, AV, Photos: Bezold, *Ninive und Babylon* (1. Aufl.) S. 68 und Rogers, *History* II vor S. 267. [s. S. 141]

Der Text beginnt mit Titulatur und Epitheta (Vs. 1-4). Nach einer Trennungslinie folgt in Z. 5 die Zeitangabe „von meinem Regierungsantritt bis zu meinem 17. Regierungsjahr", die zur Aufzählung der besiegten Aramäerstämme überleitet (Vs. 5-11). Der Rest dieses bis Vs. 28 reichenden Abschnittes gibt einen Überblick der Ereignisse in Babylonien und im Meerland. Der nächste Paragraph (Vs. 29-42), wie der vorangehende durch eine Trennungslinie abgegrenzt, behandelt eroberte Länder im Osten Assyriens. Die Zeilen Vs. 43 f. bilden, da wiederum von Trennungslinien abgesetzt, einen eigenen Abschnitt, der die Eroberung der Länder Ulluba und Ḫabḫu im NO Assyriens vermerkt. Mit Vs. 45-50 besitzen wir noch den Anfang des Berichtes über die Auseinandersetzungen mit nördlichen und nordwestlichen Ländern, nämlich Urarṭu, Milid, Gurgum und Kummuḫ (Fortsetzung abgebrochen).

Mit dem Beginn der Rs. (Rs. 1'-2', nach Rs. 2' eine Trennungslinie!) dürfte das Ende des Berichtes über den Feldzug gegen die Araberkönigin Samsi erreicht sein. Der folgende Abschnitt (Rs. 3'-13') enthält Eroberungen im Südwesten und Westen Assyriens. Rs. 14'-15' bringt daran anschließend den kurzen Bericht über eine Intervention in Tabal; Rs. 16' die Entsendung des *rab rēši* nach Tyros, um dort Tribut entgegenzunehmen. Damit ist das Ende des historischen Teils erreicht. Im großen Ganzen folgt die Behandlung der einzelnen Länder einer geographischen Anordnung, die wir bereits aus einer Inschrift Adn. III. (I R 35 Nr. 1, s. oben, Kap. V f) kennen, nämlich von Süden über den Osten, Norden und Westen nach Südwesten voranschreitend (vgl. Schrader, *Kritik* S. 13 f.; Olmstead, *Assyrian Historiography* S. 33 f.).

Den Abschluß des Textes bildet (Rs. 17'-36') ein ausführlicher Bericht über den Bau des Palastes in Nimrud und seine künstlerische Ausgestaltung. In Z. 34'-36' werden die Namen des Palastes und seiner Tore genannt, vgl. zu dieser Gepflogenheit etwa Salm. III. an den oben, Kap. III u aufgeführten Stellen. Rs. 17' erinnert an Anp. II., AAA 19 Nr. 272 Z. 33 f. (s. dazu oben, Kap. II vv).

Einige Bemerkungen zum Text: Vs. 1-4: ergänzbar nach D. T. 3 (Rost, Tiglp. Tf. XXXIV) Z. 1-4. — Vs. 5ff.: für die genannten Aramäerstämme vgl. noch immer Streck, MVAeG 11/III S. 215ff., auch Delitzsch, *Paradies* S. 238. — Vs. 8: lies ^{URU}*A-di-*⌜*in*⌝ mit Delitzsch, Paradies S. 238; Weippert, GGA 224, 153. — Vs. 12: am Ende der Zeile nach Photo *a-bél*(!)-*ma*. — Vs. 14: nach Photo *ú-ter-ra*(!). — Vs. 15. 19. 23: cf. Ungnad, OLZ 9, 224ff. — Vs. 17: nach *aššat*(DAM)-*su* füge ein: DUMU.MEŠ-*šú* (Photo). — Vs. 21: 40(!)

lim 5(!) *me* ÙG.MEŠ nach Photo, vgl. Luckenbill, ARAB I § 790. — Vs. 23: cf. Brinkman, PHPKB S. 235ff. und S. 238 Anm. 1526. — Vs. 26f.: cf. Borger, *Asarhaddon* S. 55; Weissbach, ZA 43, 278f. — Vs. 28: cf. Borger, *Asarhaddon* S. 118; Labat, *Semitica* 3, 9; Thompson, DAB S. 240. — Vs. 29: in *Bīt*(É)-*Zu-al-za-áš* ist ZU, gegen Rosts Kopie, korrekt geschrieben (Photo). — Vgl. noch Schlobies, MAOG 1/III S. 20f. — Vs. 31: cf. Schott, *Vorarbeiten* S. 122 Anm. 4. Nach Photo ist KUR DAR(!).LUGAL.MEŠ.MUŠEN zu lesen, Kopie Rosts zu berichtigen. — Vs. 32: cf. Gelb, *Fs. Friedrich* S. 192f. — Vs. 33: lies nach Photo: *a-di mar-ši-ti-šú*(!)-*nu*(!). — Vs. 34: *ina*(!) IZI *áš-ru-up*, nach Photo deutlich kein Winkelhaken. — Vs. 35: cf. Schlobies, MAOG 1/III S. 20f. Nach Photo ist SU in KUR *Par-su-a* korrekt geschrieben; am Ende der Zeile, wie zu erwarten, URU *Bīt*(É)-dXV(!). — Vs. 38: lies nach Photo *i-qab-bu-šú-ni*. — Vs. 40: vor dem rechten Bruchrand noch deutlich *ša*, vgl. II R 67 (Photo). — Nach Vs. 42 eine Trennungslinie, in der Kopie Rosts ausgelassen. — Vs. 48: [... *dam qu-ra-d*]*i-šú-nu* (Photo). — Vs. 49: [...] x-⸢*šú*⸣-*nu*(!) *e-kim-šú-nu-ti* usw. nach Photo.

Nach Rs. 2' eine Trennungslinie, in Rosts Kopie ausgelassen (Photo). — Rs. 3': URU*Sa-ab*(!)-*'a-a-a*, Kopie Rosts zu berichtigen (Photo). — Rs. 7': cf. v. Soden, OLZ 56, 577f. — Rs. 10'-12': cf. Donner, MIO 5, 165f. — Rs. 11': cf. Tadmor, BibAr 29, 85 mit Anm. 13. — Rs. 12': TÚG.GADA (nach Photo). — Rs. 13': cf. CAD Ṣ 167b. — Rs. 16': 1(!) *me* nach Photo. — Rs. 17': nach Photo deutlich NUN.ME(!) (ABGAL). — Rs. 17'f.: cf. Weidhaas, ZA 45, 108. — Rs. 19': cf. Baumgartner, ZA 36, 38. — Rs. 21': cf. Baumgartner, ZA 36, 239; Schott, *Vergleiche* S. 139. — Rs. 22': *iš-di-šin*(!) korrekt geschrieben (Photo). — Rs. 24': wohl besser *ú-šak-*[*ni-šú a*]*-na* zu ergänzen. — Rs. 25: cf. Baumgartner, ZA 36, 227f.; lies nach Photo 5 1/2 NINDA 4(!) KÙŠ (gegen Rosts Kopie) und *e-ṣir*(!)-*ma*. Am Ende der Zeile wohl besser *ú-šar-*[*riḫ*] *ep-še-es-si-in*. — Rs. 26': *ṭa-a*(!)-*bu* nach Photo. — Rs. 30': cf. Thompson, DACG S. 148f. — Rs. 31': *ú-šá-as-ḫir-*[*m*]*a*(!) nach Photo. — Nach Rs. 34' steht gegen Rosts Kopie keine Trennungslinie! (Photo). Lies ferner *mu-ša*[*m-ḫ*]*i-ru* (?). — Rs. 36': wohl besser *az-*[*ku-r*]*a* zu ergänzen.

2) Mit dem eben behandelten Text eng verwandt ist D.T. 3, ein Fragment vom oberen Rand der Vorderseite einer Tontafel. Kopie: Schrader, *Kritik* Tf. I (in Typen; vgl. zu Z. 1 und 3 Schrader, *Sargonsstele* S. 36). Photo ibid. am Ende des Bandes; vgl. auch S. 15 ff. (keine Bearbeitung). Der Text war vorher schon von G. Smith, *Assyrian Discoveries* S. 254 ff. übersetzt worden. Eine neue Kopie gab Rost, Tiglp. Tf. XXXIV, aber keine gesonderte Bearbeitung. Vielmehr verwertete er den Text zu II R 67. Übersetzung: Luckenbill, ARAB I § 805-807. Vgl. Borger, TGI² S. 57 f.

Duplikat zu diesem Text ist Wiseman, *Iraq* 26, 119 f. und Tf. XXVI, ND. 5419. Das neunzeilige Fragment ist das obere rechte Eck einer Tafel.

Diesem Text zugehörig ist, wenngleich ohne direkten Anschluß, ein aus zunächst zwei Fragmenten zusammengefügtes Bruchstück, kopiert und bearbeitet von Wiseman, *Iraq* 18, 117 f. mit Tf. XXII und XXIII, ND. 4301 + 4305. Zusatzstücke hierzu sind ND. 5422 = Wiseman, *Iraq* 26, 120 f. und Tf. XXVI sowie K. 2649 = Rost, Tiglp. S. 86 und Tf. XXIV C, besser kopiert von Leeper, CT 35, 39. Für den Anschluß dieses Fragmentes s. Borger, HKL I S. 639.

Wie bei II R 67 sind auch hier die einzelnen Abschnitte durch Trennungslinien geschieden. Den Beginn der Inschrift, erhalten auf D.T. 3 und ND. 5419, bilden Titulatur und Epitheta (Z. 1-4), die mit II R 67 Vs. 1-4 übereinstimmen. Danach folgt (D.T. 3 Z. 5-19; ND. 5419 Z. 5-9, Rest abgebrochen) die Übersicht der besiegten Aramäerstämme und der babylonischen Feldzüge. Nach einer größeren Lücke setzt ND. 4301+ ein mit dem Bericht über den Feldzug gegen Urarṭu (Vs. 1'-5'), an den sich die Berichte über die benachbarten Länder anschließen: Vs. 6'-8' Ziel unbekannt; Vs. 9'-10' gegen Ulluba; Vs. 14'-16', 17'-19' und 20'-23' Nairi-Länder; Vs. 24'-25' Bīt-Agūsi; Vs. 26' f. Ziel unbekannt.

Die Rückseite setzt die Aufzählung in der bekannten geographischen Reihenfolge fort: Rs. 1-2 Ḫatarikka; Rs. 3-4 Damaskus und Israel; Rs. 5-8 Tyros (Phönizien); Rs. 9-11 Juda; Rs. 12 Ziel unbekannt; Rs. 13-16 Gaza; Rs. 17-22 Arabien; Rs. 23-25 und 26 Ziel unbekannt; Rs. 27-29 Tabal (?); Rs. 30 f. Ziel unbekannt.

Einige Bemerkungen zum Text: ND. 5419 Z. 9: [... G]Ú.DU$_8$.[A.KI ...]. — D.T. 3 Z. 12: [KUR *Bīt*-^{m}*Si-la*]-*a-ni* nach Platteninschrift von Nimrud Nr. 2 (Rost S. 48ff.) Z. 11f. — D.T. 3 Z. 13: Anfang wohl ergänzbar nach Platteninschrift von Nimrud Nr. 2 Z. 13. — D.T. 3 Z. 14: vgl. II R 67 Vs. 16, lies also [... SAḪAR.Ḫ]I(!).A. — D.T. 3 Z. 17: vgl. II R 67 Vs. 14. — D.T. 3 Z. 18: vgl. Platteninschrift von Nimrud Nr. 2 Z. 17. — D.T. 3 Z. 19: vgl. II R 67 Vs. 26. — D.T. 3 Z. 20: vgl. II R 67 Vs. 29, lies aber [... KUR *Bīt-Ḫ*]*a-ban*.

ND. 4301+, Vs. 1'-7': weitgehend ergänzbar nach Platteninschrift von Nimrud Nr. 2 Z. 32-45. In Vs. 1' lies demnach [...] ⌜*uš*⌝-*ma-né-e* [...]. — Vs. 7': cf. Borger, BiOr 14, 121b zu S. 216b. — Vs. 8': lies vielleicht *ša kīma*(GIM!) *karri šadî*. — Vs. 10': ergänze *ina* UGU NA[M URU *Aš-šur*]-BA-*šá ú*-⌜*rad*⌝-⌜*di*⌝. — Vs. 11': cf. Borger, BiOr 14, 121b zu S. 216 und lies am Ende der Zeile *ú-še*(!)-*rib*(!). — Vs. 12': lies URU *bi-ra-a-ti* [KAL]AG(!).MEŠ. — Vs. 14': ^{URU}*Ú-su*(!)-*ru*. — Vs. 17'-19': cf. Ann. Z. 77-81 (Rost S. 22ff.). — Vs. 22': cf. v. Soden, OLZ 55, 489.

Rs. 1-4: cf. Tadmor, IEJ 12, 117ff. — K. 2649 (CT 35, 39) Rs. 1: cf. Wiseman, *Iraq* 13, 24; Forrer, *Provinzeinteilung* S. 60. — Rs. 3: cf. Alt, *Kleine Schriften* II S. 202f.; Weippert, GGA 224, 154f. — Rs. 5: cf. Borger, HKL I S. 639. — Rs. 9: [...] x *a-na gi-m*[*ir-ti-ša/u* ...](?). — Rs. 17: *gim-ri* KI.[KALxBAD-*šá* ...]. — Rs. 19: cf. Kleine Inschriften I Z. 23 (Rost S. 80f.); lies weiter *taš-ku-n*[*a pānīša* ...], cf. *Iraq* 13, Tf. XI Z. 26'. — Rs. 20: vgl. ibid. Z. 24, wonach zu ergänzen. — Rs. 29: *ta-ma*[*r-ta-šu* ...]. — Rs. 30: *mám*-⌞*ma*⌟ *l*[*a* ...].

3) In die Reihe dieser Texte gehört auch G. Smith, III R 9 Nr. 2. Nach Tadmor, *Introductory Remarks* S. 4 Anm. 16 (vgl. auch schon Bezold, Cat. S. 770) handelt es sich dabei um das Fragment einer Tontafel (K. 6205), nicht um einen Papierabklatsch. Der Text wurde früher als Annalenfragment betrachtet und auch von Rost dazu verwertet. Kopie: Rost, Tiglp. Tf. XX, Bearbeitung ibid. (Ann.) Z. 102-120; Schrader, KAT² S. 217 ff.; KGF S. 396 ff. und KB II, 24 ff. Übersetzungen: G. Smith, *Assyrian Discoveries* S. 275 f.; Gressmann, ATAT² S. 345 f.; Pritchard, ANET³ S. 282 f.; Luckenbill, ARAB I § 770.

In diesem Text wird, soweit ersichtlich, der Feldzug gegen Azriyau von Juda behandelt (Z. „104", „111"), doch ist das Fragment zu klein, um den Kontext wiederherstellen zu können. Vgl. Luckenbill, AJSL 41, 217 ff. und Tadmor, *Azriyau of Yaudi*, passim (S. 267 f. zu Z. „111").

4) Ein weiteres Tontafelfragment aus Nimrud (ND. 400), publiziert von Wiseman, *Iraq* 13, 21 ff. mit Tf. XI (Kopie), befaßt sich mit Geschehnissen im syrisch-palästinensischen Raum (Z. 1'-19', vgl. Alt, *Kleine Schriften* II S. 150 ff.). Die nach einer Trennungslinie in Z. 20' ff. geschilderten Ereignisse dürften sich kaum näher bestimmen lassen. Übersetzung: Borger, TGI² S. 56.

Z. 3': URU *šu-a-tu a-*[*di ālāni ša limītišu* ...]. — Z. 26': *taš-ku-na pa-ni-šá*, vgl. *Iraq* 18, 117ff. ND. 4301+ Rs. 19.

5) Ein Bruchstück einer kleineren Tontafel (83-1-18, 215) mit insgesamt 29 Zeilen (erhalten sind die rechten Zeilenenden von Vorder- und Rückseite) wurde in Umschrift und Übersetzung publiziert von Winckler, AOF II S. 3 f. Für die Zuweisung an Tiglp. III. vgl. Winckler, OLZ 1, 77 (wo freilich die Nummer fälschlich als 82-5-22, 215 angegeben ist). Vgl. Forrer, *Provinzeinteilung* S. 96; Thompson, *Iraq* 4, 41.

f Von Tiglp. III. besitzen wir einige Erlasse über Landschenkungen oder Stiftungen, die hier wenigstens kurz erwähnt werden sollen. Es sind die Texte Postgate, *Neo-Assyrian Royal Grants and Decrees* Nr. 7, 8, 31, 52, 53 und 54 (vgl. I 17', dazu Postgate, ibid. S. 114).

g Die kleineren Inschriften:

1) Drei Reliefbeischriften aus Nimrud, nur aus dem Namen der jeweils abgebildeten Stadt bestehend, auf den Reliefs Barnett-Falkner, *Sculptures* S. 87 und 89, auch Layard, ICC 84 B (vgl. dazu Meissner, ZDPV 39, 263 mit Tf. III B); S. 112, auch Layard, ICC 84 C (vgl. Meissner, ZDPV 39, 263 und Tf. III A) und S. 119 f., auch Rost, Tiglp. Tf. XXIV A; vgl. Meissner, ZDPV 39, 261 f. und Tf. II.

2) Eine in Assur gefundene Steinplatte mit Resten von 14 Zeilen veröffentlichte Nassouhi, MAOG 3/I-II S. 15 f., Nr. 7. Trotz des zerstörten Kontextes dürfte die Zuweisung an Tiglp. III. wegen der Länder- und Personennamen gesichert sein. Vgl. noch Landsberger, *Sam'al* S. 66 f. Anm. 169 (zu Z. 9).

Ein Entengewicht, veröffentlicht von Messerschmidt, KAH I 23 (auch Nassouhi, MAOG 3/I-II S. 14 f. Nr. 6, Photo ibid, S. 17 Nr. 3) trägt eine zweizeilige Inschrift mit Namen und Titulatur des Königs. Übers.: Luckenbill, ARAB I § 822.

Die einzige Inschrift Tiglp. mit Filiation ist die in mehreren Exemplaren gefundene Backsteinlegende Messerschmidt, KAH I 21. Der Text enthält in drei Zeilen Namen und kurze Titulatur Tiglp. und seines Vaters Adn. III. sowie den Vermerk „vom Sockel des Assur-Tempels". Bearbeitung: Schwenzner, AfO 9, 47; Übersetzung: Luckenbill, ARAB I § 822. Vgl. noch Weidner, AfO 3, 1 Anm. 2.

Eine weitere Ziegelinschrift aus Assur mit Namen, Titulatur und Herkunftsvermerk wurde mitgeteilt von Weidner, AfO 3, 5 Anm. 6. Photos einiger Exemplare bei Andrae, FwA Tf. LXXXIII. Vgl. Baumgartner, ZA 36, 249; Borger, EAK I S. 111 und Haller, *Heiligtümer* S. 57 (Übersetzung).

3) Bei den französischen Ausgrabungen in Arslan Tash traten Inschriften Tiglp. zutage, die freilich sehr schlecht erhalten sind.

Auf einer kolossalen Stierfigur, die am Eingang eines Tempels ausgegraben wurde, befanden sich Reste einer Inschrift von ca. 28 Zeilen. Bearbeitung: Thureau-Dangin, *Arslan-Tash* S. 60 ff. Soweit erkennbar, enthielt sie Titulatur und Epitheta (Z. 1 f.), eine Übersicht der eroberten Gebiete (Z. 3?-18?) und einen Bericht über den Bau eines Ištar-Tempels in Ḫadatu, wie die Stadt in assyrischer Zeit hieß.

Zwei weitere Inschriftreste auf Basaltbruchstücken wurden ebenfalls von Thureau-Dangin, *Arslan-Tash* S. 85 f. und 86 f. veröffentlicht. Gegenstand der Texte sind Baumaßnahmen in der Stadt Ḫadatu. Der Text S. 86 f. enthält noch den Beginn einer Anrede an den späteren Fürsten.

4) Eine kurze Inschrift auf einem Löwengewicht aus Bronze, gefunden in Nimrud, wurde publiziert von Layard, *Niniveh and Babylon*, Tf. vor S. 601 Nr. 6. Vgl. auch Johns, ADD II S. 259; Lehmann-Haupt, ZDMG 66, 692 f.; Lewy, ArOr 18/III, 419; Norris, JRAS 1856, Tf. nach S. 260 Nr. 6; Weissbach, ZDMG 61, 401 Nr. 65 sowie ZDMG 70, 54.

Eine längliche Perle aus Stein, publiziert von de Clercq, CdC II S. 263 Nr. 253 ter (vgl. das Photo auf Tf. XXXVIII) trägt eine vierzeilige Inschrift mit Namen und Titulatur Tiglatpilesers.

Das Tontafelfragment Johns, ADD Nr. 871 erwähnt in Z. 1' einen Tiglatpileser. Kontext und Zuweisung sind jedoch unsicher.

Zwei unpublizierte Backsteininschriften aus Ninive erwähnt G. Smith, *Assyrian Discoveries* S. 139.

h Die Inschriften Tiglp. sind durchweg schlecht erhalten, so daß längere Textabschnitte fast gar nicht zur Verfügung stehen. Daher läßt sich auch im einzelnen wenig über den Aufbau und Stil der Dokumente sagen. Immerhin seien wenigstens einige orientierende Bemerkungen angefügt.

In den Einleitungen begegnet das Element der Götterreihen nur in der Steleninschrift Levine, Stelae S. 11 ff., I 1-12(?). Auffallend ist, daß die Titulatur Tiglp. außer in der Backsteininschrift KAH I 21 keine Filiation enthält. Dies mag mit der Tatsache zu verbinden sein, daß Tiglp. als vierter Sohn Adn. III. erst nach einer Revolte auf den Thron gelangt war. Man könnte vermuten, daß hieraus Spannungen gegenüber der Dynastie erwuchsen, die im Verschweigen der Abkunft ihren Niederschlag fanden.

Die Übersicht der eroberten Gebiete ist knapp gehalten (vgl. Platteninschrift aus Nimrud, Nr. 1, Z. 4-6). Sie fehlt in den übrigen Inschriften, soweit erkennbar, ganz (vielleicht noch Thureau-Dangin, *Arslan-Tash* S. 60 ff., Z. 3-18?). Dies dürfte sich daraus erklären, daß der Hauptteil der nicht-annalistischen Inschriften ohnedies eine geographisch geordnete Aufzählung der besiegten Länder enthält. Dabei sind hervorstechende stilistische Merkmale die monoton wirkende Aufzählung von Länder- und Ortsnamen, oft über mehrere Zeilen hinweg, und die Angaben über die Einsetzung von Gouverneuren über die Provinzen und Gaue. Beides findet sich übrigens auch in den Annalen. Während die Aneinanderreihung von Ortsnamen (wenngleich in anderer, verwaltungstechnischer Funktion) an die Itinerar-Angaben bei TN. II. und auch Anp. II. erinnert, sind die Angaben zur Provinzialgliederung ein neues Element. Bei Anp. II. z. B. finden sich solche Wendungen selten und pauschal, meist ohne konkreten Bezug auf bestimmte Gebiete (vgl. hierzu Kap. II ss, viertletzter Absatz der Übersicht und Kap. III t). Wie diese beiden stilistischen Momente auch in den Annalen, wo sie an sich entbehrlich erscheinen, zu finden sind, so sind umgekehrt die deskriptiven Inschriften von annalistischen Einschüben durchsetzt (Eroberung von Städten, Entgegennahme von Tribut u. ä.). Der Unterschied der beiden Textgattungen liegt also weniger im Stil, als im Prinzip, d. h. in der chronologischen Anordnung des Stoffes hier und der geographischen dort.

Bauberichte sind nur erhalten in II R 67 (Rs. 17'-36') sowie den Fragmenten aus Arslan-Tash (s. oben, g 3). Der Baubericht in II R 67 ist literarisch durchgeformt; stereotype Wendungen für die Bautätigkeit sind weitgehend vermieden. Für die Benennung des Bauwerkes und seiner Teile läßt sich auf Salm. III. verweisen, vgl. oben, Kap. III u.

Eine Anrede an den späteren Fürsten ist nur auf einem Fragment aus Arslan-Tash nachweisbar (s. oben, g 3), doch erlaubt hier der Zustand des Textes keine näheren Aussagen.

KAPITEL VIII

SALMANASSAR V. (726-722)

a Salmanassar V., der unter dem Namen *Ululāju* ebenso wie sein Vater König von Babylonien war (vgl. Brinkman, PHPKB S. 243 ff.), regierte wohl zu kurz, um der Nachwelt Dokumente seines Wirkens hinterlassen zu können. So wissen wir nur wenig über seine Regierungszeit.

b An Originalinschriften kennen wir bisher nur die kurzen Besitzvermerke und Gewichtsangaben auf sieben bronzenen Löwengewichten aus Nimrud. Sie wurden ausführlich bearbeitet von de Vogüé, CIS II/1 S. 4 ff. Nr. 2 (auch Johns, ADD II S. 258; Weissbach, ZDMG 61, 401 Nr. 61), Nr. 3 (auch Johns, ADD II S. 259; Weissbach, ZDMG 61, 401 Nr. 62), Nr. 4 (auch Johns, ADD II S. 259; Schrader, KB II S. 32 ff.; Weissbach, ZDMG 61, 401 Nr. 63), Nr. 5 (auch Johns, ADD II S. 259; Weissbach, ZDMG 61, 401 Nr. 64), Nr. 6 (auch Johns, ADD II S. 260; Weissbach, ZDMG 61, 401 Nr. 67), Nr. 7 (auch Johns, ADD II S. 260; Weissbach, ZDMG 61, 401 Nr. 68), Nr. 11 (auch Johns, ADD II S. 261; Weissbach, ZDMG 61, 402 Nr. 72) und Nr. 12 (auch Johns, ADD II S. 261; Weissbach, ZDMG 61, 402 Nr. 73). Für die ältere Literatur s. de Vogüé, CIS II/1 S. 2. Vgl. noch Mallowan, *Nimrud* I S. 109 mit Anm. 9.

Das mit dem Namen Salmanassar beschriftete Löwengewicht, das Mallowan, *Nimrud* II S. 420 Salm. III. zugeschrieben hat, könnte auch von Salm. V. stammen, vgl. oben, Kap. III i.

c Ein unpubliziertes Ziegelbruchstück aus Tell Abu Marya (Apqu), das von Salm. V. stammen könnte, erwähnt Oates, *Sumer* 19, 73.

Das Zylinderfragment S. Smith, CT 37, 23 ist gegen Luckenbill, AJSL 41, 162 ff. nicht Salm. V., sondern Asarhaddon zuzuweisen, wie Meissner, AfO 3, 13 f. gezeigt hat. Vgl. die Bearbeitung von Borger, *Asarhaddon* S. 32 § 20.

d Mit Salm. V. endet eine dynastische Periode der assyrischen Geschichte. Sein Nachfolger Sargon und dessen Erben konnten noch etwa einhundert Jahre über das mächtigste Reich ihrer Zeit herrschen, bevor Assyrien für immer unterging.

NACHTRAG

Während der Drucklegung dieses Bandes erschienen einige Publikationen, die inhaltlich nicht mehr berücksichtigt werden konnten, auf die aber wenigstens kurz hingewiesen werden soll:

S. 53f., aa: Vgl. Lambert-Millard, Cat, 2nd Spl. S. 53, BM 128181.

S. 96, h: Einen Altar Salm. III. aus Ninive mit siebenzeiliger Inschrift publizierte Postgate, Sumer 26, 133 ff.

Z. 1: *sa-an-ga-e* wohl eher zu *sangu* (*sangû*?) AHw 1023a. — Z. 4: [URU *Ni-nu*]*-a*.

S. 118, j: Bearbeitung von RA 14, 159 auch bei Millard — Tadmor, *Iraq* 35, 60 f.

S. 118, k: BM 131124 wurde mittlerweile veröffentlicht von Millard — Tadmor, *Iraq* 35, 57 ff.

Ein weiteres Stelenfragment, das wohl Adn. III. zuzuschreiben ist, veröffentlichte Hulin, *Sumer* 26, 127 ff.

S. 129, 4): Bearbeitung auch bei Weippert, ZDPV 89, 35 und 36 f.

S. 129 f., 5): Bearbeitung auch bei Weippert, ZDPV 89, 40 f. und 33 f.

S. 133, 5): zur Vs. vgl. Weippert, ZDPV 89, 29 Anm. 11; Bearbeitung von Kol. II ibid. S. 29 ff.; vgl. Cogan, JCS 25, 96 ff.

S. 133-137, e: Bearbeitung von II R 67, Z. 7'-12' bei Weippert, ZDPV 89, 52 f.